Josef Quack

Wenn das Denken feiert

Josef Quack
Wenn das Denken feiert

Philosophische Rezensionen

Bibliografische Information der Deutschen Nationalbibliothek
Die Deutsche Nationalbibliothek verzeichnet diese Publikation in der Deutschen Nationalbibliografie; detaillierte bibliografische Daten sind im Internet über http://dnb.ddb.de abrufbar.

Frankfurt am Main, Germany
www.humanities-online.de
info@humanities-online.de

ISBN 978-3-941743-29-8

Umschlaggestaltung: Uwe Adam
Printed in Germany

Dieses Buch ist auch als E-Book erhältlich:
www.humanities-online.de

Inhalt

Vorbemerkung ... 7

I. AUFSÄTZE

Wenn das Denken feiert.
Über philosophische Bilder und Vergleiche ... 11
I. Tod als philosophische Metapher ... 13
II. Zum Pathos Nietzsches ... 20
III. Zur Sprache Heideggers ... 29
IV. Bilder vom Ende der Philosophie ... 40
V. Figuren des Understatements ... 43
VI. Angemessene Vergleiche ... 46
VII. Schlußbemerkung ... 48

Angst vor der Religion?
Motive der Religionskritik ... 50
I. Die Wartenden ... 54
II. Exkurs über Religion und Musik ... 61
III. Das nationalistische Sinnversprechen ... 64
IV. Zur marxistischen Religionskritik ... 66
V. Die Position Horkheimers ... 69
VI. Angst vor der Religion? ... 76
VII. Fazit ... 84

Grenzen einer säkularen Ethik ... 86
I. Zu Ethik Schopenhauers ... 90
II. Der atheistische Einwand ... 94
III. Zum ethischen Konzept Tugendhats ... 99
IV. Zur Diskurstheorie der Ethik (Habermas) ... 105
V. Fazit ... 116

Ethnologische Fragen in philosophischer Sicht ... 119
I. Fragen der Methode ... 122
Philosophische Anthropologie vs. soziale Anthropologie ... 122
Objektive Wahrheit vs. relative Wahrheit ... 125
Symbolverstehen vs. einfühlendes Verstehen ... 131

Sprachspiele, ethnologisch und philosophisch 135
Ethnologie als Leitwissenschaft? 141
II. Umstrittene Lehren 146
Prälogisches Denken 146
Zeiterfahrung 153
Begriff der Person 154
Sprachliche Relativität 159
III. Resümee 162

II. REZENSIONEN

Marginalien zum *Wörterbuch der philosophischen Begriffe* 167

Ein Plädoyer für den Platonismus (W. Künne) 179

Eine kurze Geschichte des Vernunftbegriffs (H. Schnädelbach) .. 188
Unterscheidungen 190
Folgerungen 193

Zur Diskussion über das Leib-Seele-Problem (A. Beckermann) .. 200
Überblick 201
Zur Darstellung 206
Was fehlt 210
Zum Begriff der Substanz 220

Interkulturelle Philosophie: Dialog oder Polylog? 232

Namenregister 244

Vorbemerkung

Das Gleiche läßt uns in Ruhe; aber der Widerspruch ist es, der uns produktiv macht.

J.W. GOETHE

Die folgenden Beiträge enthalten Beobachtungen eines philosophisch interessierten Zeitgenossen, der wissen möchte, was die namhaften Denker der Gegenwart im Schilde führen. Wenn man die philosophische Situation der Nachkriegsjahrzehnte, in der Heidegger, Jaspers und Adorno den Ton angaben, mit der gegenwärtigen Lage vergleicht, so kann man feststellen, daß sich die Dinge in sprachlicher Hinsicht unter dem Einfluß der analytischen Philosophie und des kritischen Rationalismus zum besseren gewandelt haben. Gewiß lebt die Tradition der Philosophen, die von ihrer Fachterminologie besessen sind und klare Worte für unphilosophisch halten, unbelehrt und unbeeindruckt fort, doch schreiben die bedeutenden Philosophen heute im allgemeinen klarer und verständlicher als ihre berühmten Vorgänger.

Davon, von dem Gebrauch und von dem Mißbrauch, den einige Philosophen von den rhetorischen Ausdrucksformen des Denkens machen, handelt der erste Aufsatz. Ich hätte ihm auch, auf eine Formulierung von Karl Kraus anspielend, den Titel »Nietzsche und die sprachlichen Folgen« geben können.

Im zweiten Aufsatz beschäftige ich mich mit einigen Motiven der philosophischen Religionskritik, vor allem mit dem merkwürdigen und befremdlichen Phänomen einer Angst vor der Religion; um dahinter zu kommen, was damit gemeint ist, vergleiche ich es mit der Angst vor der Metaphysik, einer bekannten, in der Gegenwartsphilosophie weit verbreiteten Einstellung.

Im dritten Aufsatz geht es explizit um die Grenzen einer säkularen Ethik, implizit aber auch um die bescheidene Wirkung, die die Philosophie in der Gesellschaft ausüben kann. Es mag durchaus möglich sein, daß die Philosophie erklären kann, was man unter Gerechtigkeit oder dem Ideal eines guten Lebens zu verstehen hat. Ich glaube aber nicht, daß sie zeigen kann, daß wir verpflichtet sind, diese schönen Dinge in die Praxis umzusetzen.

Der vierte Aufsatz ist ein wissenschaftshistorischer Rückblick auf einige Fragen der Ethnologie, mit denen sich viele Philosophen unserer Zeit aus sachimmanenten Gründen oder wegen der Bedeutung, die einige ethnologische Lehren in der größeren Öffentlichkeit erlangt hatten, auseinandersetzen mußten. Das Problem des Kulturrelativismus, das hier zur Sprache kommt, ist aktueller denn je. Ich hätte mich wohl kaum mit solchen Problemen näher abgegeben, wenn ich nicht viele lebhafte Diskussionen über diese Themen mit meinem Bruder Anton (1946–2009) gehabt hätte, der Ethnologe und Mitglied des Anthropos-Instituts war. Ihm sei dieser Aufsatzband gewidmet. Er hat mich zum Beispiel davon überzeugt, daß Claude Lévi-Strauss, der seinerzeit in Intellektuellenkreisen große Mode war, keineswegs für das Fach repräsentativ ist.

Diese Aufsätze und Rezensionen sind unveröffentlicht, nur die Besprechungen über das *Wörterbuch philosophischer Begriffe* und über W. Künnes Theorie abstrakter Gegenstände standen eine Zeitlang auf meiner Homepage. Ich habe die beiden Rezensionen für diese Veröffentlichung überarbeitet und wesentlich ergänzt. Das *Wörterbuch philosophischer Begriffe* stammt aus einem renommierten Verlag und wurde von der Wissenschaftlichen Buchgesellschaft übernommen. Es dürfte eines der am meisten verbreiteten philosophischen Handbücher unserer Zeit sein, und doch war es über ein Jahrzehnt im Umlauf, ohne daß jemand auf die Fehler und Lücken des Werkes aufmerksam gemacht hätte. Der Fall zeigte mir, daß mit dem derzeitigen Rezensionswesen etwas nicht stimmen kann, und dies in einer Situation, wo jeder Philosoph kritisch sein will und die skeptische Einstellung als selbstverständlich gilt.

Wenn ich einen Gesichtspunkt angeben sollte, der für diese Notizen kennzeichnend ist, so würde ich den Grundsatz nennen, daß in philosophisch strittigen Fragen, die von existentieller Bedeutung sind, die Argumente des gesunden Menschenverstandes den Ausschlag geben sollten. Philosophie bedeutet ursprünglich, was heute manche ihrer Vertreter nicht mehr gerne hören, Liebe zur Weisheit. Was aber weise ist, können sie, wie Popper einmal bemerkte, gewiß nicht entscheiden.

I. Aufsätze

Wenn das Denken feiert

Über philosophische Bilder und Vergleiche

Hat jemand etwas zu sagen, so gibt es keine angemessenere Weise als seine eigene; hat er nichts zu sagen, so ist seine eigene noch passender.

Jean Paul

Die philosophische Rede gehört nach der klassischen Rhetorik zum *genus humile*, und der Zweck dieser schmucklosen Gattung besteht im Lehren, Beweisen und Argumentieren. Ihre Stilideale sind Klarheit, Korrektheit und Übersichtlichkeit.[1] Korrektheit oder Reinheit besagt, daß eine philosophische Rede sich an den normalen Sprachgebrauch halten und neue Wörter nur dann bilden sollte, wenn die Sache es unbedingt erfordert. In unserer Tradition hat Schopenhauer das Stilideal der Klarheit am unerbittlichsten gefordert: »Was ein Mensch zu denken vermag, läßt sich auch allemal in klaren, faßlichen und unzweideutigen Worten ausdrücken«.[2] Ähnlich lautet die oberste Maxime John R. Searles: »Was man nicht klar sagen, versteht man selbst nicht«.[3] Und mit allen Nachdruck erklärt Karl P. Popper: »Das Schlimmste – die Sünde gegen den heiligen Geist – ist, wenn die Intellektuellen es versuchen, sich ihren Mitmenschen gegenüber als große Propheten aufzuspielen und sie mit orakelnden Philosophien zu beeindrucken. Wer's nicht einfach und klar sagen kann, der soll schweigen und weiterarbeiten, bis er's klar sagen kann.«[4]

Wittgenstein geht noch einen Schritt weiter und behauptet, daß philosophische Probleme gerade erst dann entstehen können, wenn die Sprache nicht so verwendet wird, wie es ihrer gewöhnlichen Funktion entspricht: »Denn die philosophischen Probleme entstehen, wenn die Sprache *feiert.*« (PhU § 38)[5] Mit ›feiern‹ meint er ›ausruhen‹, ›nicht

1 Heinrich Lausberg, *Elemente der literarischen Rhetorik.* München 1990. 154.

2 *Werke* 5,614 f. Ed. W. v. Löhneysen. Darmstadt 1968.

3 *Intentionalität.* Dt. H.P. Gavagei (d.i. J.Schulte). Frankfurt 1991. 12.

4 Gegen die großen Worte. In: K. Popper, *Auf der Suche nach einer besseren Welt.* München 1987. 100.

5 Ludwig Wittgenstein, *Philosophische Untersuchungen.* Frankfurt 1967. Diese Wortverwendung dürfte durch die Lektüre Schopenhauers angeregt sein. Dieser schreibt in den *Paralipomena*, wenn wir von äußerer Anschauung gefesselt seien, »dann feiert die Einbildungskraft« (*Werke* 5, 708). Und

arbeiten‹. In einer parallelen Stelle heißt es in diesem Sinn: »Die Verwirrungen, die uns beschäftigen, entstehen gleichsam, wenn die Sprache leerläuft, nicht wenn sie arbeitet.« (PhU § 132) Im Titel dieses Aufsatzes wird ›feiern‹ in einer anderen Bedeutung verwendet: ›festlich oder feierlich reden‹. Gemeint sind philosophische Texte, die zur pathetischen Gattung, zum *genus sublime* gehören, das auch *genus grandiloquum* genannt wird. *Grandiloquus* kann aber sowohl ›feierlich‹ als auch ›großsprecherisch‹ bedeuten.

In Texten dieser Art wird einem Gegenstand mit übermäßigem rhetorischen Aufwand eine Bedeutsamkeit zugesprochen, die ihm nicht zukommt. Triviale Gegenstände werden mit einem Pathos oder einer Feierlichkeit abgehandelt, als hätten sie existentielles Gewicht. Philosophen bedienen sich eines hohen Tones, der dem Rang des Themas kraß widerspricht, oder, was noch ärgerlicher ist, sie maßen sich durch die Form ihrer Aussage eine Kompetenz an, die sie nicht haben. Denker, die Popper orakelnde Philosophen genannt hat, bedienen sich typisch religiöser Aussageformen wie der prophetischen Rede, um Dinge zu behaupten, die sie nicht wissen können. Zu erinnern wäre auch an jene Stilzüge, die Ludwig Reiners unter dem Stichwort ›Hohepriesterstil‹ zusammenfaßt.[6] Dazu gehören doktrinäre oder autoritative Äußerungen, die keinen Einwand zulassen. Ähnlich redet man auch von einem Dixi-Stil: Ich habe gesprochen und damit ist die Sache erledigt. Nicht selten verfallen Nichtphilosophen in ein falsches Pathos, wenn sie z. B. ihrem prosaischen Gegenstand Sinn und Glanz verleihen wollen, indem sie sich philosophischer Denkmuster bedienen, so etwa Historiker, wenn sie den Hegelschen Weltgeist bemühen. Doch scheint es sich bei dem Hohepriesterstil hauptsächlich um eine Berufskrankheit von Philosophen zu handeln. Ludwig Wittgenstein ermahnt sich selber, wenn er schreibt: »Alles rituelle (quasi Hohepriesterische) ist streng zu vermeiden, weil es unmittelbar in Fäulnis übergeht«.[7] Daß er selbst auch in seiner Spätzeit nicht selten im Dixi-Stil redete, scheint ihm nicht bewußt geworden zu sein.

Im folgenden werde ich einige Beispiele der pathetischen Übertreibung in der Philosophie ausführlich besprechen. Zunächst geht es um einige Klischees, die man als rhetorischen Kult um die Todesmetapher bezeich-

im »Versuch über das Geistersehen« heißt es über »normale Tätigkeit des Gehirns und der Sinne«: »Erst wann diese Tätigkeit feiert, kann der Traum eintreten« (*Werke* 4, 281).

6 *Stilkunst*. München 1980. 446.

7 *Werkausgabe* 8, 460. Frankfurt 1994.

nen könnte. In der Literaturwissenschaft des verflossenen Jahrhunderts sprach man lange Zeit gerne von Phänomenen des Endes, vom Ende des Romans, vom Ende des Erzählens, vom Ende der Aufrichtigkeit, allesamt historizistische Phrasen, die man nicht durchschaute. Zur gleichen Zeit war es in der Philosophie Mode, vom Tod der Metapher, vom Tod des Autors oder vom Tod des Subjekts zu sprechen (I). Das Vorbild für diese dramatischen Metaphern war natürlich Nietzsches Dictum vom Tod Gottes. Nietzsche war aber im guten und im schlechten Sinn der größte Rhetor der Philosophie – wenn man von ihm spricht, kann man kaum umhin, wie er in Superlativen zu sprechen. (II). Der Philosoph unserer Zeit, der die schärfste Sprachkritik auf sich gezogen hat, war Heidegger. Mich interessiert, was an dieser Kritik berechtigt und was nur Ausdruck einer persönlichen Abneigung ist (III). Dann verweise ich auf vergleichsweise harmlose Reden vom Verschwinden der Philosophie (IV).

Anschließend bringe ich einige Beispiele eines Understatements, wo das *genus humile* so sehr unterboten wird, daß die philosophische Rede banal wird. Auch gibt es Formen der Untertreibung, die nichts anderes sind als »indirektes Prahlen«,[8] und dergleichen findet sich auch in der Philosophie. Der blasierte Jargon, den manche Berufsphilosophen in Vortrag und Gespräch heute gerne verwenden, dürfte zur gleichen Kategorie gehören, wenn er nicht einfach ein Symptom dafür ist, daß ihnen die Themen ihres Fachs letztlich gleichgültig sind (V). Schließlich erinnere ich auch an Beispiele, wo die philosophischen Autoren es rhetorisch besser gemacht haben (VI).

I. Tod als philosophische Metapher

Ein krasses Beispiel einer mißlungenen Metapher findet sich ausgerechnet in der Studie über die Metapher von Jacques Derrida, dem namhaftesten Vertreter des Dekonstruktionismus. Ein beliebtes Spiel der Dekonstruktion besteht darin, einen Text in rhetorischer Hinsicht zu untersuchen und dann nachzuweisen, daß die sprachkritische Analyse zu Ergebnissen kommt, die nicht recht zu den thematischen Aussagen passen oder ihnen gar direkt widersprechen. So ist es nur recht und billig, wenn man auf einen rhetorischen Fehlgriff in diesem programmatischen Aufsatz der Dekonstruktion aufmerksam macht.

8 Sigismund von Radecki, Über das Prahlen. In: *Gesichtspunkte*. Köln 1964. 177.

Der Aufsatz heißt: »Die weiße Mythologie. Die Metapher im philosophischen Text«. Mit ›weißer Mythologie‹ ist die abendländische Metaphysik gemeint. Derrida will nachweisen, daß die angeblich rationale Philosophie des Abendlandes tatsächlich auf einem undurchschauten Netz von Metaphern beruht. Der Aufsatz schließt aber mit einem Sprachbild, das selbst kritikbedürftig ist: »Die Metapher trägt also stets ihren eigenen Tod mit sich. Und dieser Tod ist zweifellos auch der Tod *der* Philosophie. Aber dieser Genitiv ist doppeldeutig. Einmal bedeutet er den Tod der Philosophie, den Tod einer Gattung, die der Philosophie angehört, welche darin gedacht, zusammengefaßt und in ihrer Vollbringung wieder erkannt werden kann; dann den Tod einer Philosophie, die ihren eigenen Tod nicht sieht und sich nicht mehr zurechtfindet.«[9]

Derrida verwendet einen emotional belasteten bildlichen Ausdruck, der den Zweck hat, eine abstrakte These spektakulär zu veranschaulichen. Sowohl die Redefigur der Metapher wie die Denkform der Philosophie werden als Phänomene angesehen, die den natürlichen Gesetzen eines Lebewesen unterworfen sind, das eine zeitlich begrenzte Dauer hat.

In thematischer Hinsicht stimmt Derrida mit der traditionellen Auffassung überein, wenn er erklärt, daß man bei der Metapher zwischen eigentlicher und übertragener Bedeutung unterscheiden müsse. Dann behauptet er, daß die Metapher zur Abnutzung neigt oder, wie er wiederum dramatisch sagt, zur »Selbst-Vernichtung« (l.c.). Und in diesem Prozeß würden die Grenzen zwischen dem Eigentlichen und Nicht-Eigentlichem gänzlich verwischt. Da aber das Feld des Eigentlichen der spezifische Gegenstand der Philosophie sei, verliere die Philosophie durch diese Entwicklung ihren Gegenstand. Schließlich meint er, am Ende dieser Entwicklung möge es zwar immer noch so etwas wie Philosophie geben, doch die Leute, die dieses Geschäft betreiben, beschäftigten sich in Wirklichkeit gar nicht mehr mit genuin philosophischen Problemen.

Das ist ungefähr der rationale Kern dessen, was Derrida in dem metaphorisch aufgetakelten Zitat behauptet. Seine abschließende Bemerkung leuchtet unmittelbar ein, wenn man annimmt, daß sich die Philosophie mit »letzten Fragen«, befassen sollte, und dann feststellen muß, daß viele Schulphilosophen sich mit belanglosen Dingen abgeben. So hat etwa auch Jürgen Habermas, ein erklärter Gegner des Dekonstruktionismus, richtig beobachtet: »Schwer abzuweisen ist das Empfinden, daß die zum akademischen Fach zurückgebildete Philosophie

9 J. Derrida, *Randgänge der Philosophie*. Wien 1988. 258.

gar keine mehr ist.«[10] Um das zu erkennen, ist man jedoch nicht auf die Argumente Derridas angewiesen.

Wo aber liegt der Fehler in Derridas Begründung? Es stimmt nicht, daß die Unterscheidung zwischen ›eigentlich‹ und ›nichteigentlich‹, die zur Definition der Metapher herangezogen wird, mit dem gänzlichen Verblassen der Metapher verschwinden würde. Selbst in einer Sprache, die keine Metaphern enthielte, könnte man immer noch unterscheiden, was in bestimmter Hinsicht wichtig ist oder nicht. Außerdem können Metaphern zwar ihre Bildkraft verlieren wie z. B. »Motorhaube«; doch müssen sie nicht immer und notwendigerweise verblassen. Und schließlich kann man unwirksam gewordene Sprachbilder auch reaktivieren oder neu beleben. Karl Kraus sah einen wesentlichen Vorzug des Dichters darin, daß er fähig ist, die abgenutzten Wörter und Fügungen der Umgangssprache so zu verwenden, als seien sie zum ersten Mal verwendet worden. Er nannte diese Kunst der Sprachgestaltung »das Geheimnis der Geburt des alten Wortes«.[11]

Es versteht sich von selbst, daß mit diesen Einwänden nicht gesagt wird, Derridas Aufsatz sei für das Thema ganz und gar unergiebig. Es ist sein Verdienst, daß er auf die meist unterschätzte Bedeutung des rhetorischen Aspekts im philosophischen Denken hingewiesen hat. Freilich weist die Studie im Übermaß auch alle Unarten der Dekonstruktion auf: sie ist mit einer Fülle von eigenwillig definierten Begriffen, unbewiesenen Behauptungen und frei schweifenden Assoziationen überfrachtet. Am fatalsten wirkt sich aus, daß Derrida unter Wahrheit, wie Heidegger, Unverborgenheit versteht.

Übrigens gehört die Metapher des Todes in das große Feld der natürlichen Sprachbilder, während Habermas spröde technische oder ökonomische Metaphern bevorzugt, wie etwa Ressource des Sinns, Potential oder Deflation; er bringt es sogar fertig, Nietzsche zur ›Drehscheibe‹ zwischen Moderne und Postmoderne zu erklären.[12] Keiner der beiden Meisterdenker schreibt einen klaren, verständlichen Stil, was aber ihren Erfolg nicht hat verhindern können.

Ein zweites Beispiel einer auf Effekt getrimmten Metapher findet sich bei Michel Foucault, der vom »Tod des Autors« spricht.[13] Die dramatische Metapher wurde zu einem Klischee, das über Jahrzehnte hin in

10 J. Habermas, *Wahrheit und Rechtfertigung*. Frankfurt 1999. 324.

11 K. Kraus, *Beim Wort genommen*. München 1974. 292. J.Q., *Bemerkungen zum Sprachverständnis von Karl Kraus*. Bonn 1976. 71 f.

12 *Der philosophische Diskurs der Moderne*. Frankfurt 1985. 104.

13 *Schriften zur Literatur*. Dt. Karin v. Hofer. Frankfurt 1979. 12.

der Literaturwissenschaft kultiviert wurde; sie geistert noch heute durch das Feuilleton.[14] Gemeint ist damit wiederum ein recht prosaischer Tatbestand. Die Metapher verweist auf eine Interpretationsmethode, die einen Text immanent oder strukturalistisch untersucht und dabei von den biographischen, psychologischen Bedingungen der Entstehung des Textes absieht. Dem entspricht eine Produktionsweise des schreibenden Subjekts, das von seiner empirischen Person ablenkt, indem es ein objektives, in sich sinnvolles Werk hervorbringt.

Wie kommt Foucault aber dazu, diesen nüchternen Sachverhalt mit jener aufsehenerregenden Metapher zu belegen? Er macht die Beobachtung, daß in der jüngeren Kulturgeschichte das künstlerische Werk zu einem absoluten Wert geworden ist, dem alles Übrige, auch das Leben des Künstlers, untergeordnet wird. Und diese historische Bemerkung verbindet er mit der Metapher des Tötens, um in einem halsbrecherischen Übergang jene Idee vom Tod des Autors zu formulieren: »Das Werk, das die Aufgabe hatte, unsterblich zu machen, hat das Recht erhalten, zu töten, seinen Autor umzubringen. Denken Sie an Flaubert, Proust, Kafka.« (l.c.) Muß man hinzufügen, daß seine Belege alles andere als plausibel sind? Zwar kann man von den genannten Schriftstellern behaupten, daß sie ihr literarisches Werk so hoch achteten, daß sie für es alle ihre Kräfte aufboten. Doch hat ihr Tod ursächlich nichts mit ihrem Schreiben zu tun. Und es ist offensichtlich, daß Foucault hier der romantischen Vorstellung vom sich selbst opfernden Genie das Wort redet. In Wirklichkeit ist an dem Gedanken, daß ein Mensch sich beharrlich und leidenschaftlich einer sachlichen Aufgabe widmet, nichts Besonderes, nichts, was sich nur bei Künstlern und Dichtern beobachten ließe. Diese Haltung kann man in abgewandelter Form ebenso bei Forschern, Unternehmern oder Handwerkern antreffen.

Bei Jean-Paul Sartre findet sich ein Gedanke, der oberflächlich jenem Klischee vom Tod des Autors gleicht, doch in Wirklichkeit eine spezifische und wohlbegründete Überzeugung wiedergibt und zwar in einem aussagekräftigen Bild: »Das Kunstwerk ist das einzige Strandgut eines langen Schiffbruchs, in dem der Künstler Leib und Leben verloren hat.«[15] Sartre stellt keine These über die Funktion des Autors in der modernen Literaturtheorie auf, er verdeutlicht vielmehr die qualvolle Überzeugung des jungen Gustave Flaubert, daß es für ihn unmöglich sei, etwas vollkommen Schönes hervorzubringen. Das Gleichnis beschreibt

14 Cf. FAZ 29.9.2012 S. 33, Jochen Schimmang über die Brecht-Biographie von Jan Knopf.

15 *Der Idiot der Familie*. 2, 344. Dt. T. König. Reinbek 1977.

vom Standpunkt Flauberts die Ohnmacht des Künstlers gegenüber dem von ihm gewählten Ideal der zu realisierenden Schönheit.

Beiläufig sei eine fragwürdige Metapher aus dem gleichen Bildfeld erwähnt, die einen stilistischen Sachverhalt verdeutlichen soll. Der Stilkritiker Reiners spricht höchst zweideutig von gewissen »grammatischen Selbstmördern«, um jene Sprachrichter zu kritisieren, die fordern, daß man das Wort ›ich‹ in der Sachprosa möglichst zu vermeiden habe.[16] Gewiß übertreibt Reiners die Ironie mit klarem Bewußtsein, um seinen Abscheu vor einer solchen Regel auszudrücken. Jene Sprachpfleger aber ›Mörder des Selbst‹ zu nennen, ist alles andere als ein glücklicher Einfall, zumal der Leser erst mal herausfinden muß, daß nicht der übliche Sinn von ›Selbstmörder‹ gemeint ist, sondern eine extrem verblüffende Abweichung von diesem Sinn. Und entgegen der üblichen Syntax von Zusammensetzungen ist ›grammatisch‹ das Beiwort sowohl von ›Mörder‹ als auch von ›Selbst‹, so daß man zu lesen hätte: Grammatiker, die Mörder des grammatischen Selbst sind. Übrigens hat Reiners die Metapher von Jean Paul übernommen, was die Sache aber nicht plausibler macht. Was wir uns von dem bilderreichen Dichter gerne sagen lassen, nehmen wir einem theoretisierenden Stilkritiker noch lange nicht ab.

Foucault aber muß man zugute halten, daß ihm die Fragwürdigkeit seiner Wortwahl nicht entgangen ist. Er hat gesehen, daß die These vom Verschwinden des Autors häufig nur eine »Leeraussage« ist (l.c. 15). Um ein solches Gerede zu vermeiden, untersucht er, welche Funktion der Autor bei literarischen Diskursen erfüllt und an welche historischen und rechtlichen Voraussetzungen diese Funktion gebunden ist. Es sind anregende Reflexionen, die freilich wenig mit dem zu tun haben, was die hyperbolische Metapher bezeichnen soll.

Wie sehr aber das, was mit der These vom Tod des Autors in der Literatur behauptet wird, selbst schon historisch geworden ist, ersieht man daraus, daß der literarische Biographismus nach Jahrzehnten der Verwerfung inzwischen wieder große Mode geworden ist – wenn nicht im wissenschaftlichen Sektor, so doch in der literarischen Öffentlichkeit, die eine Öffentlichkeit der Talk-Show ist. Vom großen Publikum werden kaum noch Essays, sondern nur noch Lebensbeschreibungen wahrgenommen. So ist höchst bezeichnend, daß jüngst eine monumentale Proust-Biographie in einem renommierten Tagesblatt über den grünen Klee gelobt wurde – ohne ein einziges Wort darauf zu verschwenden, was sie zum Verständnis von Prousts Jahrhundertroman beiträgt. Und schließlich wurde das Wort ›Biographie‹ mittlerweile selbst zur Meta-

16 Reiners, 164.

pher; wo man ehedem von der Geschichte einer Theorie sprach, redet man heute von der Biographie einer Theorie. Eine Wochenschrift handelt nicht von der Geschichte der Bundesrepublik, sondern von ihrer Biographie. Ein Buch handelt von der Biographie eines Flusses, man spricht von der Biographie einer Obsession und von der Biographie eines Denkens. Während es sich hier nur um eine Sprachmode handelt, ist es immerhin sachlich begründet, daß Oswald Spengler, der Vertreter einer morphologischen Geschichtsbetrachtung, über die »Biographien der großen Stile« spricht.[17] Eine andere Frage ist natürlich, ob diese Geschichtsauffassung begründet ist.

Foucault hat noch ein anderes Bild hervorgebracht, das ebenfalls ein Ende bezeichnet, das in ein apokalyptisches Licht getaucht ist. Es hat noch größeren Ruhm erlangt als die Metapher vom Tod des Autors, und man muß zugeben, daß das Bild rhetorisch nicht nur wirksam, sondern tatsächlich ein glücklicher Fund ist. Er schließt sein Buch *Die Ordnung der Dinge*, das eine »Archäologie der Humanwissenschaften« entfaltet, mit den Worten, man könne wetten, »daß der Mensch verschwindet wie am Meeresufer ein Gesicht im Sand«.[18]

Foucault redet nicht von der realen Möglichkeit, daß der Mensch als biologische Art durch eine Naturkatastrophe, durch eine weltweite Epidemie ausgerottet wird oder durch die Anwendung atomarer, biologischer oder chemischer Waffen seine eigene Vernichtung herbeiführt. Was laut Foucault vom Verschwinden bedroht sein soll, ist vielmehr ein bestimmtes Menschenbild, und gerade dieser Aspekt kommt in dem Vergleich von dem Gesicht im Sand treffend zum Ausdruck. Der schärfsten Kritik bedürftig ist aber der Gedanke, den der Erforscher der grundlegenden Wissensformen der europäischen Geistesgeschichte mit dem Vergleich verbindet. Er denkt an jenen Begriff vom Menschen, der in der Moderne zum Gegenstand der neuen Humanwissenschaften geworden ist, eine Vorstellung, die sich von der klassischen Denkweise des 18. Jahrhunderts, wo der Mensch als Mensch noch nicht zum Thema geworden sei, fundamental verschieden ist.

Bedenklich ist zunächst, daß Foucault häufig metonymisch von dem Menschen schlechthin spricht, wo er ein bestimmtes Konzept des Menschen meint. Auch muß man fragen, ob die grundlegenden Wissensformen oder Denkweisen, die er für die europäische Neuzeit herauspräpariert und von denen er das moderne Menschenbild ableitet, denn richtig erkannt sind. Desgleichen kann man bezweifeln, daß das Men-

17 *Der Untergang des Abendlandes*. München 1973. 266.
18 Dt. U. Köppen. Frankfurt 1974. 462.

schenbild eines ganzen Jahrhunderts hauptsächlich von Freud geprägt worden sei (l.c. 433). Und nicht zuletzt ist die deterministische Geschichtstheorie, die einen zwingenden Verlauf der Ereignisse unterstellt, alles andere als plausibel. Denn Foucault behauptet ja nicht nur, daß das moderne Menschenbild an bestimmte Voraussetzungen gebunden ist und dann verschwinden wird, wenn diese Voraussetzungen nicht mehr gegeben sind. Über diese unbestrittene Erfahrung hinausgehend erklärt er vielmehr, daß jene Voraussetzungen und das entsprechende Konzept des Menschen notwendigerweise verschwinden müßten.

Eng verwandt mit der Metapher vom Verschwinden des Menschen ist die Rede vom ›Tod des Subjekts‹. Sie ist ein philosophisches Klischee, das in der Hochzeit der Postmoderne innerhalb ideengeschichtlichen Debatten weit verbreitet war und in der germanistischen Sekundärliteratur lange als gültige philosophische Erkenntnis gehandelt wurde. Die Metapher steht für alle Lehren, die leugnen, daß es ein Ich, einen selbstbewußten Geist, gibt, eine geistige Entität oder immaterielle Substanz, die in der Tradition menschliche Seele genannt wurde. Dabei ist es gleichgültig, ob diese Ablehnung empiristisch, physikalistisch, dekonstruktionistisch oder sprachanalytisch begründet wird.

Man muß aber nicht lange überlegen, um zu sehen, daß der Ausdruck nicht das trifft, was er bezeichnen soll, nämlich die Leugnung des Ich, und er ist mißverständlich, da er unterstellt, zu einer gewissen Zeit habe das menschliche Subjekt existiert und dann sei es gestorben. – Soweit die rhetorische Kritik, auf die es hier in erster Linie ankommt. Die sachliche Überprüfung der mit der Metapher verbundenen These ist natürlich eine andere Sache und sie ist letztlich entscheidend.[19] Dennoch ist die Kritik der philosophischen Ausdrucksweise nicht überflüssig, sie kann vielmehr die Aufmerksamkeit darauf lenken, daß die Wahl der Sprachbilder für philosophische Gedanken zu einer falschen Sicht der fraglichen Phänomene führt.

Doch gibt es in diesem Kontext auch Beispiele geglückter Metaphern, die einen Gedanken hervorragend zum Ausdruck bringen, so die Sokratische oder Platonische »Idee des Geistes als des Steuermanns eines Schiffes – des Körpers«. Auf dieses Beispiel beruft sich Karl Popper, um seine eigene Position in der Philosophie des Geistes zu erläutern.[20] Die Metapher veranschaulicht genau den gemeinten Sachverhalt, daß das

19 Cf. Manfred Frank, *Selbstbewußtsein und Selbsterkenntnis*. Stuttgart 1991. 159ff., 250.

20 Karl R. Popper, John C. Eccles, *Das Ich und sein Gehirn*. München 1991. 140.

Ich eine Steuerungsinstanz ist, für die es im Gehirn kein physiologisches Äquivalent gibt. Gleichgültig, ob man diese Theorie für richtig oder falsch hält, das Gleichnis beschreibt unmißverständlich, was zur Debatte steht.

Schließlich sei am Rande auf eine weitere beliebte These der Postmoderne hingewiesen, die Idee von der multiplen Persönlichkeit. Damit ist mehr behauptet als die schlichte Möglichkeit, daß wir verschiedene Rollen spielen können, die Rolle des Vaters, des Lehrers, des Freundes usw. Vielmehr wird ein pathologisches Phänomen herangezogen, um die angeblich normale psychische Verfassung des Menschen zu beschreiben. Der wissenschaftliche Bezugstext dieser Auffassung aber bildet eine psychiatrische Arbeit, die zu den spektakulärsten Fälschungen gehört, die in den neunziger Jahren aufgedeckt wurden. Sowohl die amerikanische Therapeutin, die die Sache in die Welt gesetzt hat, wie auch ihre Patientin wurden als Schwindler entlarvt.

Das kuriose Bild von der multiplen Persönlichkeit scheint aber weiter in Geltung zu sein. Selbst ein populärphilosophischer Bestseller dieser Jahre spielt mit seinem Titel: »Wer bin Ich? Und wenn ja, wie viele?« reißerisch auf die abwegige These an. Und ein Kunstgelehrter kommt in seiner Würdigung des Meisters von Flémalle, der ein Zeitgenosse Rogier van der Weydens war, zu dem Schluß, der Maler sei eine multiple Persönlichkeit gewesen. Früher hätte man gesagt, er sei ein vielseitiger Künstler gewesen. Und genau dies ist hier auch mit der modischen Phrase gemeint.

Was aber die ebenso verbreitete wie zweifelhafte Todesmetapher in den Geisteswissenschaften angeht, so kann man George Steiner nur zustimmen, wenn er resümiert: »Dekonstruktion hat über den Tod nichts zu sagen. Denn der Tod, so sagt de Man, ist bloß »ein unangebrachter Name für ein linguistisches Prädikament«.[21]

II. Zum Pathos Nietzsches

Wie man leicht sehen kann, gehören die erwähnten Sprach- und Denkbilder in das weiträumige Kapitel »Nietzsche und die Folgen«. Foucault hat für seinen Teil diese Abhängigkeit auch mehrfach offen bekannt.[22] Die Metaphern vom Tod des Autors oder des Subjekts und ähnliche Wendungen sind Sprachfiguren, die in Analogie zu ›Tod Gottes‹ gebildet

21 *Von realer Gegenwart*. Dt. J. Trobitius. München 1990. 197.
22 *Die Ordnung der Dinge* 389, 412, 460.

wurden, und sie verfolgen die gleiche Absicht, Aufmerksamkeit zu erregen und zu schockieren. Was Nietzsche mit der kritisch-polemischen Formulierung gemeint hat, müßte man gewiß sorgfältig im Lichte der Spätphase seines Denkens untersuchen, die er für den Gipfel seiner Philosophie hielt. Sein Grundgedanke läßt sich aber einfach und klar umschreiben.

Eingeführt wird die These vom Tod Gottes in der philosophischen Fabel vom tollen Menschen. Sie ist keine direkte Aussage Nietzsches, sondern eine Behauptung, die in einer Erzählung der *Fröhlichen Wissenschaft* (Nr. 125) durch eine erfundene Figur verkündet wird. Zwar übernimmt Nietzsche später in direkter Rede diese These. Um sie zu verstehen, muß man aber jene Fabel im Auge behalten. Die Geschichte vom tollen Menschen enthält nun drei Gedanken, die den intendierten Sinn der aufsehenerregenden Behauptung erläutern. Die Geschichte beginnt mit der Beobachtung, daß die Botschaft des Verrückten bei vielen Herumstehern, »welche nicht an Gott glaubten«, »ein großes Gelächter« erregt. Damit wird die These des Mannes vom üblichen Atheismus abgegrenzt: was er sagen will, ist nicht einfach eine Verneinung der Existenz Gottes. Und die Geschichte schließt mit der diagnostischen Bemerkung über den gegenwärtigen Zustand des Christentums: »Was sind denn diese Kirchen noch, wenn sie nicht Grüfte und Grabmäler Gottes sind?« Er behauptet also, daß die moderne Religionspraxis der Christenheit seine These vom Tod Gottes bestätigt. Sein zentraler Gedanke aber, der in die übertreibende Metapher gekleidet ist, wird durch eine weitere bildlich gemeinte Formulierung überboten: »Gott ist tot! Gott bleibt tot! Und wir haben ihn getötet!«

Es ist klar, daß Nietzsche sich mit dieser Behauptung auf die christliche Gottesvorstellung bezieht. In einer späteren Ergänzung der *Fröhlichen Wissenschaft* (Nr. 343) erklärt er im Klartext, daß er mit seiner These, die er für das »größte neuere Ereignis« hält, meint, »daß der Glaube an den christlichen Gott unglaubwürdig geworden ist«. Er meint, daß dieser Glaube seine Wirkungskraft eingebüßt habe. Wenn man die übrigen Beschreibungen der Fabel weiter ausdeutet, kommt man zu dem Ergebnis, daß Nietzsche, indem er von Gott spricht, die gesamte übersinnliche Welt der Ideen meint, also jenen Gegenstandsbereich, der in der europäischen Tradition gewöhnlich der Metaphysik zugeordnet wird. Seine These besagt nicht nur, daß der ursprüngliche christliche Glaube wirkungslos geworden ist, sondern überhaupt jede Vorstellung einer übersinnlichen oder übernatürlichen Welt. Und diesen Zustand der Wirkungslosigkeit, die er als Wertverlust und Umwertung der höchsten geistigen und sittlichen Werte deutet, nennt er Nihilismus.

Der tolle Mensch fragt nämlich: »Gibt es noch ein Oben und ein Unten? Irren wir nicht durch ein unendliches Nichts?« (Nr. 125)

Wie ist aber nun das Wort vom Töten zu verstehen, das die Fabel entgegen dem üblichen Verständnis mit dem Begriff Gottes verbindet? »Das Töten meint die Beseitigung der an sich seienden übersinnlichen Welt durch den Menschen« – so Martin Heidegger in einer grundlegenden Studie, die zum Verständnis der Philosophie Nietzsches unerläßlich ist.[23] Es kann nicht überraschen, daß er Nietzsche vom Standpunkt seiner eigenen Philosophie aus kritisiert, die eine Geschichtsphilosophie des Seins ist und alles Geschehen auf das Seinsgeschick zurückführt. Anders aber als in anderen Textinterpretationen läßt sich hier klar unterscheiden, wo er Nietzsches Text scharfsinnig auslegt und wo er seine eigenen Gedanken unterschiebt. Wenn man, so erklärt er, unter Nihilismus »die Entwertung der obersten Werte« versteht, dann wird Gott, »das Seiende des Seienden zum höchsten Wert herabgewürdigt«. Dies aber, »daß der für wirklich gehaltene Gott zum obersten Wert erhoben wird«, sei ein härterer »Schlag« als die Auffassungen der religiösen Skeptiker, der Agnostiker oder Atheisten (l.c. 255). In den späteren *Denkerfahrungen* findet Heidegger noch deutlichere Worte. Er verweist auf eine Erklärung Nietzsches, daß »eigentlich nur der moralische Gott« widerlegt sei. Dazu bemerkt Heidegger: »Der Gott als Wert gedacht, und sei er der höchste, ist kein Gott. Also ist Gott nicht tot.«[24]

Der Einwand wie die gesamte Kritik der Wertauffassung Nietzsches, dessen Wertbegriff aus der Ökonomie stammt, ist durchaus begründet. Eine andere Frage ist, ob daraus, daß auch die Wahrheit als ein Wert betrachtet wird, zwingend eine pragmatistische Theorie der Wahrheit, wie Nietzsche sie vertreten hat, folgen muß.

Es stellt sich natürlich die Frage, ob Nietzsche richtig beschrieben hat, was in der europäischen Tradition unter Metaphysik verstanden wurde. Vor allem aber ist höchst problematisch, ob es überhaupt möglich ist, das, was er unter Platonismus versteht, willkürlich zu beseitigen. Ein zentraler Gedanke des Platonismus ist etwa die Annahme, daß es ideelle Gegenstände oder abstrakte Entitäten gibt; sie werden durch singuläre abstrakte Termini bezeichnet. So genügt nicht die Behauptung, man habe die nominalistische Position gewählt und den Platonismus verworfen; man müßte vielmehr nachweisen, daß es möglich ist, eine leistungsfähige wissenschaftliche Theorie zu formulieren, ohne

23 Nietzsches Wort ›Gott ist tot‹ (1943), in: *Holzwege*. Frankfurt 1980. 257.

24 *Denkerfahrungen*. Frankfurt 1983. 86.

singuläre abstrakte Termini zu verwenden, z.B. den Begriff der Klasse, der Funktion, des Ausdruckstyps, der zoologischen Art u.ä.[25] Bisher ist dieses Kunststück noch niemand gelungen. Deshalb kann Quine erklären, daß der Nominalismus »einem modernen wissenschaftlichen Weltsystem offensichtlich nicht adäquat« sei.[26]

Ein zweiter Punkt wäre im Hinblick auf Nietzsches Kritik der Metaphysik ebenfalls zu beachten. Er selbst hat nämlich, wie Jaspers schreibt, entgegen seiner erklärten Absicht Lehren aufgestellt, die in höchstem Grade metaphysisch sind: die These von der ewigen Wiederkehr der Dinge, die Metaphysik des Willens zur Macht und das Ideal des Übermenschen.[27]

Für unseren Zusammenhang ist außerdem von Belang, daß Heidegger die sprachlich und thematisch fragwürdige Schrift *Also sprach Zarathustra* für ein Hauptwerk der europäischen Philosophie hält, das noch unverstanden sei.[28] Das aber äußert er im apodiktischen Ton des Hohepriesters, der eine weitere Begründung erst in einer künftigen Seinsphilosophie für nötig und möglich hält. Über die verbale Form des Werkes, das an die Fabel vom tollen Menschen anschließt, verliert er hier kein Wort. In dem Aufsatz »Zur Seinsfrage« hat er die sprachliche Form zu rechtfertigen versucht. Er wirft der Kritik vor, daß sie auf unzulängliche Weise philosophiere, weil sie nicht sehe, welche Bedeutung der Begriff der Gestalt, wie er in der Gestalt des Arbeiters (E. Jünger) und in der Gestalt des Zarathustra sich zeigt, im Denken haben kann: »Die oft gegebene Auskunft, Nietzsches Denken sei fatalerweise ins Dichten geraten, ist selbst nur die Preisgabe des denkenden Fragens.« Mit dem denkenden Fragen ist natürlich die Position der seinsgeschichtlichen Philosophie gemeint.[29]

Anders Bertrand Russell, der in seiner Philosophiegeschichte den *Zarathustra* »pseudoprophetisch« nennt und ironisch abtut.[30] Damit gibt er zu erkennen, daß er eine quasireligiöse Textgattung nicht für geeignet hält, philosophische Gedanken darzustellen. Sonst aber ver-

25 Cf. Willard van Orman Quine, *Von einem logischen Standpunkt*. Dt. P. Bosch. Frankfurt 1979. 20f., 77. Wolfgang Künne, *Abstrakte Gegenstände*. Frankfurt 2007.

26 *Theorien und Dinge*. Dt. J. Schulte. Frankfurt 1991. 221.

27 Hannah Arendt, Karl Jaspers, *Briefwechsel 1926–1969*. München 2001. 671.

28 *Holzwege* 248.

29 *Wegmarken*. Frankfurt 1978. 390.

30 *Philosophie des Abendlandes*. Dt. E. Fischer-Wernecke u.a. München 1999. 770.

schmäht er selbst keineswegs Erzählungen oder Fabeln, um seine Leser von der Wahrheit seiner philosophischen Argumente und Theorien zu überzeugen.

Wir können uns heute kaum noch vorstellen, daß es hauptsächlich der *Zarathustra* war, der Nietzsche im Kreis von Schriftstellern, Künstlern und Intellektuellen berühmt machte. Noch der Kulturhistoriker Egon Friedell hat keine Bedenken, der Schrift den gleichen Rang zuzuschreiben wie dem *Faust* oder der *Göttlichen Komödie*, den »beiden einzigen Werken der Weltliteratur, die mit ihm verglichen werden können«.[31] Nur zu deutlich merkt man, daß der sonst so kluge Historiker sich hier von der superlativischen Diktion seines verehrten Objekts anstecken ließ. In einer älteren Stillehre wird »die demantene Schönheit Zarathustras« geradezu als Muster der sprachlichen Gleichniskunst empfohlen.[32] Und in einer populären Nietzsche-Monographie konnte man über den *Zarathustra* lesen: »Von Nietzsche auch sonst unerreicht aber sind freilich die Form der Darstellung und das sprachliche Niveau«.[33] Unter sprachlichem Niveau versteht der Interpret die angeblich hohe Qualität der Sprache.

Freilich gab es gerade auch unter den dankbarsten Nietzsche-Verehrern Dichter, die der auftrumpfende Redegestus der Schrift peinlich berührte und sie veranlaßte, das Werk entschieden kritisch zu betrachten. So erklärte schon vor dem Ersten Weltkrieg Christian Morgenstern: »Der Zarathustra ist bei allen Einzelheiten unbestreitbarer Größe eines der schlechtesten Bücher, die es gibt [...] es ist ein Mischmasch von Grandiosem und Banalem, inhaltlich wie im Vortrag«.[34] Ähnlich auch Gottfried Benn, der es »das fragwürdigste, zeitbedingteste, der Kritik am meisten zugängige Werk«, ein »Fehlwerk« nennt.[35]

So auch Thomas Mann, der einen ganzen Roman, den *Doktor Faustus*, über Nietzsche geschrieben hat, ohne freilich den Namen ein einziges Mal zu nennen. Er kann sich in seiner Würdigung des verehrten Denkers gar nicht genug darin tun, Worte des Tadels über den *Zarathustra* zu finden. In einem Kapitel stößt er auf »gräßliche Scherzhaftigkeit«, »qualvolle Geschmacklosigkeit«, auf einen »erotischen Wunschtraum von peinlicher Humorigkeit« – in ein weniger kunstvoll versiertes

31 *Kulturgeschichte der Neuzeit* (1931). München 1976. 1404.
32 Broder Christiansen, *Eine kleine Prosaschule*. Stuttgart 1958. 182.
33 Ivo Frenzel, *Nietzsche in Selbstzeugnissen und Bilddokumenten*. Reinbek 1968. 108.
34 *Gesammelte Werke*. München 1965. 390.
35 *Briefe an F. W. Oelze. 1945-1949*. Frankfurt 1982. 96.

Deutsch übersetzt, er macht ihm den Vorwurf des Kitsches, und der Vorwurf besteht wiederum aus einem ästhetischen Werturteil und einem Urteil, dessen oberster Wert das gesittete Benehmen ist. Sein literarisches Urteil über den Protagonisten des Buches fällt vernichtend aus: »Dieser gesicht- und gestaltlose Unhold und Flügelmann Zarathustra [...] ist keine Schöpfung, er ist Rhetorik, erregter Wortwitz, gequälte Stimme und zweifelhafte Prophetie, ein Schemen von hilfloser Grandezza, oft rührend und allermeist peinlich – eine an der Grenze des Lächerlichen schwankende Unfigur.«[36]

Es zeugt aber von der unwiderstehlichen Faszination Nietzsches, daß Mann die Sprachbilder und Denkfiguren des kritisierten Objekts übernimmt, um Nietzsches geistige Physiognomie, seine Anlage zur Geistesverwirrung zu beschreiben. Im Stil der imitatorischen Kritik, die hier selbst von Kitsch nicht weit entfernt ist, erklärt er: »Was war es, was Nietzsche ins Unwegsame trieb, ihn unter Qualen dort hinaufmeißelte und ihn den Martertod am Kreuz des Gedankens sterben ließ? Sein Schicksal – und sein Schicksal war sein Genie.« Sein Genie aber sei untrennbar mit seiner Krankheit verbunden gewesen und erst durch Krankheit produktiv geworden (l.c. 841). Es ist leicht zu erkennen, daß sich diese Erklärung der Geisteskrankheit aus dem Schicksal und des Schicksals aus dem krankhaften Genie im Kreise dreht. Was aber hat man sich unter der pseudoreligiösen Metapher vom Tod am Kreuz des Gedankens vorzustellen? Offenbar meint Thomas Mann, die bis ins Extrem getriebene Übersteigerung des Denkens habe Nietzsches Geist am Ende verwirrt. Und das verfehlte religiöse Bild vom Martertod kann wohl nur heißen, daß dieses aufopfernde Denken Einsichten erbracht habe, die wertvoll und nützlich für die europäische Kultur seien.

Die witzigste Kritik an dem umstrittenen Buch »für alle und keinen« stammt übrigens von Arno Schmidt. Er parodierte einfach den Titel: »Na also, sprach Zarathustra«. Doch muß man Schmidt noch aus einem weiteren Grund hier nennen. Er hat herausgefunden, daß der *Zarathustra* in Diktion und in dem Thema der Heldenverehrung von einem Roman angeregt wurde, der im späten 18. Jahrhundert höchst einflußreich war, heute aber gänzlich verschollen ist, dem Roman *Dya na sore*, dessen Autor Wilhelm Friedrich von Meyern war: »Wer die Dya Na Sore nicht kennt, begreift den Zarathustra nicht, und nicht den ›Willen zur Macht‹!« Auch hat Schmidt nachgewiesen, daß Karl May in seinem späten, allegorischen Roman *Im Reich des silbernen*

36 Nietzsches Philosophie im Lichte unserer Erfahrung, in: *Leiden und Größe der Meister*. Frankfurt 1982. 842f., 846.

Löwen Nietzsche als seinen Gegenspieler darstellt und peinlich genau karikiert.[37]

Nüchtern betrachtet kann man sagen, daß die absprechenden Einwände gegen die literarische Gestaltung des *Zarathustra* durchaus stichhaltig sind. Zunächst muß man festhalten, daß das Buch ein Hauptwerk Nietzsches ist. Er beschreibt darin das anstößige und mißverständliche Ideal des Übermenschen und er entwickelt darin die nicht weniger merkwürdige Lehre von der ewigen Wiederkehr des Gleichen. Es sind die zentralen Ideen von Nietzsches originärer Philosophie. Tatsächlich verfahren nun jene Interpreten, die sich um objektive Erkenntnis bemühen, derart, daß sie von der rhetorischen Form, dem prophetischen Pathos der Schrift einfach absehen und umstandslos den sachlichen Gehalt des Gesagten überprüfen. Sie begnügen sich damit, die Ideen und Thesen rational zu rekonstruieren. Andere betrachten die rhetorische Form als eine Art ironisches Vorzeichen, das es verbietet, die apodiktischen Behauptungen als solche wörtlich zu nehmen; wir hätten es dann mit einem rein experimentierenden und hypothetischen Denken zu tun. Vermutlich sind beide Lesarten zu einseitig. Die Thesen der Schrift sind gewiß nicht angemessen zu verstehen, wenn man von ihrer fiktionalen Gestalt absieht. Was aber auch nicht heißen kann, daß sie durch und durch ironisch seien, da man in dieser Lesart das Verkündigungspathos unterschlägt.

Da wir es hier mit dem Sinn und der Form von Texten, nicht mit der psychischen Physiognomie des Autors zu tun haben, können wir nicht untersuchen, wie Nietzsche zu den rhetorischen Exzessen des *Zarathustra* kommen konnte. Er hatte sonst den feinsten Sinn für Sprachnuancen, den richtigen Tonfall, die angemessene Stilhöhe eines Textes; er hatte die singuläre Gabe, das richtige Wort zu finden und komplizierte Gedanken lesbar auszudrücken. Als gelernter Philologe war sich nicht zuschade, detaillierte Sprachkritik zu üben und dem Gegner seiner Polemik bis ins Kleinste grammatische Fehler anzukreiden. Er war nicht nur ein bedeutender Prosakünstler des Deutschen, dem man unter den Philosophen allein Schopenhauer zur Seite stellen kann, sondern auch ein großer Lyriker: ihm haben wir die Erneuerung der deutschen Lyrik gegen Ende des 19. Jahrhundert zu verdanken.[38]

Von Nietzsche stammt der Grundtext für die Todesmetaphorik, die im postmodernen Zweig der Gegenwartsphilosophie überaus beliebt wurde, aber auch die These, die bildlich vom Tod des Subjekts handelt.

37 Arno Schmidt, *Dialoge* 1, 314; 223 ff. Zürich 1990.

38 Cf. S. v. Radecki, *Gesichtspunkte* 38 f.

Der Meister selbst verwendet diese Metapher nicht – was er jedoch zur Sache behauptet, ist nicht weniger provokativ. Mehrfach erklärt er, das menschliche Subjekt oder das Ich sei nur eine »Fiktion«, eine »Erfindung«.[39] Das Subjekt sei »nichts Gegebenes, sondern etwas Hinzu-Erdichtetes, Dahintergestecktes«.[40] Wie so oft bei ihm, haben wir es hier mit Aperçus zu tun, die thesenhaft gewisse Denkresultate wiedergeben, ohne sie zusammenhängend zu begründen. In diesem Fall führt er für das, was er meint, immerhin ein sprachkritisches genealogisches Argument an. Er behauptet, das menschliche Subjekt sei eine Analogiebildung zum grammatischen Subjekt. Die grammatische Beziehung von Subjekt und Prädikat werde mit der Beziehung von Ursache und Wirkung vermengt. Zu jedem vollständigen prädikativen Satz gehört ein Subjekt; wenn nun ein Prädikat gegeben ist, sei auch ein Subjekt impliziert: »Man sagte, ›Ich‹ ist Bedingung, ›denke‹ ist Prädikat und bedingt – Denken ist eine Tätigkeit, zu der ein Subjekt als Ursache gedacht werden *muß*.« So sei es zu der Annahme einer »*Scheinexistenz* des Subjekts, also der ›Seele‹« gekommen.[41]

Hierzu wäre zu sagen, daß Nietzsches genetische Erklärung der Subjekttheorie offensichtlich nicht überzeugen kann. Wenn man nach dem Akteur oder dem Subjekt einer Handlung fragt, meint man nicht das grammatische, sondern das logische Subjekt. Auch hat er seine Aktualitätsphilosophie, wonach es ein Handeln oder Erleben ohne ein Subjekt, das handelt oder erlebt, geben soll, nicht positiv begründet. Allgemein muß man sagen, daß er, wie auch seine dekonstruktionistischen Adepten, die Grenzen zwischen Sprache und Logik oder, genauer gesagt, zwischen der rhetorischen und logischen Seite der Sprache verwischt. Und er übertreibt den Einfluß der Rhetorik auf unser Denken. Wir sind aber durchaus fähig, sprachliche Irreführungen des Denkens zu durchschauen und zu kritisieren. Außerdem ist offensichtlich, daß Nietzsche den Begriff des Subjekts und den Begriff der Seele synonym verwendet; daß mit dem Begriff des Subjekts auch die menschliche Person gemeint sein kann, scheint er im referierten Kontext nicht zu erwägen.

39 Friedrich Nietzsche, *Werke* 3, 480; 534; 540, hg. Karl Schlechta, München 1966.

40 L.c. 3, 903.

41 *Jenseits von Gut und Böse* Nr. 54. Paul de Man hat dann die »Dekonstruktion des Selbst als einer Metapher« tiefsinnig und paradox weitergesponnen, hält aber daran fest, daß dem ›Selbst‹ keine buchstäbliche Wahrheit zukomme (*Allegorien des Lesens*. Dt. W. Hamacher u. a. Frankfurt 1988. 155.)

In seiner Spätphase versteigt Nietzsche sich dann zu der schwindelerregenden These, daß der menschliche Geist möglicherweise aus mehreren Subjekten bestehe. Er scheint also auch die These von der multiplen Persönlichkeit vorweggenommen zu haben. Ob das aber tatsächlich der Fall ist, kann man auf sich beruhen lassen, da diese Behauptung nur ein Gedankenblitz ist, der keine Anhaltspunkte enthält, wie man ihn genauer zu verstehen habe. Er notiert rein hypothetisch: »Die Annahme des *einen Subjekts* ist vielleicht nicht notwendig; vielmehr ist es ebenso erlaubt, eine Vielheit von Subjekten anzunehmen, deren Zusammenspiel und Kampf unserem Denken und überhaupt unserem Bewußtsein zugrunde liegt.«[42]

Soweit die kritische Seite der Lehre vom fiktiven Subjekt. Die Sache hat in Nietzsches Überlegungen aber auch einen positiven Aspekt. Wenn das Subjekt nichts Gegebenes ist, scheint die Möglichkeit der Selbsterfindung nahezuliegen, eine These, die in der Gegenwartsphilosophie ebenfalls vertreten wurde, z. B. von Richard Rorty. Nietzsche selbst spricht vom »Bildner seiner selber« oder vom »Erfinder seiner selber«.[43] Die Ausdrücke klingen paradox und aufreizend, doch lassen sie sich auch in einem recht schlichten Sinn verstehen. Sie können die Fähigkeit bezeichnen zu bestimmen, was für ein Mensch man in einem fundamentalen Sinn sein möchte, welches Lebensideal oder welchen Lebensentwurf man verwirklichen möchte. Das ist hinsichtlich der Person mit dem Begriff der qualitativen Identität gemeint, die sich wählen, während die numerische Identität sich nicht ändern läßt: »Ich kann anders werden wollen als ich bin, aber ich kann – und zwar aus logischen Gründen – nicht ein anderer werden wollen als der, der ich bin.«[44] Nietzsche spricht in der *Fröhlichen Wissenschaft* (Nr. 290) auch davon, »seinem Charakter ›Stil‹ zu geben« – auch dieser Gedanke entspricht ungefähr dem, was mit Selbstbestimmung im Sinne der qualitativen Identität gemeint ist.

Doch wie Dieter Thomä gezeigt hat, kommt es Nietzsche mit seinem Programm der Stilisierung des Lebens im Kern nicht auf Selbstbestimmung an, sondern auf die höchst mögliche Steigerung des Lebensgefühls. Und dieses Motiv hängt wiederum mit seiner Predigt von der Liebe zum Schicksal, dem amor fati zusammen. Er empfiehlt nicht die

42 *Werke* 3, 473.

43 Cf. Dieter Thomä, *Erzähle dich selbst. Lebensgeschichte als philosophisches Problem*. Frankfurt 2007. 156.

44 Ernst Tugendhat, *Selbstbewußtsein und Selbstbestimmung*. Frankfurt 1979. 284.

resignative Fügung in den unabänderlichen Lauf der Dinge, sondern predigt die enthusiastische Bejahung des Schicksals, um zum festlichsten Genuß des Lebens zu gelangen. Es ist ein merkwürdiger Gedanke, der weiterer Erläuterungen bedarf. Hier wollen wir uns mit einem logisch-semantischen Einwand begnügen, den Thomä vorgebracht hat: »Wenn Nietzsche sich auch hartnäckig dagegen sträubt, hinter dem ›Tun‹ einen ›Täter‹ zu identifizieren, so bedarf es doch der Klärung, wie eine *Person* dazu kommt, warum *ihr* danach ist und was *sie* davon hat, sich ›stilisierend‹ zu betätigen.«[45] Der Gedanke der Lebensstilisierung und erst recht die Vorstellung einer Stilisierung des Charakters lassen sich überhaupt nicht denken, wenn man nicht eine Person unterstellt, die einen Beweggrund hat, sich diesem Vorschlag gemäß zu verhalten.

Am Rande sei vermerkt, daß sich die These Foucaults, daß der Mensch verschwinde, in radikalisierter Form auch schon bei Nietzsche findet. Foucault hat nur einen bestimmten Begriff vom Menschen im Sinn, während Nietzsche vom Menschen als biologischer Spezies spricht, die, als Wert betrachtet, überschätzt werde: »Es sind schon viele Tierarten verschwunden; gesetzt, daß auch der Mensch verschwände, so würde nichts in der Welt fehlen. Man muß Philosoph genug sein, um auch *dies* Nichts zu bewundern (– *Nil admirari*).«[46]

Schließlich noch eine allgemeine Bemerkung zu Nietzsches Rhetorik. Reiners kommt in seiner bewundernden Stilkritik zu dem abschließenden Urteil: »Nietzsche hat deutsch geschrieben wie wenige vor ihm. Freilich konnte er diesen glänzenden Stil nur schreiben, weil er die Sache immer wieder der Form opfert.«[47] Das Lob läuft darauf hinaus, daß man Nietzsches Sprachkunst schätzen kann, seiner Philosophie aber mißtrauen soll. Der Verkünder der ästhetischen Rechtfertigung des Lebens wird selbst zu einem Phänomen, das nur in ästhetischer Hinsicht Beachtung verdient.

III. Zur Sprache Heideggers

Was Stil und Sprache angeht, so wurde kein Philosoph des 20. Jahrhunderts so unnachsichtig kritisiert wie Martin Heidegger. Die Vorwürfe zielen nicht nur auf seine autobiographischen Berichte oder politischen Äußerungen, sondern vor allem auf das philosophische Werk selbst,

45 Thomä, 159.
46 *Werke* 3, 676.
47 Reiners, 461.

seinen persönlichen Sprach- und Denkstil. Wer nach Synonyma für das Kitschige sucht, kommt in der Polemik gegen Heidegger voll auf seine Kosten. Und wie bei diesem Begriff zu erwarten, verbinden diese Vorwürfe die Merkmale des Sentimentalen mit den Merkmalen der Falschheit. So finden sich etwa in der einschlägigen Studie des Literaturhistorikers Robert Minder »Heidegger und Hebel oder die Sprache von Meßkirch« folgende sprachkritische Prädikate, um einen Aufsatz des Philosophen über Hebel zu charakterisieren: »erbauliche Betrachtung«, »fatale Pracht des Schlichten«, »feiertäglich herausgeputzte, nebulös anspruchsvolle Sprache«, »der blumige Stil als Deckmantel für eine sophistische Begriffsmanipulation«, »mit biblischen Reminiszenzen vermischte Wagnersche Ramsch-Assonanzen«.[48] Schließlich wirft er ihm »eine pseudo-romantisch mystifizierende Auffassung des Dichters« vor. Die Philosophie des Denkers beschreibt Minder als »Sakralisierung des deutschen Wortes« und »pure Verbalvirtuosität« (l.c. 260); den politischen Autor nennt er einen »Talmi-Zarathustra« (l.c. 249).

Immerhin ist Minder so fair, über den oft geschmähten autobiographischen Text »Der Feldweg« anerkennend zu schreiben: »Die sieben Seiten des ›Feldwegs‹ [...] atmen in der Schilderung der Landschaft von Meßkirch natürliche Empfindungskraft und Frische« (l.c. 231). Und er ist einsichtig genug, um zu wissen, daß die stilistische Kritik einer Philosophie nicht auch schon die Wahrheit dieser Philosophie erledigt. Zur Metaphorik der ländlichen Natur bei Heidegger bemerkt er treffend, daß man die »affektiert rustikale Bilderwelt« wieder in die Fachsprache übersetzen müsse; dann könne sie an »differenzierte Probleme herantragen«.[49]

Theodor W. Adorno hält den »Feldweg«-Essay dagegen für »ästhetische Stapelware«. Er glaubt Heideggers Überlegungen, die den autobiographischen Anregungen seines Philosophierens nachgehen, mit dem Hinweis widerlegen zu können, daß es z.B. in Nordamerika keine Feldwege gebe. Die Bekundung, mit der heimatlichen Landschaft verbunden zu sein, hält er für »anbiederndes Geschwätz«; die davon abgeleitete Philosophie für »Edelbanausie«.[50] Von den Reflexionen, die Heidegger über die konventionelle Lebenseinstellung des ›man‹, anstellt, behauptet er, sie bewegten sich in der »Sphäre des Blödsinnigen« (l.c. 124). Den Jargon, der sich auf die Meditation einzelner Wörter versteift und zugleich Phänomene wie den Tod systematisierend behandeln zu können

48 *Dichter in der Gesellschaft*. Frankfurt 1966. 211 ff.

49 Minder, 211 f.

50 *Jargon der Eigentlichkeit*. Frankfurt 1964. 48, 50.

meint, nennt er »sprachliches Brimborium«, um mit dem Verdikt abzuschließen: »Freilich kippt es, als nichtige Veranstaltung, immer wieder aus den Pantinen und stolpert in Quatsch« (l.c. 74).

Die Schrift über den *Jargon der Eigentlichkeit* enthält durchaus treffende Beobachtungen über Heideggers Sprachgebrauch; das eben zitierte Urteil ist jedoch in einem Stil verfaßt, der Adornos eigenem Anspruch nicht genügt. Er geht hier so sehr unter sein Niveau, daß seine Polemik unglaubwürdig wird. Kein Freund psychologischer Erklärungen, muß ich doch erwähnen, daß Adorno Heidegger als seinen persönlichen Gegner in der Philosophie betrachtet hat. Verglichen mit den kraftvollen Schmähreden Schopenhauers gegen Hegel ist Adornos Polemik gegen Heidegger ein Dokument der Hilflosigkeit.

Dagegen ist George Steiner fraglos bestrebt, dem philosophischen Rang Heideggers gerecht zu werden. Er versucht, die zentralen Gedanken des eigenwilligen Existenzphilosophen in eine verständliche Sprache zu übersetzen. Sein einführendes Buch *Martin Heidegger* (1978), das in zehn Sprachen übersetzt wurde, dürfte die am weitesten verbreitete Schrift über Heidegger sein. Steiner bescheinigt ihm, »ein Stilist von außerordentlichen Fähigkeiten« zu sein.[51] Seine Verlautbarungen von 1933/34 versieht Steiner jedoch mit den schärfsten sprachkritischen Rügen. Er spricht von der »dunklen und kitschigen Rhetorik« jener Veröffentlichungen (l.c. 27); er hält sie für »abscheuliches, schwülstiges und brutales Zeug«, das in »ontologisch-nazistischer Redeweise« verfaßt sei (l.c. 177). Und er wiederholt, daß Heideggers Rektoratsrede »aufgeblasene Brutalität« und »makabrer Kitsch« sei (l.c. 33). Obwohl er bemüht ist, Heideggers Spätphilosophie, die sich jenseits der üblichen Logik und Grammatik bewegt, einen vernünftigen Sinn abzugewinnen, muß er doch eingestehen, daß manche dieser wortspielerischen Passagen wie »eine Art mystisches Herumkommandieren« erscheinen. Auch kann er nicht ganz ausschließen, daß Heideggers unentwegtes Denken des Seins am Ende nur ein »faszinierender Bluff« sein könnte (l.c. 116). Dagegen erkennt er in manchen Interpretationen, die Heidegger Dichtungen gewidmet hat, eine unübertroffene Meisterschaft des Verstehens. Diese Leistung vor Augen, wendet er nun den Kitschvorwurf auf die Routine der Literaturwissenschaftler an, indem er von dem »müden Nippes der Literaturkritik und des akademischen Kommentars« spricht (l.c. 210).

Die ideologiekritischen Einwände, die Jürgen Habermas gegen Heidegger vorbringt, bewegen sich wiederum in den Bahnen der Polemik Adornos. Habermas kritisiert die »sentimental-anheimelnden Bilder ei-

51 G. Steiner, *Martin Heidegger*. Dt. M. Pfeiffer. München 1989. 15.

ner vorindustriell bäuerlichen Gegenwart«, mit denen Heidegger seinen seinsgeschichtlichen Fatalismus ausmale.[52] Die Rhetorik der Spätphilosophie beschreibt Habermas als »Einstimmung in den Umgang mit pseudo-sakralen Mächten« und er entrüstet sich über die »ästhetische Geschmacklosigkeit eines mit Hölderlin angereicherten Neuen Heidentums« (l.c. 168, 197).

Über Heideggers aktive Unterstützung des Hitlerregimes in den Jahren 1933/34, die Verherrlichung des Führers und die Verabsolutierung des deutschen Volkes, braucht man kein Wort zu verlieren. Die Rektoratsrede und die politischen Äußerungen, mit denen er seine Philosophie bereitwillig in den »Dienst« des NS-Regimes stellte, richten sich selbst. Daß es in der Geschichte des Denkens vor ihm auch andere große Philosophen gab, die Diktatur und Staat verherrlicht haben, kann sein Verhalten nicht entschuldigen. Doch sollte man bei aller unerläßlichen Kritik nicht vergessen, daß wahrscheinlich die wenigsten Hörer oder Leser dieser Statements überhaupt verstanden haben, was Heidegger meinte, wenn er nicht gerade im »Gauleiter-Jargon« (Minder) sprach. Der politisch-moralische Skandal besteht hauptsächlich darin, daß er sein überragendes Prestige als philosophisches Genie dem NS-Regime zur Verfügung gestellt, daß er seinen Namen für die schlechteste Sache seiner Zeit hergegeben hat.

Schon 1933 hat Karl Kraus in der *Dritten Walpurgisnacht*, seiner Auseinandersetzung mit Hitler und den Folgen, richtig vermutet, daß Heidegger in einem gewissen Sinn selbst ahnungslos war, und beobachtet, daß Heideggers völkische Behauptungen völlig unbegründet bleiben und seine Handlungsanweisungen, die im Namen der »Ungewißheit des Seienden im Ganzen« erlassen werden, unbestimmte Appelle sind: »Da ist etwa der Denker Heidegger, der seinen blauen Dunst dem braunen gleichgeschaltet hat«. Über die angebliche Erschütterung des völkischen Daseins heißt es weiter: »Warum das Volk durch seine erd- und bluthaften Kräfte erregt und erschüttert sein muß und wie es dadurch auf einen grünen Zweig kommen könnte, das zu sehen ist natürlich mehr Sache des Glaubens als der Beweisführung; immerhin fühlt man sich an den Einwand bei Gogol erinnert, der gegen einen aufgeregten Schulmeister vorgebracht wird: Gewiß, Alexander der Große war ein großer Mann, aber warum gleich Sessel zertrümmern?«[53]

Robert Minder hat den Grund für Heideggers politisches Fehlverhalten in der »moralischen Indifferenz« gesehen, die für seine Philosophie

52 *Der philosophische Diskurs der Moderne,* 192.

53 K. Kraus, *Die Dritte Walpurgisnacht.* München 1967. 58f.

wesentlich sei (l.c. 250). Ähnlich haben später Ernst Tugendhat und George Steiner argumentiert, die feststellten, daß es in seinem philosophischen Werk keinen Ansatz für eine Ethik gebe und daß darin die Begriffe des Guten und Bösen in auffallender Weise fehlten. Das Argument trifft gewiß zu, doch erklärt es den Sachverhalt nicht zwingend. Es gab Intellektuelle, die zunächst der Ideologie des Nationalsozialismus nahestanden, sich von ihr aber gerade aus moralischen Gründen abwandten, so Ernst Jünger. Andererseits gab es namhafte Christen, die durchaus über eine fundierte Lehre der Moral verfügten; sie haben sich aber dennoch offen zur Ideologie des Nazismus bekannt.

Und was Heidegger angeht, so wurde er nach dem Krieg gefragt, ob nicht seine Ontologie, die Seinslehre, durch eine Ethik, eine moralische Verhaltenslehre, ergänzt werden müsse. Er gab darauf eine für ihn bezeichnende ausweichende Antwort. In dem *Brief über den »Humanismus«* erklärte er, man müsse ursprünglicher, d.h. grundsätzlicher denken und bis zu der Stufe zurückgehen, die vor der Trennung der beiden Gegenstandsbereiche liege.[54] Aber selbstverständlich hatte er selbst ein moralisches Bewußtsein, wie vor allem seine späteren Briefe an Karl Jaspers bezeugen (cf. Brief vom 7.3.1950). Er bekannte seine Scham über sein Verhalten zu Beginn des Hitlerregimes. Daß in seiner Philosophie keine Ethik vorgesehen ist, kann also seinen politischen Sündenfall nicht restlos erklären.

Von der geballten Kritik gegen Heideggers provokatives Bekenntnis zur Landschaft seiner Heimat haben wir einige Vorwürfe zitiert. Es lohnt sich aber, wenigstens einige Punkte genauer zu betrachten, weil sich dabei die Grenzen einer rein stilistisch verfahrenden Kritik des Philosophen deutlich zeigen. Bei Heidegger verfehlt sie bisweilen ihr Ziel, weil sie die Bauernschläue des Mannes übersieht. Dies ist auch der Fall bei dem Paradebeispiel, das für die Natur- und Heimatverbundenheit des Seinsdenkers angeführt wird: die Schilderung eines Sturmes, an die Heidegger eine praktische Nutzanwendung knüpft. Das Beispiel findet sich in dem Aufsatz von 1933, in dem er begründet, warum er die Berufung an die Berliner Universität abgelehnt hat: »Schöpferische Landschaft. Warum bleiben wir in der Provinz?« Wer heute diese Begründung liest, kann die Aufregung seiner Ideologiekritiker kaum noch verstehen. Daß eine Landschaft zu geistiger Produktion anregen und insofern schöpferisch genannt werden kann, ist eine schlichte, unverfängliche Wahrheit. Daß Heidegger – ähnlich wie Ludwig Wittgenstein, der sich wiederholt nach Norwegen und Irland in ein abgelegenes Haus

54 M. Heidegger, *Wegmarken*. Frankfurt 1978. 349ff.

zurückgezogen hat – ländliche Abgeschiedenheit brauchte, um ungestört nachdenken zu können, ist nicht mehr als eine persönliche Disposition, die man ihm sinnvoll nicht zum Vorwurf machen kann. Und daß er seine Landschaftserfahrung von dem Erlebnis der Touristen abgrenzt und mit der Einstellung der landbearbeitenden Einwohner vergleicht, weil diese Umgebung seine Tätigkeit begünstigt, ist eine Erklärung, die kein vernünftiger Mensch anfechten wird.

Die anstößige Schilderung aber lautet: »Wenn in tiefer Winternacht ein wilder Schneesturm mit seinen Stößen um die Hütte rast und alles verhängt und verhüllt, *dann* ist die hohe Zeit der Philosophie. Ihr Fragen muß dann einfach und wesentlich werden.«[55] Heidegger gibt zu verstehen, daß er ein elementares Naturereignis als Aufforderung betrachtet, sich auf wichtige philosophische Sachverhalte zu konzentrieren und sich um eine möglichst genaue Darstellung zu bemühen. Was aber soll an der Insistenz auf die letzten Fragen der Philosophie falsch sein? Oder an der Maxime der Prägnanz und Einfachheit in philosophischen Beschreibungen? Heideggers Vergleich erinnert an das Verfahren Joseph Conrads, der das Überstehen eines Taifuns als Bild für das rechte sittliche Verhalten eines Mannes verwendet. Gewiß ist Heideggers Schilderung von Pathos erfüllt. Aber warum sollte der Autor, der *Sein und Zeit*, eines der bleibenden Werke der Philosophie, geschrieben hat, über die Philosophie nicht pathetisch reden dürfen? Das pathetische Genre in der Philosophie ist keineswegs an sich verwerflich, sondern nur dort, wo es in falscher Weise eingesetzt wird.

Wenn hier etwas anstößig ist, dann ist es der Umstand, daß Heidegger versteckt auf ein Wort Platons anspielt, das er in seiner Rektoratsrede zitiert, aber gewaltsam umgedeutet hat. Er übersetzt das fragliche Zitat mit den Worten, alles Große stehe im Sturm. Richtig aber lautet es, alles Große oder Edle sei gefährdet, hinfällig oder bedenklich.[56]

Nun kann man aber schwerlich dieses Thema verlassen, ohne zu erwähnen, daß Heideggers Metapher an prominenter Stelle in charakteristisch abgewandelter Form wieder auftaucht, in der Würdigung, die Hannah Arendt zum achtzigsten Geburtstag ihres Lehrers veröffentlicht hat, in einem Text, der auch den vielzitierten Satz vom »heimlichen König im Reich des Denkens« enthält.[57] Arendt rechnet Heidegger zu den wenigen Philosophen, die der Forderung Platons wirklich nachkommen, »vor dem Einfachen zu erstaunen«, was heißt, es sowohl für

55 *Denkerfahrungen*. Frankfurt 1983. 10.
56 Karl Löwith, *Heidegger. Denker in dürftiger Zeit*. Göttingen 1965. 83.
57 Martin Heidegger ist achtzig Jahre alt. *Merkur* 23. 1969. 895.

bewundernswert als auch befragenswert zu halten (l.c. 900). Und von diesen seltenen Menschen, die derart tiefster Einsichten fähig waren, behauptet sie: »Bei diesen Wenigen ist es letztlich gleichgültig, wohin die Stürme ihres Jahrhunderts sie verschlagen mögen. Denn der Sturm, der durch das Denken Heideggers zieht – wie der, welcher uns nach Jahrtausenden noch aus dem Werk Platos entgegenweht – stammt nicht aus dem Jahrhundert. Er kommt aus dem Uralten, und was er hinterläßt, ist ein Vollendetes, das, wie alles Vollendete, heimfällt zum Uralten.« (l.c. 902)

Arendt skizziert eine esoterische geschichtsphilosophische These, die nicht ganz leicht zu verstehen ist. Sie unterscheidet zwei Arten von Stürmen, die politisch-gesellschaftlichen Umwälzungen oder Bedrohungen und die elementare Bewegung oder Wirkungsmacht des rein philosophischen Denkens, das sie der Sphäre des Handelns und des Willens entgegenstellt. Sie unterlegt der Metapher einen zeitlichen Sinn: sie orientiert sich an der Richtung des geistigen Sturms und verlegt dessen Ursprung in eine Sphäre, die von der politisch-historischen Zeit verschieden ist. So kann sie behaupten, daß der Denker, der diese Sphäre zu seinem Aufenthalt gewählt hat, Vollendetes schaffe, weil er dem ursprünglichen Sein nahe sei. Gewiß haben wir es mit einer Laudatio zu tun, die gemäß der Konvention der Gattung dem Geehrten höchstes Lob zollt. Dennoch ist in dem Schlußsatz ein Vorbehalt nicht zu überhören. Denn das Heimfallen, von dem die Rede ist, kann sowohl Heimkehr wie auch Rückfall bedeuten, doch liegt auf der Heimkehr fraglos der stärkere Akzent.

Diese bildhafte Aussage über die dem Denken eigene Geschichte ist merkwürdig genug, ein Aspekt muß aber noch mehr verwundern, die Tatsache nämlich, daß Arendt die zeitliche Ausdeutung der Sturmmetapher ohne Zweifel von Walter Benjamin übernommen hat. Benjamin erklärt in der berühmtesten These seiner berühmten geschichtsphilosophischen Thesen, die Arendt andernorts selbst zitiert, daß der moderne Fortschritt nichts anderes sei als eine unwiderstehliche destruktive Bewegung, die von einem Sturm aus dem Paradies verursacht sei.[58] Benjamin bezieht sich freilich auf die Geschichte im allgemeinen, deren Verlauf er als eine Kette von katastrophalen Ereignissen deutet. Darüber aber macht Arendt hier keine Aussage, doch deutet sie die Bewegung, die von der großen Philosophie ausgeht, in letzter Hinsicht positiv. Was sie mit der Sturmmetapher sagen will, leuchtet durchaus ein; unklar bleibt, was man unter dem unspezifischen Bild vom Uralten zu verste-

58 H. Arendt, *Walter Benjamin, Bert Brecht*. München 1971. 21.

hen hat. Es liegt nahe, es mit dem Sein gleichzusetzen, doch viel klarer wird die Sache dadurch auch nicht.[59]

Die zweite Metapher, die regelmäßig herangezogen wird, um Heideggers Philosophie wegen ihrer angeblichen Orientierung an archaischen Lebensverhältnissen den Prozeß zu machen, ist das Wort vom Menschen als ›Hirt des Seins‹. In sprachlicher Hinsicht ist der Ausdruck aber völlig in Ordnung, er ist so wenig anfechtbar wie das analoge Wort von dem ›Hüter des Erbes‹, wenn wir darunter einen gebildeten Menschen verstehen, dem es darum geht, eine geistige Tradition am Leben zu erhalten. Die Kritik wäre nur dann schlüssig, wenn es prinzipiell unplausibel und unverständlich wäre, im technischen Zeitalter Metaphern und Vergleiche zu verwenden, die aus der Sphäre der Natur oder der vorindustriellen Epoche stammen. Ein solches Verdikt wäre aber der krasse Ausdruck eines historischen Provinzialismus. Unbekümmert um solche Einwände hat Heidegger gelegentlich natürliche Sprachbilder von erhellender Kraft gefunden, so in einem Brief an Jaspers: »Ich habe das Gefühl, nur noch in die Wurzeln zu wachsen und nicht mehr in die Äste« (5. Juli 1949).

In höchstem Maße erklärungsbedürftig ist nicht das Bild vom Hirten, sondern wiederum der Begriff des Seins. Bekanntlich ist es Heidegger niemals gelungen, das, was er unter Sein versteht, klar zu umschreiben oder verständlich wiederzugeben. Wer Heideggers Philosophie rational diskutieren will, kann nicht umhin, die Grundbegriffe seiner Seinslehre auf ihre Wahrheit zu überprüfen. So wichtig eine Stilkritik auch ist, man kann es nicht dabei belassen oder sich damit begnügen, die Ontologie aus ideologischen Gründen abzulehnen. Das gleiche gilt von dem Einwand gegen die angeblich kitschigen Heimatbilder, mit denen Heidegger sein fatalistisches Geschichtsdenken ausstaffiere. Auch hier kommt es weniger auf die Kritik des philosophischen Ausdrucks an als vielmehr auf die Kritik des Begriffs einer Seinsgeschichte. Wenn der Kritiker aber den Standpunkt einer sozioökonomisch zu verstehenden Notwendigkeit des Geschichtsverlaufs einnimmt, stellt er seine geschichtsmetaphysische These nur einer anderen These derselben Qualität entgegen.

Ein dritter Einwand richtet sich gegen Heideggers Selbstverständnis als Seher und Prophet. Die Kritik, sich eine Kompetenz anzumaßen, die einem Philosophen nicht zusteht, leuchtet ohne weiteres ein. Sie betrifft das Moment der Unechtheit, das ein Wesensmerkmal allen Kitsches ist.

59 Cf. zur philosophischen Beziehung: Ernst Vollrath, Hannah Arendt und Martin Heidegger. In: Annemarie Gethmann-Siefert u. a. (Hg.), *Heidegger und die praktische Philosophie*. Frankfurt 1989. 357ff.

Heidegger vermengt im Spätwerk ungeniert die Sphäre des Religiösen mit der der Philosophie. Um nur ein Beispiel einer angemaßten Feierlichkeit zu geben, sei aus einem Brief an Jaspers vom April 1950 zitiert, wo Heidegger im Rückblick auf die Not von Krieg und Nachkrieg schreibt: »Trotz Bodenlosigkeit und Verbannung, *in dieser Heimatlosigkeit* ereignet sich nicht nichts; darin *verbirgt sich ein Advent*, dessen fernste Winke wir vielleicht doch noch in einem leisen Wehen erfahren dürfen« (8.4.1950). Diese Worte haben Jaspers den Atem verschlagen, so daß er erst nach zwei Jahren antworten konnte: »Mein Schrecken wuchs, als ich das las. Das ist, soweit ich zu denken vermag, reine Träumerei, in der Reihe so vieler Träumereien, die – je ›an der Zeit‹ – uns dieses halbe Jahrhundert genarrt haben. Sind Sie im Begriff, als Prophet aufzutreten, der aus verborgener Kunde Übersinnliches zeigt, als ein Philosoph, der von der Wirklichkeit wegführt? Der das Mögliche versäumen läßt durch Fiktionen? Bei dergleichen ist nach Vollmacht und Bewährung zu fragen...« (24.7.1952). Heidegger blieb die Antwort darauf schuldig.

Aus dem Zitat geht hervor, daß Jaspers sich vor allem gegen Heideggers unverantwortliches Heilsversprechen wendet, jedoch nicht so sehr gegen die Diagnose, daß wir uns in einer Ära metaphysischer Orientierungslosigkeit oder Heimatlosigkeit befinden. Das Stichwort will sagen, daß die traditionellen Weltbilder der abendländischen Metaphysik ihre prägende Kraft in der Kulturgeschichte verloren haben. Darüber aber, wie dieser Vorgang zu verstehen ist, gibt es verschiedene Meinungen. Nach der Lesart Heideggers haben wir es mit einem objektiven Vorgang der Geschichte zu tun, für dessen Verlauf es gleichgültig ist, ob einzelne Philosophen weiterhin Metaphysik treiben oder nicht. Nach einer anderen Lesart hängt die Geltung metaphysischer Weltbilder hauptsächlich davon ab, ob einzelne Menschen sie für richtig halten und für ihre Wirkung sorgen.

Motiv und Metapher der metaphysischen Heimatlosigkeit wurden vielfach kritisiert. Jürgen Habermas zum Beispiel hält die »Voraussetzung metaphysischer Unbehaustheit« für sentimental und er möchte sie »fallenlassen«[60] – und dies deshalb, weil er annimmt, daß wir uns in der Epoche der Nachmetaphysik befinden. Wie man leicht sieht, macht auch er eine bestimmte historizistische Voraussetzung, indem er den zeitlichen Vorgang, der im Begriff der Nachmetaphysik impliziert ist, für objektiv verbindlich hält.

Die philosophisch gemeinte Metapher der Heimatlosigkeit hat aber eine ehrwürdige Geschichte. Heidegger führt die Idee auf Nietzsche

60 *Der philosophische Diskurs der Moderne*, 346.

und Hölderlin zurück, was gewiß einleuchtet, jedoch die Traditionslinie stark verkürzt. Man müßte zunächst Georg Lukács nennen, der in seiner überaus einflußreichen *Theorie des Romans* (1920) den »geschichtsphilosophischen Stand der Weltuhr« zu bestimmen versucht und ihn als »transzendentale Heimatlosigkeit« beschreibt; näher beschreibt er ihn als Auflösung eines »überpersönlichen Wertesystems« und als Stand einer »gottverlassenen Welt«.[61] Bei Nietzsche hätte man an erster Linie an das allegorische Gedicht »Vereinsamt« zu denken, das mit dem Vers schließt: »Wohl dem, der jetzt noch Heimat hat«. Ob nun Nietzsche daran gedacht hat oder nicht, dieser Vers ist ein Echo, das auf ein analoges Motiv bei Eichendorff antwortet, dessen genuin christliche Idee aber entschieden verneint. Gemeint ist die Schlußstrophe aus Eichendorffs »Mondnacht«-Gedicht: »Und meine Seele spannte / weit ihre Flügel aus. / Flog durch die stillen Lande / als flöge sie nach Haus.«

Ein anderer Punkt der Sprachkritik sei nur nebenbei vermerkt, da er unser Thema nicht direkt berührt: Heideggers Verfahren, an einer Kette von Wortspielen und Stabreimen entlang zu denken und aus den Wurzeln der Wörter verborgene begriffliche Zusammenhänge abzuleiten. So kommt er etwa zu den Kernthesen: Denken ist Danken, die Sprache spricht u.ä. Man kann darin ein heuristisches Prinzip sehen, das zu wertvollen Einsichten führen kann. Entscheidend ist nicht so sehr, ob die etymologische Ableitung richtig, als vielmehr die Frage, ob der auf diese Weise aufgefundene Gedanke begründet ist. Denn ein solcher Gedanke könnte ja tatsächlich wahr sein.

Um die folgenreichste Fehlleistung dieser Art zu nennen, sei Heideggers Lesart erwähnt, das griechische Wort für das Seiende (*ousía*) bedeute soviel wie Anwesen; er hat daraus geschlossen, das Sein sei gleichbedeutend mit Anwesenheit. Doch ist diese Lesart falsch, da, wie man aus Papes Wörterbuch ersehen kann, *ousía* nur ›Anwesen‹ im Sinne von ›Hauswesen‹ bedeuten kann oder von ›Haus und Hof‹, wie Tugendhat erklärt. Er meint: »Es ist einer der hanebüchensten Heideggerschen Taschenspielertricks, bei dem man sich nur fragt, ob sich Heidegger des Schwindels wirklich nicht bewußt war«.[62] Dennoch ist mit dieser philologischen Kritik allein noch nicht die weitere These widerlegt, daß die griechischen Philosophen Sein als Gegenwart verstehen. Daß Derrida die Lesart Heideggers übernommen hat, braucht hier nicht weiter ausgeführt zu werden.

61 *Die Theorie des Romans*. Neuwied 1971. 80; 52; 77.

62 E. Tugendhat, Heideggers Seinsfrage. In: *Philosophische Aufsätze*. Frankfurt 1992. 129.

Ein weiterer Stein des Anstoßes ist Heideggers Philosophie des Todes. Er ist nach Schopenhauer einer der wenigen modernen Philosophen, die zu diesem Thema, das sonst als unphilosophische Privatsache angesehen wird, überhaupt etwas zu sagen haben. Heidegger definiert die menschliche Existenz aber geradezu als Sein zum Tode. Indem er die religiöse Perspektive hier ausdrücklich ausklammert, beschreibt er die Aussicht auf den unvermeidlichen Tod als die Erfahrung der radikalen Endlichkeit des Menschen. Dieser Gedanke dürfte der Hauptgrund für das Echo gewesen sein, daß er über die Jahrzehnte hin bei vielen Intellektuellen gefunden hat, die in religiöser Hinsicht indifferent waren. Für Heidegger ist die nicht verdrängte Aussicht auf das unausweichliche Lebensende jenes Moment, das der menschlichen Existenz Ganzheit verleiht und ihr den angemessenen Ernst gibt. Dabei ist offensichtlich, daß er auf die christliche Anschauung des »Memento mori« zurückgreift, die Mahnung, an den Tod zu denken; doch säkularisiert er diese Aufforderung, indem er sie von dem ursprünglich damit verbundenen Jenseitsglauben und der Idee eines bevorstehenden Gerichts trennt. Er behält nur die Forderung einer Entschlossenheit um ihrer selbst willen bei, eine leere Maxime, die ihre Wahl nicht mehr vernünftig begründen kann. Das dürfte der entscheidende Einwand sein, der sich gegen diese heroische Lebensauffassung vorbringen läßt, und Karl Löwith wurde nicht müde, auf diese Schwachstelle in Heideggers Denken hinzuweisen.

Andere Einwände sind weniger überzeugend, doch bleiben sie aufschlußreich, weil sie eine gewisse Blindheit der Kritik gegenüber diesem Thema verraten. So etwa Adornos Meinung, der den Satz, daß keiner dem Anderen sein Sterben abnehmen könne, als »Binsenweisheit« bezeichnet.[63] Eine Aussage aber, die alle Menschen betrifft, ist nicht schon deshalb banal, weil sie wahr und allgemein bekannt ist. Wenn die Idee, daß das Sterben »unvertretbar« ist, nur ein Gemeinplatz wäre, bliebe das Phänomen unverständlich, daß mit der Vorstellung des Todes vielfach Furcht, Schrecken und Verzweiflung, aber nur in den seltensten Fällen völlige Gleichgültigkeit verbunden sind.

Nicht weniger unzutreffend ist ein Argument, das gegen die Notwendigkeit des menschlichen Todes vorgebracht wird. Es ist der Sphäre der Science-Fiction entnommen und verspricht sich vom wissenschaftlichen Fortschritt eine »Abschaffung des Todes«: »Wie manche niedere Organismen nicht im selben Sinne sterben wie die höheren, individuierten, so ist angesichts des Potentials der Verfügung über organische Prozesse, das Umriß gewinnt, der Gedanke einer Abschaffung des Todes nicht a

63 Adorno, *Jargon der Eigentlichkeit*, 114.

fortiori abzutun« (l.c. 130). Diesen Einwand könnte man als Widerlegung gegen einen Beweis für die Sterblichkeit des Menschen betrachten, wie ihn etwa Aristoteles vorgelegt hat. Übrigens hat Karl Popper ganz ähnlich gegen Aristoteles argumentiert, der die Lebensdauer eines Wesens aus der Beschaffenheit des betreffenden Organismus herleitet.[64] Doch legt Heidegger überhaupt keinen Beweis dieser Art vor. Der menschliche Tod ist für ihn ein Faktum, das er als gegeben hinnimmt, und er versucht zu beschreiben, was die Erfahrung dieser Gegebenheit für den Einzelnen bedeutet. Deshalb würde es auch nicht gegen ihn sprechen, wenn jene wissenschaftliche Utopie wider alles Erwarten Wahrheit würde. Denn was soll falsch daran sein, daß er eine Erfahrung zu beschreiben versucht, die bisher allen Menschen bevorstand und in absehbarer Zeit bevorstehen wird?

IV. Bilder vom Ende der Philosophie

Man kann Heidegger manche rhetorische Entgleisung vorhalten, doch anders als seine Epigonen war er nicht so gedankenlos, den Tod als Metapher zu verwenden und etwa von dem Tod der Philosophie zu sprechen. Der Gedanke, daß die Philosophie zu einem Ende kommen könnte, war ihm dagegen keineswegs fremd. In dem erwähnten Aufsatz über Nietzsche behauptet er, es sei zu vermuten, »daß die Philosophie als Lehre und als Gebilde der Kultur verschwindet und in ihrer jetzigen Gestalt auch verschwinden kann, weil sie, sofern sie echt gewesen, die Wirklichkeit des Wirklichen schon zur Sprache und so das Seiende als solches in die Geschichte seines Seins gebracht hat«.[65] Die These hängt auf das engste mit dem vorausgesetzten Begriff einer Seinsgeschichte zusammen. Sieht man einmal von dieser historizistischen Voraussetzung ab, so ist es durchaus möglich, daß die Philosophie als Lehrfach – aus welchen Gründen auch immer – aufgegeben wird. Schwerer vorstellbar ist die Möglichkeit, daß die Menschen überhaupt aufhörten, über ihr Dasein nachzudenken. Dagegen ist durchaus möglich, daß es aus Gründen einer kollektiven Geistesverwirrung zu einem allgemeinen Verfall von Kultur und Wissenschaft kommt. Wie Popper vor langem erklärt hat, können wir den Gedanken nicht abwehren, daß »der wissenschaftliche Fortschritt eines Tages zum Stillstand kommen kann«.[66]

64 *Objektive Erkenntnis*. Hamburg 1995. 10; 100.

65 *Holzwege* 252.

66 *Das Elend des Historizismus* (1945). Tübingen 1987. 122.

Übrigens findet sich die Metapher vom ›Tod der Philosophie‹ auch schon bei Immanuel Kant. In der Betrachtung über die Antinomie der reinen Vernunft weist Kant nach, daß das menschliche Denken sich bei den Hauptfragen der Metaphysik unvermeidlich in Widersprüche verwickle. Gemeint sind Fragen der Art, ob die Welt einen zeitlichen Anfang habe, ob es neben der Naturkausalität eine Kausalität aus Freiheit geben könne, ob die Ursache der Welt ein notwendiges Wesen sei. Angesichts dieser Widersprüche, schreibt Kant, blieben anscheinend nur zwei Optionen übrig: eine »skeptische Hoffnungslosigkeit« oder ein »dogmatischer Trotz«: »Beides ist der Tod einer gesunden Philosophie, wiewohl jener allenfalls noch die *Euthanasie* der reinen Vernunft genannt werden könnte«.[67] Bekanntlich schlägt Kant sich weder auf die Seite des Skeptizismus noch auf die des Dogmatismus, er wählt vielmehr den Weg der skeptischen Methode und weist nach, daß die Antinomie der Vernunft dadurch entsteht, daß man die Gegenstände der Erfahrung, die Erscheinungen sind, als Dinge an sich auffaßt.

Warum aber ist der Metapherngebrauch bei Kant für unser Empfinden nicht im geringsten anstößig? Weil die Metapher angemessen ist im Hinblick auf die von Kant aufgewiesene reale Gefährdung des vernünftigen Denkens. Seine These ist gewichtiger und systematisch klarer begründet als das Pendant bei Derrida. Daß wir die gleiche Metapher einmal als angemessenes Bild, ein andermal als verfehlt betrachten, hängt natürlich auch mit dem charakteristischen Geist der jeweiligen Philosophie zusammen. Was eine Metapher bedeutet, wird im wesentlichen von dem Kontext bestimmt, in dem sie verwendet wird. Einmal haben wir es mit einem nüchternen, auf Klarheit dringenden, entschieden humanen Geist des Denkens zu tun, das zweite Mal aber mit einer Einstellung, die das Nebeneinander von scharfsinnigen Unterscheidungen, freien Gedankenassoziationen oder wortspielerischen Analogien schätzt und letztlich die Kohärenz des philosophischen Denkens in Frage stellt. Auf diesem Hintergrund wirkt die Todesmetapher nur als gewollte Dramatisierung einer unbegründeten Annahme.

Erwähnt sei schließlich noch eine ironische Metapher aus dem Bildfeld des Sterbens, die wegen ihrer betonten Ironie überzeugt und jedem rhetorischen Einwand zuvorkommt. Ohne die Analogie selbst ganz ernst zu nehmen, veranschaulicht Popper das Gegeneinander wissenschaftlicher Standpunkte mit der extrem vereinfachten darwinistischen Lehre vom Kampf ums Dasein. Er erklärt den Vorteil, den die Entwicklung der Sprache für den Status von Theorien mit sich gebracht

67 *Kritik der reinen Vernunft* A 407.

habe: »Wir können es dem Wettbewerb unserer Theorien überlassen, die unbrauchbaren Theorien auszumerzen. In früheren Zeiten wurde der Träger der Theorie ausgeschieden. Jetzt können wir unsere Theorien an unserer Statt für uns sterben lassen.«[68] Es zeugt aber wiederum von der Wirkungskraft der Todesmetaphorik, daß wenige Sätze des Wissenschaftstheoretikers so bekannt geworden sind wie der Satz von dem Sterben widerlegter Theorien.

Auch Wolfgang Stegmüller hat sich einmal der fragwürdigen Metapher bedient, die hier zur Debatte steht. Er spricht von dem Umstand, daß weder die zunehmende Wissenschaftlichkeit der Gegenwartsphilosophie noch die Einsicht in die historische Bedingtheit der philosophischen Standpunkte den »Tod der Metaphysik« herbeigeführt habe. Er gebraucht jedoch die Metapher ohne jenen Aplomb, den das Sprachbild bei Derrida und seinen Kollegen besitzt. An anderer Stelle spricht Stegmüller von der theoretischen Möglichkeit, »daß ganze philosophische Richtungen endgültig ›aussterben‹«.[69] Wiederum ist die Metapher hier nicht anstößig, und dies nicht nur deshalb, weil sie durch Anführungszeichen als ein Ausdruck gekennzeichnet ist, der unter Vorbehalt steht, sondern vor allem auch deshalb, weil sie in einer nüchternen, sachlich argumentierenden Diktion geäußert wird, der jeder rhetorische Überschwang fremd ist. Die Metapher wird in diesem Kontext als Ausnahmeerscheinung isoliert und eingeklammert.

Hier ist auch der Platz, einen bezeichnenden Unterschied im Gebrauch der Weg-Metapher bei Kant und Heidegger hervorzuheben. Heidegger verbindet mit den Metaphern des Feldwegs und des Holzwegs sowohl die Vorstellung des ursprünglich Vertrauten wie die Vorstellung des Unerforschten oder Unzugänglichen. Kant spricht in der *Kritik der reinen Vernunft* zwar ähnlich von dem »dornigen Pfade der Kritik« (B XLIII) und er nennt den von ihm gebahnten Weg einen »Fußsteig«, doch äußert er am Schluß seines philosophischen Pionierwerkes die Hoffnung, daß er einsichtige Leser finden möge, die den Fußsteig zur »Heerstraße« machten (A 856). Damit spielt er natürlich auf den sicheren Gang der Naturwissenschaften an und ihren »Heeresweg« (B XII), Vorbilder, an denen er sich orientiert. Überdies wünscht er sich talentierte Männer von »wahrer Popularität«, die der Darstellung seiner Theorie jene sprachliche »Eleganz« geben sollten, die er ihr nicht geben konnte (B XLIV). So sehr Kant auch auf dem Recht einer spezialisierten

68 *Auf der Suche nach einer besseren Welt*. München 1995. 39f.

69 Wolfgang Stegmüller, *Hauptströmungen der Gegenwartsphilosophie*. Stuttgart 1969. XXXI; XLIII.

Schulphilosophie bestand, so sehr hielt er doch »die große Menge« für die »achtungswürdigste« (B XXXIII). Ihr sollten die Erkenntnisse seines Denkens zugute kommen.

V. Figuren des Understatements

Wir empfinden die Redeweise, die in philosophischen Reflexionen aus dem Tod eine Metapher macht, nicht zuletzt deshalb als dramatische Übertreibung, weil das Faktum von Tod und Sterben in der Umgangssprache häufig im Modus der Untertreibung indirekt beschrieben wird. Wir sagen von jemand, der gestorben ist: ›er ist von uns gegangen‹, oder einfach: ›er ist gegangen‹. Von Goethe stammt das diplomatisch verhüllende Synonym ›außenbleiben‹ für ›sterben‹, das er gebrauchte, als er von dem Tod seines Sohnes sprach. Thomas Mann, ein Liebhaber gesitteter Redeweise, die unangenehmen Wahrheiten vornehm aus dem Weg geht, hat das Wort sich denn auch gerne zu eigen gemacht. Es hängt vermutlich mit der Wendung ›im Felde bleiben‹ zusammen, übertrifft es aber entschieden an euphemistischer Diskretion.

In der Umgangssprache und der ihr verpflichteten Trivialliteratur gibt es zahllose Ausdrücke, die das erschreckendste Phänomen menschlichen Lebens als unerhebliche Nebensache einstufen. So das heute gerne gebrauchte ›den Löffel abgeben‹. Hans Werner Henze, der 82jährige Komponist, verwendete in einem Interview über sein Spätwerk den Ausdruck als Synonym für ›abdriften‹, ›Schluß machen‹.[70] In einem seriösen Gespräch über Lebenskrisen und ihre künstlerische Bewältigung ist das Wort aber fehl am Platz. Und es klingt ein wenig zu blasiert, um den behaupteten Gleichmut vor dem Tod auszudrücken. Man kann es allenfalls rechtfertigen, wenn es verwendet wird, um eine indiskrete Frage in einem öffentlichen Interview als ungehörig zurückzuweisen.

Ein wenig anders sieht die Sache aus, wenn verharmlosende Untertreibungen dieser Art in philosophischen Texten auftauchen. So schreibt Ernst Tugendhat in einem Aufsatz über den Tod: »Ich hatte mir das Leben wie eine Wurst vorgestellt in zeitlicher Dimension, eine Wurst, die allemal ein Ende in der Zukunft hat, und ob sie nun etwas länger oder kürzer sei, das mache zwar einen Unterschied, aber keinen wesentlichen: Wurst bleibt Wurst.«[71] Die Intention Tugendhats ist verständlich: Ihm widerstrebt es, über ernste Dinge in einem feierlich-verlogenen Ton

70 FAZ, 3.1.2009, Z6

71 *Aufsätze* 1992-2000. Frankfurt 2001. 69.

zu reden. Doch fällt er dabei in das Extrem der Banalisierung, die man gerade einem Philosophen nicht abnehmen kann, der sonst über die klassischen Gegenstände der Philosophie, Wahrheit und Gerechtigkeit, Selbstbestimmung und Freiheit, höchst Vernünftiges geschrieben hat. Doch ist es die einzige Stilentgleisung in dem Aufsatz, der sich mit den Vorstellungen von Tod und Todesangst bei Heidegger und Thomas Nagel auseinandersetzt. Tugendhat, einst Schüler von Heidegger, heute ein führender Vertreter der Analytischen Philosophie, ist einer der wenigen Philosophen der Gegenwart, die überhaupt etwas über den Tod zu sagen haben. Um so bedauerlicher ist es, daß er sich diesen Schlenker erlaubt hat.

Um aber wieder ein geglücktes Beispiel ähnlicher Art anzuführen, das aus dem gleichen Bildfeld, aus der niederen Alltagssphäre, stammt, sei auf Kierkegaard verwiesen. Um das Los der »stellvertretend Leidenden« in der menschlichen Geschichte verständlich zu machen, schreibt er: »Wie in einer Heringssendung einige Exemplare, die oben aufliegen, zerdrückt werden, so gehen in jeder Generation einige Menschen verloren«.[72] Was Kierkegaard meint, wird natürlich nur der unterschreiben können, der seine radikale christliche Überzeugung, im besonderen seinen Glauben an die göttliche Vorsehung teilt, die das Schicksal des Einzelnen bestimmt. Doch dürfte jedermann seinen Vergleich ohne weitere Erläuterungen verstehen und für treffend halten. Und man muß die Kunst bewundern, einen Gedanken von ernstem Pathos mit einem gänzlich unpathetischen, leicht skurrilen Bild auszudrücken. Tugendhats Vergleich dagegen beschreibt zwar einen Aspekt des organischen Lebens richtig; doch taucht das von ihm gewählte Bild den Aspekt in ein falsches Licht. Deshalb fehlt ihm die rhetorische Qualität, die Kierkegaards Vergleich unbestritten eigen ist.

Es gibt aber eine krasse Fehlleistung der philosophischen Rhetorik, die über die engen Fachzirkel hinausgelangt und längst in den Phrasenschatz der öffentlichen Diskussion, der Journalisten und Gedenkredner eingegangen ist – die Wendung von der »Banalität des Bösen«. Sie geht auf den Untertitel zurück, den Hannah Arendt ihrem Buch *Eichmann in Jerusalem. Ein Bericht von der Banalität des Bösen* (1964) gegeben hat. Die frappierende Wortwahl soll nach der Intention der Autorin das angebliche Paradox zum Ausdruck bringen, daß ein so mediokrer Mensch wie Eichmann, der alles andere als ein kriminelles Genie war, sondern nur ein diensteifriger Verwaltungsexperte, im Rahmen der organisierten Judenvernichtung des Nazismus ein Übermaß an Unheil

72 Zitiert bei Theodor Haecker, *Essays*. München 1958. 200.

anrichten konnte und dadurch zu einem »hostis generis humani« geworden sei.[73] Die Formulierung von der ›Banalität des Bösen‹ geht auf Arendts Mann, Heinrich Blücher, zurück,[74] doch trifft sie genau das, was Arendt sagen wollte.

Die effektvolle Formulierung ist offensichtlich der umgangssprachlichen Denkfigur nachgebildet, daß aus kleinen Ursachen große Wirkungen entstehen können. Es handelt sich dabei aber um einen Vorgang aus der Welt der physischen Dinge und Ereignisse. Wer dieses Beispiel heranzieht, um ein moralisches Urteil zu begründen, verwechselt ein physisches Übel mit einem moralischen Übel.

Außerdem muß man einwenden, daß Arendt zur Beschreibung größter Verbrechen eine zweideutige Formulierung gewählt hat. Aber gerade in diesem Fall, wo man nicht bestimmt und unmißverständlich genug sein kann, ist Zweideutigkeit unentschuldbar. ›Banalität des Bösen‹ kann sowohl bedeuten, daß ein unbedeutender Mensch schlimmste Verbrechen begangen habe, wie auch, daß das Böse selbst banal sei. Darauf hat Jean Améry, der selbst ein Jahr lang in dem Lager Auschwitz-Monowitz eingesperrt war und es nur mit knapper Not überlebt hat, die einzig richtige Antwort gegeben: »Es gibt nämlich keine ›Banalität des Bösen‹ [...] Wo ein Ereignis uns bis zum äußersten herausfordert, dort sollte nicht von Banalität gesprochen werden, denn an diesem Punkt gibt es keine Abstraktion mehr und niemals eine der Realität sich auch nur annähernde Einbildungskraft«.[75]

Ein weiterer Fehler besteht darin, daß die Autorin am falschesten Platz, den man sich denken kann, geistreich sein will und sich darin gefällt, mit einer paradoxen Formulierung zu verblüffen. Verkehrter hätte die Wortwahl nicht sein können. Die vielen Intellektuellen und Journalisten, die das Klischee in ihren Wortschatz übernommen haben, fehlen aber darin, daß sie sich an eine anerkannte Autorität halten, statt deren Behauptung kritisch zu prüfen.

Dafür nur ein Beleg. Peter Merseburger schreibt in seiner Biographie über Willy Brandt anläßlich des Nürnberger Prozesses, dieser habe hier jene »Banalität des Bösen« gespürt, von der Arendt später schreiben werde. Im übernächsten Satz zitiert der Autor dann Brandt, der vermerkt hatte, Albert Speer habe »etwas von dem ›gefährlichen Mechanismus‹ erklärt, ›der den Technokraten zu Werkzeug (!) des schlechthin

73 H. Arendt, *Eichmann in Jerusalem*. München 1986. 326.

74 Hannah Arendt, Karl Jaspers, *Briefwechsel 1926–1969*. München 2001. 578.

75 *Jenseits von Schuld und Sühne*. Stuttgart 1977, 52.

Bösen werden läßt.«[76] Man sieht, daß der Biograph jene Phrase gedankenlos nachspricht, ohne zu merken, daß er sich in den beiden zitierten Sätzen selbst widerspricht.

Übrigens soll Arendt in späteren Jahren ihre These von der Banalität des Bösen zurückgezogen haben.[77] Doch läßt sich die Wirkung, die ein einmal ausgesprochenes Schlagwort in der Öffentlichkeit entfaltet hat, nicht rückgängig machen.

VI. Angemessene Vergleiche

In der neueren Philosophie wurden zwei Vergleiche gebildet, die zu Recht berühmt geworden sind. Sie sind ihrer Sache nicht nur angemessen, sondern erhellen sie auf prägnante Weise, wie es eine begriffliche Analyse nicht fertigbrächte. Es sind originelle Bilder und sie handeln von wichtigen philosophischen Problemen.

In seinem *Tractatus logico-philosophicus* entfaltet Ludwig Wittgenstein die These, daß man sinnvolle Aussagen nur in einer Sprache, die die Welt abbildet, machen könne; dagegen liefere eine Metasprache, die über die deskriptive Sprache reflektiert, nur unsinnige Aussagen. Von dieser Art ist aber jede philosophische Sprache, auch die des *Tractatus*. Wittgenstein aber behauptet, daß seine Schrift dennoch nicht nutzlos sei: »Meine Sätze erläutern dadurch, daß sie der, welcher mich versteht, am Ende als unsinnig erkennt, wenn er durch sie – auf ihnen – über sie hinausgestiegen ist. (Er muß sozusagen die Leiter wegwerfen, nachdem er auf ihr hinaufgestiegen ist.) – Er muß diese Sätze überwinden, dann sieht er die Welt richtig.« (Nr. 6.54)

So beschränkt auch die dogmatische Sprachauffassung sein mag, die Wittgenstein zu rechtfertigen versucht, man muß doch anerkennen, daß sein Vergleich die gemeinte Sache treffend illustriert. Später hat er diese Sprachauffassung verworfen. Nun sieht er die Aufgabe der Philosophie darin, der Vielfalt der Redeformen gerecht zu werden; so hofft er, die philosophisch irreführenden Sprachbilder aufdecken zu können. Und die falschen Bilder sucht er durch treffende Gleichnisse zu ersetzen. In dieser Methode wurde er zu einem unübertroffenen Meister. Russell spricht von Wittgensteins »künstlerischem Gewissen«,[78] es hat ihn da-

76 P. Merseburger, *Willy Brandt*. München 2004. 230.

77 Cf. Ralf Dahrendorf, Eine Tugendlehre der Freiheit. *Flandziu* NF 1. 2009. 103.

78 Ray Monk, *Wittgenstein*. Dt. H. G. Holl u. a. Stuttgart 1994. 108.

von abgehalten, seine Ideen in unvollkommener Form zu veröffentlichen und geschmacklose Bilder zu wählen.

Auch dürfte er der einzige Philosoph sein, der sich in strengster Selbstkritik vorgeworfen hat, »Kitsch« geschrieben zu haben. Er bezieht sich auf kein anderes Werk als den *Tractatus*, der gemeinhin als Muster gedanklicher Strenge gilt. Als ›Kitsch‹ bezeichnet er – im Einklang mit dem üblichen Begriff – Passagen, die nicht »echt« seien, »Stellen, mit denen ich Lücken ausgefüllt habe und sozusagen in meinem eigenen Stil«.[79] Gemeint sind Sätze in der stilistischen Manier der Abhandlung ohne substantiellen Gehalt; man könnte auch von Phrasen oder Leerformeln sprechen.

Übrigens gebraucht auch Nietzsche in *Menschliches, Allzu Menschliches* (Nr. 20) eine ›Leiter‹-Metapher, die in einer ähnlichen Aussageabsicht herangezogen wird. Das Bild soll die Überwindung der Metaphysik anschaulich machen. Nietzsche rät aber nicht dazu, die Leiter wegzuwerfen, sondern wieder einige Sprossen herunterzusteigen, um den erreichten Stand respektvoll zu überblicken.

Ein anderer geglückter Vergleich beschreibt ebenfalls in einem handwerklichen Bild die Eigenart des Philosophierens, seine Ausgangslage und seine Zielsetzung. Sein Autor ist Otto Neurath, ein radikaler Vertreter des Physikalismus, jener Lehre, die als wissenschaftlich nur Aussagen anerkennt, die sich in physikalischen Sätzen ausdrücken lassen. Die Situation der Philosophie beschreibt er aber mit einem Gleichnis, das in der Folge vielfach zitiert wurde: »Es gibt keine tabula rasa. Wie Schiffer sind wir, die ihr Schiff auf offener See umbauen müssen, ohne es jemals in einem Dock zerlegen und aus besten Bestandteilen neu errichten zu können.«[80]

Das Gleichnis illustriert nicht nur den reduktionistischen Standpunkt, den Neurath einnimmt, sondern die Auslangslage jeder Philosophie: sie kann niemals bei Null anfangen, sondern muß immer bestimmte Denktraditionen voraussetzen. Das Bild wurde von verschiedenen Philosophen übernommen, so vor allem von Rudolf Carnap und W.V.O. Quine, zwei Autoren, die ähnliche Intentionen verfolgten wie Neurath.[81] Quine hat das Zitat als Motto für sein Hauptwerk gewählt und es im Text mehrfach erläutert. Nach seiner Ansicht müssen wir bei den sprachlich gegebenen Vorstellungen über die Welt ansetzen und sie

79 *Tagebuch* 16. 5. 1930.

80 Protokollsätze. *Erkenntnis* 3. 1932/33. 206.

81 R. Carnap, *Mein Weg in die Philosophie*. Dt. W. Hochkeppel. Stuttgart 1993. 60.

nach und nach durch bessere Erkenntnisse ersetzen, weil uns kein anderes Idiom als »unsere übliche Sprache von physikalischen Dingen« zur Verfügung steht.[82] In diesem Sinne deutet er auch Wittgensteins Leiter-Metapher um (l.c. 22). Quine versucht, auf behavioristischer Grundlage ein »Begriffssystem von physikalischen Gegenständen« aufzubauen. Er unterscheidet sich jedoch von den meisten Philosophen, die die gleiche Absicht verfolgen, in dem wichtigen Punkt, daß er behauptet, daß keine Philosophie und keine Wissenschaft funktionstüchtig ist, wenn sie nicht annehmen, daß es neben den physikalischen Gegenständen auch abstrakte Gegenstände gibt: »Auch wenn die Ontologie der abstrakten Gegenstände ein weniger fundamentaler Bestandteil ist, so gehört sie doch ebenfalls zum Schiff. Es mag sein, daß das Schiff seine Bauweise stümpernden Vorgängern verdankt, die es nur deshalb nicht zum Sinken gebracht haben, weil sie mehr Glück als Verstand hatten. Wir jedoch können es uns nicht erlauben, irgendeinen Teil des Schiffes über Bord zu werfen, es sei denn, wir haben Ersatzlösungen zu Hand, die dieselben wesentlichen Zwecke erfüllen.« (l.c. 221)

Aber auch Karl Popper, ein scharfer Kritiker der physikalistischen Reduktion in der Philosophie, hat sich das Gleichnis zu eigen gemacht, um die »Situation des kritischen Alltagsverstandes« zu kennzeichnen, der selbst bei der »Konstruktion einer formalisierten Sprache« niemals auf den Gebrauch einer natürlichen Sprache verzichten kann: »Wir müssen also gewissermaßen die natürliche Sprache während ihres Gebrauchs reformieren.«[83]

VII. Schlußbemerkung

Es war nicht meine Absicht, das weite Feld der philosophischen Rhetorik zu untersuchen oder das allgemeine Problem zu besprechen, das Wolfgang Stegmüller einmal »semantische Verschmutzung der geistigen Umwelt des Menschen« durch Philosophen genannt hat.[84] Hier ging es in der Hauptsache nur um die sinnvolle Kritik einiger Metaphern aus dem Bildfeld des Todes. Da die Bedeutung einer Metapher von dem Kontext ihres Gebrauchs abhängt, kann man nicht im voraus sagen, ob ein Sprachbild angemessen oder geschmacklos ist. Doch gibt es metapho-

82 W.V.O. Quine, *Wort und Gegenstand*. Dt. J. Schulte. Stuttgart 1980. 20.

83 *Objektive Erkenntnis*. Hamburg 1995. 61.

84 *Hauptströmungen der Gegenwartsphilosophie* 2, X. Stuttgart 1975.

rische Kreationen, denen die Mißbildung ins Gesicht geschrieben steht. Sie lassen vermuten, daß auch mit dem Gedanken, den sie ausdrücken, etwas nicht in Ordnung ist. Gewiß gibt es auch schlecht gewählte Vergleiche und Metaphern, die auf bedenkenswerte Ideen verweisen. Und wie wir gesehen haben, gibt es geglückte Metaphern, die falsche oder unbegründete Theorien illustrieren. Daß man zwischen der Kritik an der Formulierung einer These und der Kritik der Wahrheit einer These zu unterscheiden hat, braucht nicht eigens betont zu werden.

Freilich hat auch die philosophisch motivierte Sprachkritik ihre Tücken – wenn sie nämlich mechanisch angewandt wird. Den Jargon der Eigentlichkeit destruierend, hatte Adorno den philosophisch-terminologischen Gebrauch des Wortes ›eigentlich‹ verworfen. Er hat aber nicht plausibel gemacht, daß auch der umgangssprachliche Gebrauch des Ausdrucks verwerflich sei. Autoritätsgläubige Sprachpfleger und Redakteure meinten seinerzeit aber, man dürfe nun das Wort ›eigentlich‹ überhaupt nicht mehr verwenden.

Das entwertet aber nicht die stilistische Kritik und Schopenhauers sprachliche Maxime für die Philosophie. Klarheit und Deutlichkeit des sprachlichen Ausdrucks sind ein nicht zu unterschätzendes Merkmal der Rationalität. Klarheit und Deutlichkeit erleichtern die Kritik einer Behauptung oder machen sie überhaupt erst möglich. Und da die Bedeutung von Metaphern vom Kontext bestimmt wird, kann es nicht überraschen, daß sich geglückte Metaphern eher bei Philosophen finden, die auf logische Klarheit Wert legen, als bei Autoren, die das rhetorische Moment der Philosophie einseitig betonen.

Wenn man bei philosophischen Texten mit Kant zwischen logisch-diskursiver Deutlichkeit und anschaulicher Deutlichkeit unterscheidet, muß man der begrifflichen Genauigkeit und der systematischen Übersichtlichkeit den Vorzug geben.[85] Das Ideal aber wäre eine begrifflich klare und zugleich anschaulich elegante Darstellung mit übersichtlicher Gedankenführung. Da aber das »Talent einer lichtvollen Darstellung« (B XLIII) eine Gabe ist, über die nur wenige philosophische Autoren verfügen, wird das Ideal leider nur selten erreicht, wenngleich man in dieser Hinsicht heute bei den namhaften Philosophen doch einige Fortschritte konstatieren kann.

85 *Kritik der reinen Vernunft* A XVII.

Angst vor der Religion?
Motive der Religionskritik

> *»Aberglaube« ist ein Wort, das wir nur mit größter Vorsicht verwenden dürfen: mit dem Wissen, wie wenig wir wissen und wie sicher es ist, daß wir selbst, ohne es zu wissen, in verschiedenen Formen des Aberglaubens befangen sind.*
>
> K. Popper

Was die Beziehung zur Religion angeht, so nennt man gewöhnlich zwei Einstellungen: Glaube oder Unglaube, und man hält diese Alternative für eine vollständige Disjunktion. Dabei wird vorausgesetzt, daß in beiden Fällen eine Stellungnahme zur religiösen Frage vorliegt, wobei diese Entscheidung nicht unbedingt explizit sein muß. Der Fall der Gleichgültigkeit wird als Nichtglaube in dem Sinne betrachtet, daß jemand sagt: Ich verstehe die religiöse Frage zwar, aber sie interessiert mich nicht. Die weitere Möglichkeit, daß jemand überhaupt nicht begreift, worum es bei der religiösen Frage geht, wird dabei nicht beachtet. In diesem Fall kann man aber kaum davon sprechen, daß eine Entscheidung impliziert ist; denn zu etwas Stellung nehmen, was man nicht versteht, ist offenbar unsinnig, obwohl dergleichen häufiger vorkommen mag, als uns lieb ist. Arno Schmidt, ein talentierter Spötter der blasphemischen Observanz, läßt eine Figur in einer seiner Erzählungen sagen: »Ich schätze diese Tiere – doch: Pflanzen auch – fast über Gebühr; allein schon deshalb, weil sie sämtlich Nicht-Kristn sind.«[1] Unter Tieren kann es deshalb keine Christen geben, weil sie die Sache nicht verstehen können, um die es hier geht. Es ist aber nicht von vornherein ausgeschlossen, daß ein ähnlicher Fall auch bei Menschen vorliegen kann. Was damit gemeint ist, kann man sich auch durch folgenden Vergleich klarmachen. Der amerikanische Filmschauspieler Richard Widmark weigerte sich einmal, in einem Film den Ausdruck »Seele« zu gebrauchen mit der Begründung: »Ich verstehe dieses Wort nicht.«[2]

Ich meine also, daß man zwischen einem reflektierten Unglauben und einem nichtreflektierten Unglauben unterscheiden sollte. Der reflektierte Unglaube beruht auf einer Überlegung und einer Entscheidung, der nichtreflektierte Unglaube ist die Einstellung eines Menschen, der niemals ernsthaft über religiöse Fragen nachgedacht hat.

1 A. Schmidt, *Kühe in Halbtrauer*. Frankfurt 1985. 26.
2 Joe Hembus, *Western-Lexikon*. München 1978. 234.

Es mag sein, daß für viele Philosophen das Problem der Religion »eine reine Schreibtischfrage« (M. Heidegger) ist,[3] für andere ist sie nicht einmal dies. An der gegenwärtigen Debatte über die angebliche Wiederkehr der Religion läßt sich aber ein Phänomen beobachten, das keineswegs neueren Datums ist: Die philosophische Religionskritik ist meistens nicht nur eine Antwort auf immanente philosophische Probleme, sondern auch eine Antwort auf aktuelle gesellschaftliche oder kulturelle Schwierigkeiten, in die bestimmte Religionen unrühmlich verwickelt sind. In unseren Breiten heißt dies, daß die philosophische Religionskritik das Christentum aufs Korn nimmt, die gegenwärtig existierenden christlichen Konfessionen, ihre politisch-gesellschaftliche Praxis, ihren moralischen Anspruch und nicht zuletzt ihre moralische Korruption. Diesen Hintergrund hätte man zu beachten, wenn es um genuin philosophische Fragen geht wie das Problem, ob sich ein Theismus im christlichen Sinn vernünftig vertreten oder ob sich eine Moral ohne religiöse Voraussetzungen begründen läßt. Wenn im folgenden von Religionskritik die Rede ist, dann ist mit dem Objekt der Kritik die christliche Religion gemeint, auch deshalb, weil sie die einzige ist, deren Tradition und Lebensform wir einigermaßen kennen. So schwach und verkümmert christliche Tradition und Lebensform sein mögen, sie gehören, um einen gelehrten Begriff Gadamers aufzunehmen, immer noch zu unserem »hermeneutischen Universum«.[4]

Die eingangs genannten Alternativen gegenüber der Religion sind prinzipieller Art. In wirklichen Leben ist die Sache natürlich bunter und vielfältiger. Man trifft auf viele Varianten des Glaubens und ebenso viele Formen, einen religiösen Glauben abzulehnen, und mir geht es keineswegs darum, eine vollständige Typologie dieser Varianten aufzustellen. Um die Bandbreite des Spektrums religiöser Ansichten aber wenigstens anzudeuten, seien ein paar Typen erwähnt. In seiner Diagnose der Gegenwart meint Kierkegaard, die Mehrzahl der heute lebenden Menschen sei »blindgeboren für das Religiöse«, »weil sie sich von Geburt an besser auf die Welt verstehen als in alten Zeiten«.[5] Diese Charakteristik entspricht der oben genannten Gleichgültigkeit oder Verständnislosigkeit, sie ist offensichtlich radikaler als die Bestimmung Max Webers, die häufig verwendet wird, um höflich zu sagen, man sei nicht gläubig: »religiös unmusikalisch«.

3 Martin Heidegger, Karl Jaspers, *Briefwechsel 1920–1963*. München 1992, 73.
4 Hans Georg Gadamer, *Wahrheit und Methode*. Tübingen 1965. XVII.
5 Sören Kierkegaard, *Der Begriff der Angst*. In: *Die Krankheit zum Tode* u. a. Hg. H. Diem, W. Rest. München 1976. 570.

In der Gruppe der erklärten Nichtgläubigen wäre der kleine Kreis von Atheisten zu erwähnen, die aus ihrem Standpunkt so etwas wie eine Konfession machen wollen – dieser Versuch dürfte wenig Aussicht auf Erfolg haben, da wir uns noch zu gut an die Zwangsherrschaft kommunistischer Staaten erinnern, die den Atheismus zur offiziellen Doktrin erklärt hatten.[6] Daneben gibt es einen Typus, den Herbert Schnädelbach den »frommen Atheisten« genannt hat. Im Unterschied zum »konfessionellen Atheisten«, der behauptet: »Ich glaube, daß Gott nicht existiert«, erklärt er lediglich: »Ich glaube nicht, daß Gott existiert«. Diese Einstellung gleicht dem Agnostizismus, spezifisch für sie ist aber, daß »sein Unglaube [...] für ihn vor allem das Denkmal eines Verlustes« ist (l.c. 79 f.). Von dieser Position unterscheidet sich nicht wesentlich, aber doch in unübersehbaren Nuancen die Einstellung derer, die einmal überzeugte Christen waren, ihren Glauben dann aus Gründen der intellektuellen Redlichkeit aufgegeben haben, ihm aber ernsthaft nachtrauern. Man könnte sie nostalgische Atheisten nennen. Helmut Groos spricht von einem Heimweh, verbunden mit »der Gewißheit, daß es keine Rückkehr gibt«.[7]

Davon unterscheidet sich radikal ein anderer Fall des Glaubensverlustes oder des Unglaubens, jenes Phänomen, das man kirchlichen Positivismus genannt hat.[8] Gemeint ist die Einstellung jener karrierebewußten Geistlichen, die selbst nicht gläubig sind, aber die politisch-gesellschaftliche Macht und den Einfluß ihrer Institution skrupellos verteidigen. Es ist ein oft beschriebenes und oft kritisiertes Phänomen der Kirchengeschichte, eine immer aktuelle Gefahr, die wahrscheinlich mit jeder Institution verbunden ist, die sich nur weltanschaulich oder ideologisch legitimieren kann. Von diesem Phänomen ist die Einstellung zu unterscheiden, daß der Einzelne die religiösen Aufgaben oder Pflichten, auch die des Glaubens, der Kirche überträgt, der er angehört, während er selbst nicht mehr ernsthaft glaubt. Es ist eine Art Konventionalismus oder Konformismus. Eine Einstellung dieser Art hat Dietrich Bonhoeffer auch im Umkreis der Bekennenden Kirche beobachtet, wo man sich für die »Sache« der Kirche einsetze, ohne persönlich zu glauben.[9] Eine weitere Form des christlichen Nichtglaubens, wenn diese paradoxe

6 Zur Kritik dieses Standpunkts: Herbert Schnädelbach, *Religion in der modernen Welt*. Frankfurt 2009. 53.

7 H. Groos, *Christlicher Glaube und intellektuelles Gewissen. Christentumskritik am Ende des zweiten Jahrtausends*. Tübingen 1987. 413.

8 Theodor Haecker, Dialog über Christentum und Kultur. In: *Essays*. München 1958. 342.

9 *Widerstand und Ergebung*. Stuttgart o.J. 280.

Verbindung erlaubt ist, ist jene Überzeugung, die Thomas Mann »Kulturchristentum« genannt und für sich in Anspruch genommen hat.[10] In dieser Einstellung schätzt man die Tradition des Christentums als reines Bildungsgut; sie kommt dem ästhetischen Standpunkt sehr nahe, der die religiösen Kunstwerke bewundert, ohne aber den Glauben zu teilen, der sie inspiriert hat.

Nicht vergessen sollte man die naivste Art des Glaubens, die inzwischen selten geworden zu sein scheint, aber doch noch nicht ganz verschwunden ist: »Viele Gottgläubige halten ihre Gewohnheit, an Gott zu glauben, für einen Beweis seiner Existenz«. Und dann sollte man auch eine Einstellung nicht vergessen, die, von außen betrachtet, das Bild unserer Gesellschaft auf weite Strecken prägt, den praktischen Atheismus. Er »besteht darin, daß man, bei allem Fürwahrhalten der Religion, so lebt, *als ob es Gott nicht gibt.* Die Nazis haben sich nie als Atheisten erklärt.«[11]

Im folgenden möchte ich zwei Stichworte aufgreifen, die Einstellungen zur Religion betreffen, die bisher noch nicht genannt wurden: die Haltung des Wartenden, die Siegfried Kracauer in den frühen zwanziger Jahren beschrieben, und die »Angst vor der Religion«, die in unseren Tagen Thomas Nagel artikuliert hat. Ich verweise auf Kracauer, weil die von ihm beschriebene Einstellung auch heute noch anzutreffen ist – das prominenteste Beispiel wäre Heidegger – und weil seine Reflexionen an Max Weber anschließen, der ein guter Ausgangspunkt für die Diskussion ist (I), auch deshalb, weil er im Zusammenhang der Religionskritik auf den Nationalismus hingewiesen hat, der ein gleich mächtiges Sinnversprechen leisten kann wie die Religionen (III). Wenn man genauer hinsieht, war dies auch die Intention der marxistischen Religionskritik, die selbst den Charakter einer Weltanschauung annahm (IV). Max Horkheimers Standpunkt ist deshalb merkwürdig, weil er aus materialistischer Sicht jede religiös-dogmatische Glaubensform ablehnte, aber dennoch am Fortleben der Religion interessiert war (V.). Schließlich vergleiche ich das, was man Angst vor der Religion genannt hat, mit ähnlichen Einstellungen: der Angst vor der Wahrheit und der Angst vor der Metaphysik, um herauszufinden, was wirklich hinter diesen Vorwürfen oder, wie im Falle Nagels, Selbstvorwürfen steckt (VI.). Angeregt durch Webers Metapher von der religiösen Musikalität, die das Phänomen treffend beschreibt, habe ich dem Essay einen kleinen Exkurs über die enge Verbindung von Musik und Religion eingefügt (II).

10 Th. Mann, Tagebuch 10. 4. 1933.

11 Sigismund von Radecki, Das große Von Selbst. Gedanken über den Atheismus. In: *Gesichtspunkte.* Köln 1964. 162,

1. Die Wartenden

In dem zeitdiagnostischen Aufsatz von 1922 »Die Wartenden« plädiert Siegfried Kracauer dafür, vor die Wahl gestellt, den religiösen Glauben anzunehmen oder ihn abzulehnen, sich vorerst nicht zu entscheiden, sondern eine abwartende Haltung anzunehmen. Anders als die frommen Atheisten und die ehemaligen Christen blickt er nicht resignativ auf einen unwiederbringlichen Verlust zurück, sondern hält für sich die Möglichkeit offen, den Glauben anzunehmen, wenn die Zeit dafür reif sein sollte.

Bei näherer Betrachtung erweist sich sein Aufsatz als eine Antwort auf den berühmten Vortrag über Wissenschaft als Beruf von Max Weber (1919). Darin hatte Weber die von Kracauer vorgeschlagene Option ausdrücklich als unhaltbar verworfen. Webers Kernfrage war, ob in dem rational entzauberten Weltbild der Moderne ein sinnerfülltes Leben ohne religiöse Glaubensüberzeugung möglich sei. Der gleichen Frage begegnet man bis heute bei allen Philosophen wieder, die sich überhaupt mit dem religiösen Thema beschäftigen.

Nach Kracauers Diagnose kennzeichnet es die »geistige Situation« der Zeit nach dem Ersten Weltkrieg, daß die Menschen der gebildeten Schichten sich von tradierten Glaubensüberzeugungen abgewandt haben, nun aber unter einer existentiellen Verlusterfahrung leiden: »Es ist das metaphysische Leiden an dem Mangel eines hohen Sinnes in der Welt, an ihrem Dasein im leeren Raum [...]. Sie leiden im Kern an ihrem Vertriebensein aus der religiösen Sphäre, an der ungeheuren Entfremdung, die zwischen ihrem Geist und dem Absoluten herrscht.« Die Intellektuellen, die Kracauer im Auge hat, haben den Fortschrittsglauben des 19. Jahrhunderts, der auf einem naturwissenschaftlichen Szientismus beruhte, als beschränkte Weltanschauung durchschaut und den Wert der religiösen Sphäre erkannt: »Aber die Pforte, durch die sie Einlaß begehren, öffnet sich ihnen nicht«.[12] Hinzukommt eine zweite epochentypische Verlusterfahrung: die Vereinzelung des Menschen in der modernen Gesellschaft.

Die subjektive Erfahrung, die Kracauer beschreibt, hat eine gewisse Ähnlichkeit mit der geschichtsphilosophischen Position, die Georg Lukács wenige Jahre zuvor als »transzendentale Obdachlosigkeit« oder »transzendentale Heimatlosigkeit« beschrieben hat.[13] Damit ist die Ei-

12 S. Kracauer, *Das Ornament der Masse. Essays*. Frankfurt Main 1975. 106f.

13 G. Lukács, *Die Theorie des Romans* (1920). Neuwied 1971. 32, 52.

genart des neuzeitlichen Selbstverständnisses gemeint, das die Welt als ein Universum auffaßt, das dem Menschen keinen positiven Lebenssinn mehr vermitteln kann. Carl Friedrich von Weizsäcker hat den Gedanken aufgegriffen und zugleich auf die Herkunft der Metapher verwiesen. Er schreibt im Hinblick auf die großen Leistungen der neuen Physik, die beansprucht, die grundlegenden Gesetze der Natur beschreiben zu können: »Eines freilich fehlt dem Menschen in diesem Bild der Einheit der Natur: die Behaustheit, die ihm sowohl die ewige endliche Welt des Aristoteles wie der Schöpfungsgarten der Bibel bietet. ›Bin ich der Flüchtling nicht, der Unbehauste…?‹ (Goethe, Faust 3345).«[14] Dem müßte man die christliche Vorstellung »einer übernatürlichen Schöpfungsordnung« hinzufügen, die auf den Menschen angelegt ist und den Zweck seines Daseins begründet.[15] Dabei sollte man nicht vergessen, daß diese Beschreibungen die geistesgeschichtlichen Gegebenheiten in hohem Grad vereinfachen oder gar verfälschen, wenn sie in historizistischer Absicht erfolgen. Denn selbstverständlich wird man auch in der Antike eine Art existentieller Verzweiflung gekannt haben, so wie es zu allen Zeiten Ungläubige und in diesem Sinne Unbehauste gegeben haben wird.

Wie dem auch sei, vor diesem Hintergrund erwähnt Kracauer einige zeitgenössische Versuche, der beschriebenen weltanschaulichen Misere Herr zu werden: die anthroposophische Lehre, den kommunistischen Messianismus und esoterische Gemeinschaftsbildungen. Wirklich diskutabel erscheinen ihm aber nur drei Optionen: die prinzipielle religiöse Skepsis eines Max Weber, der sich »aus innerer Wahrhaftigkeit« mit der Sinnlosigkeit des Daseins heroisch abgefunden hat; der Typus des »Kurzschluß-Menschen«, der die Konversion zur Religion vollzieht, weil er nur den Willen zum Glauben, aber nicht eigentlich den geforderten Glauben besitzt; und schließlich die Haltung des Wartenden. Kracauer plädiert für die Haltung des Wartenden, weil er die Sinnlosigkeit der Welt nicht für das letzte Wort halten kann und weil er der Tradition der positiven Religionen, so wie sie sich in ihren überlieferten Formen darstellt, völlig entfremdet ist (l.c. 113 f.).

Man kann verstehen, daß Kracauer angesichts dieser Schwierigkeiten nicht näher beschreiben kann, wie der Glauben denn aussieht, auf den sein Warten ausgerichtet ist. Klar wird nur, daß er unter religiösem Glauben die Beziehung des Menschen zum Absoluten innerhalb einer Gemeinschaft versteht, also eine monotheistische Religion nach Art

14 Carl Friedrich von Weizsäcker, *Aufbau der Physik*. München 1986. 633.
15 Karl Löwith, *Wissen, Glaube und Skepsis*. Göttingen 1956. 74.

des Judentums oder des Christentums. Unklar bleibt aber, worauf sich seine Erwartung oder seine Hoffnung richtet: Wartet er auf eine radikal erneuerte oder veränderte Gestalt dieser Religionen oder wartet er auf eine gänzlich neue Glaubensform, die dem menschlichen Leben einen absoluten Sinn zu geben vermag?

Wie dem auch sei, es ist evident, daß Kracauer mit diesem Aufsatz auf den Vortrag Max Webers über den »inneren Beruf zur Wissenschaft« antwortet. Mit der Haltung des Wartenden in der Frage einer existentiellen Orientierung des menschlichen Lebens wählt er genau jene Einstellung, die Weber mit dem Hinweis auf das tragische Schicksal des Judentums, das Jahrtausende vergeblich auf den Messias gewartet hat, als höchst unbefriedigend und unklug ausdrücklich verworfen hat.[16] Außerdem fällt auf, daß Kracauer den Haupteinwand, den Weber gegen eine Glaubensentscheidung zugunsten der Religion, womit er in erster Linie das Christentum meint, erhebt, stillschweigend übergeht – die unzumutbare Forderung, als Glaubender ein *sacrificium intellectus* zu begehen. Darauf bezieht sich Kracauer eher indirekt und verschlüsselt, wenn er betont, daß der religiöse Glauben primär nicht eine Angelegenheit des theoretischen Denkens sei, sondern des Menschen als leibhafte Person mit all seinen Kräften, Fähigkeiten und Bedürfnissen.

Kracauer harrt aber nicht auf das Erscheinen des Messias, sondern darauf, daß sich bei ihm der Glaube im religiösen Sinne einstellt. Er weigert sich, in dieser Frage eine Entscheidung pro oder contra zu treffen, weil ihm weder die Haltung des Skeptikers noch die der Gläubigen traditioneller oder modischer Art annehmbar erscheint. Er will sich nicht »von dem religiösen Bedürfnis übertölpeln« und zu einem Kurzschluß verleiten lassen (l.c. 117). Weber dagegen besteht, durchaus im Sinne des Existentialismus, der wenig später aufkam, auf einer Entscheidung, in seinem Fall darauf, die Sinnlosigkeit der Welt zu akzeptieren. Implizit wirft Kracauer auch Weber eine Kurzschlußhandlung vor, da Kracauer einen Dezisionismus um jeden Preis nicht akzeptieren kann. In diesem Vorbehalt trifft er sich übrigens mit Karl Löwith, der mehrfach diese These der Existenzphilosophie kritisiert hat. Auch hat sein Standpunkt eine gewisse Ähnlichkeit mit jenem sich selbst bescheidenden Agnostizismus, den Victor Klemperer unter der Erfahrung der beginnenden Nazi-Diktatur treffend beschrieben hat: »Sehr viele Todesgedanken und Haften an den allgemeinsten Fragen. Bisher erschien mir Renans ›Tout

16 M. Weber, Vom inneren Beruf zur Wissenschaft. In: *Soziologie, Universalgeschichtliche Analysen, Politik*. Stuttgart 1973, 339; im folgenden abgekürzt: W.

est possible, même Dieu‹ als spöttisches Witzwort. Ich nehme es jetzt für eigentliche und meine Religiosität. Welch Mangel an Ehrfurcht, zu glauben und nicht zu glauben! Beides beruht auf einem frechen Zutrauen zur menschlichen Fassungsmöglichkeit.«[17]

Weber entfaltet in seinem Vortrag zwei Gedanken, von denen der eine uns heute als selbstverständlich vorkommt, der andere aber nach wie vor umstritten ist. Er legt dar, daß die wissenschaftliche Forschung kein Beruf ist, der ein Menschenleben im Innersten erfüllen könnte. Verallgemeinert bedeutet dies, daß in einer aufgeklärten Welt weder die Naturwissenschaften noch die Geisteswissenschaften ein Orientierungswissen der Art bieten können, in dessen Licht zum Beispiel der Tod für den Menschen sinnvoll erscheinen würde. Offensichtlich grenzt sich Weber mit dieser These, die heute weithin anerkannt ist, von einer Wissenschaftsgläubigkeit ab, die den Wissenschaften religiöse Funktionen zugeschrieben hatte. Sein Argument besagt, daß die Wissenschaften prinzipiell nur zu vorläufigen Erkenntnissen kommen können, die im Verlauf der Forschung unweigerlich überboten oder revidiert werden. Damit setzt er als notwendige Bedingung voraus, daß die wissenschaftlichen Erkenntnisse von bleibender Art, im strengen Sinn Letzterkenntnisse, sein müßten, um überhaupt als Orientierungswissen in Frage kommen zu können.

Einen derartigen Gedanken findet man zum Beispiel auch bei Albert Einstein, der in dieser Frage freilich zuversichtlicher war und es als Physiker auch sein konnte als der Sozialwissenschaftler: »Ja, so muß man seine Zeit zwischen der Politik und unseren Gleichungen teilen. Aber unsere Gleichungen sind mir doch viel wichtiger, denn die Politik ist für die Gegenwart, aber solch eine Gleichung ist für die Ewigkeit.«[18] Einstein war sich durchaus bewußt, daß seine eigenen physikalischen Theorien, die wie wenige andere Theorien Epoche gemacht haben, keineswegs absolut sichere Erkenntnisse, sondern auch weiterhin der kritischen Prüfung ausgesetzt sind. Seine Einstellung wird aber verständlich im Rahmen einer Gesamtkonzeption der Natur, die er selbst als »kosmische Religiosität« bezeichnet hat.[19] Einer ähnlichen Auffassung begegnet man auch bei Bertrand Russell, wenn er im Hinblick auf den

17 V. Klemperer, *Ich will Zeugnis ablegen bis zum letzten. Tagebücher 1933–1941*. Berlin 1996. 76.

18 Zitiert bei Albrecht Fölsing, *Albert Einstein. Eine Biographie*. Frankfurt 1995. 812.

19 A. Einstein, Religion und Wissenschaft. In: *Mein Weltbild*. Frankfurt o.J. 18f.

Relativismus der pragmatistischen Wahrheitstheorie von der »Gefahr einer kosmischen Pietätlosigkeit« spricht.[20]

Es dürfte kein Zufall, sondern in Webers Wissenschaftsverständnis begründet sein, daß er diese Form einer Religiosität nicht berücksichtigt. Auch ist es kein Zufall, daß die Vorstellung einer wissenschaftlich entzauberten Welt das Konstrukt eines Soziologen ist, der diese Vorstellung von einer magischen Weltauffassung abgrenzen will, dabei aber vergißt, daß es neben Kultur und Gesellschaft noch das Reich der Natur gibt, in dem gerade durch die moderne Physik, Chemie und Biologie unerwartete Aussichten erschlossen wurden. In den Augen eines Naturwissenschaftlers ist jene Formel ein unverständlicher und unverantwortlicher Mißgriff, weil die Formel den naturwissenschaftlich zugänglichen Tatsachen hohn spricht: »Unerschöpflich ist die Zahl der Beispiele für bewundernswerte Naturerscheinungen, die uns allein als Resultate wissenschaftlicher Untersuchungen bekanntgeworden sind. Ungeachtet dieser Tatsachen wird eine erstaunlich hohe Zahl von Menschen nicht müde, die unsinnige Formel zu wiederholen, Wissenschaft entzaubere die Welt, und entkleide sie des Wunderbaren. Das ganze staunenswerte Ausmaß dessen, was ›Natur‹ überhaupt bedeutet, hat uns dabei doch allein die Wissenschaft erst aufgehen lassen.«[21] Der gleichen Meinung ist Karl Popper, wenn er feststellt: »Für den richtigen Naturwissenschaftler, der einen Sinn für offene Probleme hat, wird die Welt in einem ganz konkreten Sinn immer rätselhafter.«[22]

Der zweite Gedanke Webers besagt, daß zwischen der wissenschaftlichen Wertsphäre und der religiösen Wertsphäre ein unschlichtbarer Konflikt besteht. Er räumt ein, daß die überlieferten Religionen eine Antwort auf die Frage nach dem Sinn des menschlichen Lebens bereithalten. Er spricht von »Offenbarungen als heilswichtigen Tatsachen, welche eine sinnvolle Lebensführung erst ermöglichen« (W 336). Da der Glaube an diese Lehren aber ein *sacrificium intellectus* erfordert, schließt er für sich diese Alternative aus. Er kritisiert schärfstens jene akademischen Lehrer, die sich ein pseudoprophetisches Orientierungswissen anmaßen, und bescheidet sich, ein Wort aus Goethes Roman der »Entsagenden« aufgreifend, mit der fatalistischen Auskunft: »an unsere

20 B. Russell, *Philosophie des Abendlandes*. Dt. E. Fischer-Wernecke u.a. Köln 1999. 835.

21 Hoimar von Ditfurth, *Im Anfang war der Wasserstoff*. Hamburg 1972. 87.

22 Duldsamkeit und intellektuelle Verantwortlichkeit. In: *Auf der Suche nach einer besseren Welt*. München 1995. 224.

Arbeit gehen und der ›Forderung des Tages‹ gerecht werden – menschlich sowohl wie beruflich. Die aber ist schlicht und einfach, wenn jeder den Dämon findet und ihm gehorcht, der seines Lebens Fäden zieht.« (W 339)[23]

Zweifellos weist Webers Denken einen fatalistischen Zug auf. Das belegt nicht nur das letzte Zitat, sondern auch jene Stelle, wo er nicht nur im Hinblick auf den »wirklich religiös musikalischen Menschen« von der »Grundtatsache« spricht, »daß er in einer gottfremden, prophetenlosen Zeit zu leben das Schicksal hat« (W 335). Doch schließt sein Denken nicht eine historizistische Geschichtsphilosophie ein, wonach die Weltgeschichte durch historische Gesetze determiniert wäre, die sichere Voraussagen möglich machen würden. Man hat oft betont, daß die einzige historische Entwicklungslinie, die er anerkennt, der vielgestaltige, überaus verwickelte Prozeß der Rationalisierung ist, der schließlich zur entzauberten Welt des wissenschaftlich-technischen Zeitalters geführt hat. Das Prinzip der Rationalität, das er in Anspruch nimmt, ist das der Zweckrationalität oder der instrumentellen Vernunft. Wenn er jedoch vom »Opfer des Intellekts« spricht (W 338), ist evident, daß er einen Begriff der Vernunft voraussetzt, der umfassender ist als der der Zweckrationalität.

Wenn man weiter fragt, von welchen Gegenständen er denn annimmt, daß sie in der Religion wider alle Vernunft geglaubt werden müssen, dann stellt sich heraus, daß er damit nicht primär die Existenz Gottes meint, sondern als Beispiel jene Lehren der christlichen Religion anführt, die als die zentralen Mysterien des Christentums gelten: Trinität und Inkarnation. Der Glaube an diese Lehren erfordert aber nicht erst in der wissenschaftlich-technischen Moderne, sondern schon in der Spätantike ein Opfer des Intellekts. Gelegentlich vermutet Weber, daß diese Redefigur in der provokativen Absicht eingeführt wurde, um die Grenzen der natürlichen Vernunft aufzuzeigen (W 473), und gewöhnlich wird der religiöse Glaube ja auch so verstanden, daß er die Annahme oder das Anerkennen von Wahrheiten fordert, die mit Hilfe der Vernunft nicht erkannt oder erfaßt werden können. Inwiefern aber bringt ein Glaubender ein Opfer des Intellekts, wenn er annimmt, daß die immanente Welt der menschlichen Vernunft nicht alles sein könne, was es überhaupt gibt? Das scheint das philosophische Grundproblem zu sein, das aus Webers rationalistischer Religionskritik resultiert.

23 Cf. J.W. Goethe, *Wilhelm Meisters Wanderjahre oder Die Entsagenden. Werke* 8, 283. Hamburg 1967: »Was ist deine Pflicht? Die Forderung des Tages.«

Wenn er behauptet, daß nur ein religiös musikalischer Mensch oder ein »Virtuose« fähig sei, eine Glaubensleistung der genannten Art zu vollbringen,[24] verwendet er Metaphern, die implizieren, daß dazu ein besonderes »religiöses Organ« nötig sei (W 335). Gemeint ist damit offensichtlich eine Art anthropologische Konstante, ein »religiöses Apriori« der menschlichen Vernunft oder eine besondere psychische Funktion oder Anlage, das Leben im religiösen Sinne zu vollziehen, wie sie Ernst Troelsch und Georg Simmel beschrieben haben.[25] Freilich sollte man Webers Metaphern nicht überstrapazieren. Zunächst muß man sehen, daß die Metapher der Virtuosität nicht besonders glücklich gewählt ist. In dem dafür zuständigen Bereich der Kunst hat Virtuosität, die technische Kunstfertigkeit oder die Akrobatik im Meistern künstlerischer Schwierigkeiten in Komposition und Darbietung, für gewöhnlich eine pejorative Konnotation – im Unterschied zu künstlerischem Schöpfertum. Wenn Weber den Religionsstifter einen Virtuosen der Religiosität nennt, dann will er den Ausdruck wertneutral verstanden wissen, was dem allgemeinen Sprachgebrauch widerspricht und seine Terminologie recht gezwungen erscheinen läßt.[26]

›Unmusikalisch‹ ist ein Prädikat, daß im üblichen Sprachgebrauch ein breites Spektrum musikalischer Fähigkeiten oder Einstellungen beschreibt. Man kann unmusikalisch in dem Sinne sein, daß man selbst kein Instrument spielen oder nicht fehlerfrei singen kann; dabei kann man dennoch fähig sein, Musik zu verstehen, Freude an großer Musik zu haben und fehlerhafte Musikdarbietungen zu erkennen. Und man kann unmusikalisch in dem Sinne sein, daß man, um mit Wilhelm Busch zu reden, alle Musik als störendes Geräusch empfindet. Dies wäre der Fall der eingangs genannten völligen Gleichgültigkeit in religiösen Fragen. Doch ist es keineswegs der Fall Webers, der durchaus echte religiöse Prophetie und echte Religiosität von falschen Formen dieser Art genau zu unterscheiden wußte, von sich – »wir modernen, religiös ›unmusikalischen‹ Menschen« – aber nur sagen will, daß er aus intellektueller Rechtschaffenheit nicht glauben kann (W 395). Dies drückt er damit aus, daß er erklärt, kein religiöses ›Gehör‹ zu haben – was gewiß keine glücklich gewählte Metapher ist. Denn er kann ja durchaus den Sinn der religiösen ›Musik‹ verstehen, lehnt den Wahrheitsanspruch der

24 Weber, 423; 426 (Die Wirtschaftsethik der Weltreligionen).

25 Cf. Georg Simmel, Das Problem der religiösen Lage. In: *Philosophische Kultur*. Berlin 1983, 168 ff., Volkhard Krech, Religiosität. In: Hans Gerhard Kippenberg (Hg.), *Max Webers »Religionssystematik«*. Tübingen 2001. 62 f.

26 Cf. Bernhart Lang, Prophet, Priester, Virtuose. In: Kippenberg, 182f.

Religion aber ab – was sich augenscheinlich mit der gewählten Metapher nicht plausibel beschreiben läßt.

11. Exkurs über Religion und Musik

Hier ist auch eine Zwischenbemerkung zum Verhältnis von Musik und Religion angebracht, weil es zum Thema gehört. Es ist Webers These, daß sich im okzidentalen Prozeß der Rationalisierung die Kunstsphäre als eigenständiger Wertbereich mit autonomen Gesetzen und Normen herausgebildet und »die Funktion einer, gleichviel wie gedeuteten, innerweltlichen *Erlösung*« übernommen hat: »vom Alltag und, vor allem, auch von dem zunehmenden Druck des theoretischen und praktischen Rationalismus«. Deshalb kann er ihr einen »arationalen« oder »antirationalen« Charakter zuschreiben. Er hebt zwar hervor, daß sie mit der »magischen Religiosität in intimster Berührung« stand (W 461), betont aber vor allem ihren Konflikt mit der religiösen Brüderlichkeitsethik: »Gerade die Musik, die ›innerlichste‹ der Künste, vermag in ihrer reinsten Form: der Instrumentalmusik, als eine durch die Eigengesetzlichkeit eines nicht im *Innern* lebenden Reiches vorgetäuschte, verantwortungslose Surrogatform des echten religiösen Erlebens zu erscheinen.« Er vergißt zwar nicht zu erwähnen, daß gerade die universalistischen Massenreligionen auch vielfach Bündnisse mit der Kunst eingegangen sind, deutet sie aber als »emotionale Propaganda«, die auf »Massenwirkung« berechnet war (W 463 f.).

Dies ist zweifellos eine typisch soziologische, funktionalistische Erklärung, die kaum die halbe Wahrheit enthält. Dem Phänomen der Kunst im Christentum wird sie aufs ganze gesehen sicher nicht gerecht. Zunächst muß man, wie Ernst H. Gombrich immer wieder betont hat, sagen, daß eine Kunst dieser Art den Standards zweier Normensysteme entsprechen muß: sowohl den ästhetischen als auch den religiösen Normen. Es ist unbestreitbar, daß es zahllose Beispiele religiöser Kunst oder religiösen Kunstgewerbes, die auf Massenwirkung zielten, gegeben hat, die man nur als Kitsch bezeichnen kann – man denke nur an den heute so beliebten Sakral-Pop. Ebenso unbestreitbar ist aber, daß es in Musik, bildender Kunst und Dichtung christlich inspirierte Werke gegeben hat, die zu den höchsten Schöpfungen der europäischen Kulturgeschichte gehören. So ergibt sich im Anschluß an das Webersche Denken das folgende Problem: Religiöse Lehre und Lebensform lassen sich mit der modernen Weltauffassung schwer vereinbaren. Es ist aber eine historische Tatsache, daß es Kunstwerke von höchster Vollkommenheit gibt, die aus dem Geist des Christentums entstanden sind und die als bloße Propaganda einzustufen evidentermaßen banausisch wäre. Wie ist das möglich?

Diese Frage hat die Kunstliebhaber verschiedenster Couleur immer wieder beschäftigt. Eberhard Schlotter bemerkt zum Beispiel: »Im Prado sah ich den neuen Saal mit den Zurbaran's. Sowas an Formkraft hab ich noch nicht gesehen und schöne Malerei! Dabei ist alles so katholisch! Mir macht es große Schwierigkeiten damit fertig zu werden. Außerdem ist mir gar nicht damit gedient, daß die heutige atheistische Malerei schlichtweg schlecht ist.«[27] Und Hannah Arendt hatte sich zwar für die sozialen Belange des Judentums engagiert und hatte auch über Augustinus promoviert, doch war sie religiös indifferent. Nach dem Besuch einer Aufführung von Händels Messias schrieb sie: »Und was für ein Werk. Das Hallelujah liegt mir noch im Ohr und den Gliedern. Mir wurde zum erstenmal klar, wie großartig das: Es ist uns ein Kind geboren, ist. Das Christentum war doch nicht ohne.«[28]

Erfahrungen dieser Art haben George Steiner dazu veranlaßt, die These aufzustellen, daß die Musik aus dem Geist der Religion entstanden sei und in all ihren Formen diese Beziehung niemals aufgegeben habe: »Immer hat Musik das Mysterium der Intuitionen von Transzendenz gefeiert [...]. Unzählige Male hat diese Feier ganz manifeste Beziehungen zur Religion gehabt. Doch die Kernbeziehung geht bei weitem über irgendeine spezifische religiöse Veranlassung oder Gegebenheit hinaus.«[29] Steiners Argumentation mag im einzelnen begrifflich verschwommen, gelegentlich mehr evokativ als sachlich schlüssig sein – es läßt sich aber nicht bestreiten, daß er die Erfahrungen vieler Kunstverständiger plausibel beschrieben hat. Andere Kenner betrachteten die Sache ein wenig differenzierter, so Elias Canetti in seiner subtilen, nachdenklich stimmenden Auslegung eines Oratoriums: »In der Haydnschen Schöpfung ist Gott alles gelungen, selbst das Menschenpaar. Der Sündenfall steht erst bevor. Gott ist noch unschuldig. Der Preis der Kreaturen klingt nicht hohl, keine ist ihres Unglücks gewahr. Gott selbst weiß noch nicht, was er angerichtet hat und er *glaubt*, daß alles gut ist.«[30]

27 Arno Schmidt, *Der Briefwechsel mit Eberhard Schlotter*. Zürich 1991. 272.

28 H. Arendt, Heinrich Blücher, *Briefe 1936-1968*. München 1999. 270.

29 G. Steiner, *Von realer Gegenwart*. Dt. J. Trobitius. München 1990. 284 f.

30 E. Canetti, *Die Provinz des Menschen*. Frankfurt 1984. 168.

Natürlich gab es auch sachverständige Kritiker, die die religiöse Kunst deshalb ablehnten, weil sie selbst eine andere Weltanschauung vertraten. Sie waren sich aber bewußt, daß man den Sinn dieser Kunst verfehlt, wenn man von ihrer religiösen Intention absieht und sie rein ästhetisch betrachtet. So etwa Peter Weiss: »Wie konnte man überhaupt Palestrina, Orlando di Lasso, Monteverdi, Bach lieben, wenn deren Musik Gott huldigte. Strawinsky auch, röm. griech. katholisch, politischer Reaktionär oder Schönberg«.[31]

Anders als die Wissenschaften unterliegen die Künste keinem Fortschritt in einem relevanten Sinn, wenngleich man auf technischem Gebiet selbstverständlich durchaus von Neuerungen und Verbesserungen sprechen kann. Hier gibt es tatsächlich bleibende Werke, die niemals von späteren Schöpfungen überholt werden. »Ein Kunstwerk, das wirklich ›Erfüllung‹ ist, wird nie überboten, es wird nie veralten«, schreibt Weber (W 315). Warum aber nennt er das Kunstschaffen nicht als eine weitere Möglichkeit eines sinnerfüllten Lebens, wo es hier doch vollkommene Werke von bleibender Dauer gibt? Der Grund dürfte darin zu suchen sein, daß er sich in diesem Punkt ein Argument zu eigen macht, das mit dem intellektualistischen, säkularen Standpunkt, den er sonst vertritt, kaum zu vereinbaren ist. Es läßt sich kaum bestreiten, daß er in Erwägung zieht, daß das ablehnende Kunstverständnis des puritanischen Christentums richtig sein könnte. Das Argument wirft die Frage auf, »ob das Reich der Kunst nicht vielleicht ein Reich diabolischer Herrlichkeit sei, ein Reich von dieser Welt, deshalb widergöttlich im tiefsten Innern und in seinem tiefinnerlichst aristokratischen Geist widerbrüderlich.« (W 324)

Für einen Philosophen wie Schopenhauer war dagegen gerade die einzigartige Möglichkeit, in der Kunst etwas Vollkommenes hervorzubringen, ein Zeichen dafür, daß seine pessimistische Weltsicht vielleicht doch nicht das letzte Wort sein könnte: »Das vollkommene Genügen, die finale Beruhigung, der wahre wünschenswerte Zustand stellen sich uns immer nur im Bilde dar, im Kunstwerk, im Gedicht, in der Musik. Freilich könnte man hieraus die Zuversicht schöpfen, daß sie doch irgendwo vorhanden sein müssen.«[32] Übrigens findet sich bei Marcel Proust ein ähnlicher Gedanke; er dürfte ein Echo seiner Lektüre Schopenhauers sein. In seinem Hauptwerk stößt man auf die erstaunliche Überlegung: »Vielleicht ist das Nichts das Wahre, und all unser Träumen hat kein wirkliches Sein; dann aber wissen wir aus dem Gefühl,

31 P. Weiss, *Notizbücher 1971–1980*. Frankfurt 1981. 488 f.

32 Arthur Schopenhauer, *Werke* 5, 491. Darmstadt 1968.

daß diese musikalischen Ideen und alles, was in Beziehung auf sie entsteht, ebenfalls nichts ist. Wir gehen dahin, doch als Geiseln haben wir diese Gefangenen göttlichen Geschlechts, die unser Schicksal teilen. Der Tod mit ihnen aber hat weniger Bitternis, ist weniger ruhmlos, ja erscheint vielleicht nicht einmal mehr so gewiß.«[33]

Schließlich sei auf eine kulturgeschichtliche Tatsache höchsten Ranges hingewiesen, auf den Umstand, daß im Bilderstreit des frühen Christentums, der übrigens zugleich ein Streit der Religionen war, als die westliche Kirche sich gegen das Bilderverbot des Judentums, des Islam und der Ostkirche rechtfertigen mußte, die Lehre der Inkarnation das ausschlaggebende Argument bildete. Darin erblickte man »die grundsätzliche Anerkennung der sichtbaren Erscheinung und [gewann] damit für die Werke der Kunst eine Legitimation. Man darf wohl in dieser Überwindung des Bilderverbots das entscheidende Ereignis sehen, durch das die Entfaltung der bildenden Künste im christlichen Abendland möglich wurde.«[34]

Es besteht kein Zweifel, daß einige der großartigsten Schöpfungen der Kunst aus dem Geist des christlichen Glaubens entstanden sind. So überzeugend aber diese Werke auch sein mögen, sie können nicht als Beweis dafür dienen, daß die Glaubenslehre, die sie motiviert hat, auch begründet oder wahr ist. Große Kunstwerke der erwähnten Art sind *argumenta ad hominem*, nicht *argumenta ad rem*. Die Sache, um die es geht, müßte erst noch bewiesen werden. Freilich müßte auch erklärt werden, warum es gerade viele Kunstwerke obersten Ranges gibt, die von einem genuin religiösen Sinn zeugen. Zumindest belegen sie die außerordentlich motivierende Kraft des religiösen Sinns.

III. Das nationalistische Sinnversprechen

In der Diskussion über Webers Religionsverständnis wird ein heikler Punkt selten berücksichtigt. Als nüchterner Beobachter seiner Zeit registriert er, daß es neben den Erlösungsreligionen noch eine andere Institution gibt, die eine Antwort auf die alles entscheidende Frage nach dem Sinn des Todes kennt. Gemeint ist das Kriegserlebnis, und es ist natürlich kein Zufall, daß Weber über diesen Gedanken mitten im Ersten

33 M. Proust, *Auf der Suche nach der verlorenen Zeit* 2,463. Dt. E. Rechel-Mertens. Frankfurt 1966.

34 H.G. Gadamer, *Wahrheit und Methode* 134, hier auch die entsprechenden Belege.

Weltkrieg reflektiert. Die Überlegungen erinnern an das, was Ernst Jünger wenige Jahre später über den »Kampf als inneres Erlebnis« (1922) geschrieben hat. Weber erklärt: »Die Gemeinschaft des im Felde stehenden Heeres fühlt sich heute, wie in den Zeiten der Gefolgschaft, als eine Gemeinschaft bis zum Tode: die größte ihrer Art.« Der »Tod im Felde« sei dadurch gekennzeichnet, »daß hier, und in dieser Massenhaftigkeit *nur* hier, der Einzelne zu wissen *glauben* kann, daß er ›für‹ etwas stirbt.« Das Ideal, für den der einzelne sein Leben einsetzt, ist das höhere Interesse der Nation, die in der neueren Zeit an die Stelle des Stammes oder der Horde getreten ist. Dies ist eine innerweltliche Sinngebung des Todes, sie steht in stärkstem Kontrast zur Lehre der religiösen Brüderlichkeitsethik, für die diese Deutung des Kriegstodes nichts anderes ist als eine »Verklärung des Brudermordes«. Soweit ist Webers Beschreibung durchaus einsichtig. Die Folgerung aber, die er daraus zieht, klingt überraschend, weil sie zeigt, daß er zu seiner Zeit sich nur ein nationalistisches Staatsverständnis vorstellen kann. Er schreibt nämlich zum Erlebnis des Kriegstodes: »Diese Leistung einer Einstellung des Todes in die Reihe der sinnvollen und geweihten Geschehnisse liegt letztlich allen Versuchen, die Eigenwürde des politischen Gewaltsamkeitsverbandes zu stützen, zugrunde.« (W 455)

Was Weber als analytisch untersuchender Zeitgenosse sachlich registriert, spricht Ernst Jünger, das grauenhafte Elend des Kriegs keineswegs verleugnend, als Frontkämpfer geradezu hymnisch aus: »Und immer wieder, trotz allem Widersinn und Wahnsinn des äußeren Geschehens, bleibt eine strahlende Wahrheit: der Tod für eine Überzeugung ist das höchste Vollbringen. Er ist Bekenntnis, Tat, Erfüllung, Glaube, Liebe, Hoffnung und Ziel; er ist auf dieser unvollkommenen Welt ein Vollkommenes und die Vollendung schlechthin.«[35] Die Sprache, die christliche Begriffe und Formeln übernimmt, belegt, daß er das Kriegserlebnis als die idealste Form einer sich innerweltlich verstehenden Religiosität auffaßt. Zu ergänzen wäre natürlich, daß das motivierende Ziel auch für ihn das allgemeine Interesse der Nation ist.

Für unseren Zusammenhang bleibt festzuhalten, daß man in religionskritischen Debatten niemals vergessen sollte, daß der Nationalismus eine quasireligiöse Wirkung auszuüben vermag, da er existentielle Bedürfnisse zu befriedigen verspricht, wie es sonst nur Religionen können. Und wenn sich Religion und Nationalismus oder Stammesdenken verbinden, entsteht ein explosives Gemisch, das man, wie ein Blick in die täglichen Nachrichten lehrt, mit militärischer Gegengewalt kaum wird

35 E. Jünger, *Sämtliche Werke* 7, 100. Stuttgart 1980.

entschärfen können. Mir scheint, daß in den gegenwärtigen Debatten über den Islam und den Islamismus häufig übersehen wird, daß das nationalistische Moment bei manchen Bevölkerungsgruppen weitaus virulenter ist als das religiöse Moment. Der Hinweis auf die Macht nationalistischer Ideen ist auch deshalb wichtig, weil die daraus abgeleitete Motivation nur eine Variante ähnlicher Ideen ist. Der Tod für das Vaterland, der Tod für den eigenen Stamm oder die eigene Sippe sind Varianten des allgemeinen Topos: Tod für ein Kollektiv, und dieses Ideal begegnet uns auch in der kommunistischen Ideologie, die alle Nationalismen überwinden wollte.

IV. Zur marxistischen Religionskritik

Lange Zeit war es üblich, unter den wissenschaftlich-rationalen Widerlegungen religiöser Lehren und Einstellungen auch die psychoanalytische Kritik der Religion durch Freud anzuführen. Davon ist man mehr und mehr abgekommen, seit sich herumgesprochen hat, daß an der Wissenschaftlichkeit der Psychoanalyse erhebliche Zweifel bestehen. Und paradoxerweise ist gerade Freuds Erklärung von Religion und Religiosität dazu angetan, diese Zweifel zu verstärken. Um die Religion als mythische Illusion zu entlarven, führt er Argumente oder Hypothesen an, die nichts anderes sind als von ihm konstruierte oder erfundene Phänomene, den Ödipuskomplex und die Vorstellung eines Vatermordes in der Urhorde. »Niemand wäre imstande«, bemerkt der Religionswissenschaftler Mircea Eliade dazu, »in den primitiven Religionen und Mythologien auch nur einen Fall eines ermordeten Vaters zu entdecken. Dieser Mythos ist von Freud geschaffen worden.«[36] Einen ähnlichen Vorwurf hat Wittgenstein im Fall der Erklärung der Angst gegen Freud erhoben: »Er hat nicht eine wissenschaftliche Erklärung des alten Mythos gegeben. Er hat in Wirklichkeit einen neuen Mythos geschaffen.«[37] Nimmt man noch das fragwürdige Interesse Freuds am Okkultismus hinzu, das seine Adepten verständlicherweise nicht wahr haben wollten,[38] dann ist die Glaubwürdigkeit seines Standpunkts doch ein wenig erschüttert.

36 Mircea Eliade, *Im Mittelpunkt. Bruchstücke eines Tagebuches*. Dt. B.A. Egger. Wien 1977. 220.

37 L. Wittgenstein, *Vorlesungen und Gespräche über Ästhetik, Psychologie und Religion*. Göttingen 1968. 86.

38 Eliade, 242.

Allgemein gesagt, nach meiner Ansicht muß man psychologische Erklärungen auf dem Feld der Religionskritik immer sehr vorsichtig betrachten. Denn man kann sowohl den religiösen Glauben psychologisch »erklären«, indem man ihn auf ein Bedürfnis zurückführt und als Wunschdenken deklariert, als auch den religiösen Unglauben, indem man ihn auf negative persönliche Erfahrungen, letztlich auf die Verzweiflung zurückführt, wie dies etwa K. Rahner getan hat. Die gleiche Erfahrung der »Finsternis« des menschlichen Lebens kann sowohl als Argument für das Christentum als auch als Argument gegen das Christentum verwendet werden.[39] Wichtig ist letztlich nicht, aus welchen subjektiven Motiven jemand ein Argument vorbringt, entscheidend ist, ob das Argument in sachlicher Hinsicht wahr oder falsch ist. Ein Einwand, der aus purer Gehässigkeit vorgebracht wird, kann dennoch sachlich begründet sein und muß deshalb berücksichtigt werden, und eine Begründung, die menschenfreundlich gedacht ist, kann falsch sein und verdient deshalb weiter keine Beachtung.

Ernst nehmen sollte man dagegen nach wie vor die marxistische Religionskritik. Sie ist radikale Gesellschaftskritik; ihre überschwengliche Radikalität erklärt aber das merkwürdige Phänomen, daß der Kommunismus für viele seiner Anhänger selbst religiöse Qualitäten annehmen konnte. Für Marx geht das religiöse Bedürfnis der Menschen, der Glaube an ein besseres Jenseits, das einen Ausgleich für das irdische Unrecht bringen wird, auf gesellschaftliche Ursachen zurück: »Das religiöse Elend ist in einem Ausdruck des wirklichen Elendes und in einem die Protestation gegen das wirkliche Elend. Die Religion ist der Seufzer der bedrängten Kreatur, das Gemüt einer herzlosen Welt, wie sie der Geist geistloser Zustände ist. Sie ist das Opium des Volkes. / Die Aufhebung der Religion als des illusorischen Glücks des Volkes ist die Forderung seines wirklichen Glücks. [...] Die Kritik der Religion ist also im Keim die Kritik des Jammertales, dessen Heiligenschein die Religion ist.«[40] Demnach sollte die politische Aufgabe darin bestehen, die elenden Zustände der Gesellschaft, die das religiöse Bedürfnis entstehen ließen, zu beseitigen und menschenwürdige, ökonomisch und sozial gerechte Verhältnisse herzustellen, die die Tröstungen der Religion überflüssig machen.

Man kann die moralische Intention dieses Entwurfs, eine gerechte Gesellschaftsordnung einzuführen, durchaus anerkennen; denn die Idee

39 K. Rahner, *Gegenwart des Christentums*. Freiburg 1966. 34.

40 K. Marx, *Zur Kritik der Hegelschen Rechtsphilosophie*. MEW 1, 378f. Berlin 1970.

der sozialen Gerechtigkeit ist keineswegs eine Leerformel, wie heute die Wortführer des Neokapitalismus nicht müde werden zu betonen. Andererseits liegt es auf der Hand, daß Marx einen extremen Soziologismus vertritt, in dem die Eigenständigkeit der moralischen Wertsphäre bestritten und die Reichweite der natürlichen Bedingungen des Menschseins unterschätzt wird. Im Marxismus wird übersehen, daß selbst in den besten gesellschaftlichen Verhältnissen nicht garantiert ist, daß es kein moralisches Übel mehr geben wird. Außerdem wird angenommen, daß unter idealen gesellschaftlichen Bedingungen das menschliche Leben so gelebt werden kann, daß die Schmerzen der Krankheiten medizinisch gelindert werden und der Tod für den Menschen seinen Schrecken verliert.

Angesichts der utopischen Versprechungen des Marxismus, die ihm den Charakter einer Weltanschauung verleihen, kann man das Urteil des Wirtschaftswissenschaftlers J.M. Keynes verstehen. Er lehnte den Marxismus als ökonomische Theorie ab, sah seine Praxis aber als eine neue Religion an, »in der es keinen Glauben an etwas Übernatürliches gab, sondern nur tief religiöse Überzeugungen.«[41] Dies dürfte im wesentlichen auch die Faszination erklären, die der Marxismus besonders in der Zwischenkriegszeit auf viele Intellektuelle im Westen ausübte. Ihre Sympathie für den Kommunismus beruhte nicht nur auf einer politischen Wahl, sie war mit einer metaphysischen Hoffnung verbunden. Autoren wie Paul Nizan und Theodor W. Adorno, von Ernst Bloch zu schweigen, erwarteten vom verwirklichten Sozialismus die Erfüllung höchster Intentionen. Nizan glaubte, die Revolution könne das Problem des persönlichen Todes lösen; er meinte, wenn ein Mensch innerhalb der Masse lebt und handelt, müßte er nicht mehr in derselben Weise an den Tod denken wie ein total vereinsamter Mensch; der Tod würde etwas Zweitrangiges. Doch mußte er nach seiner Rückkehr aus Rußland feststellen: »In diesem Punkt, nein, da ist nichts zu machen, da haben sie sich nicht verändert.«[42]

Eine ähnliche Erwartung hat Gershom Scholem wohl zurecht auch bei Walter Benjamin vermutet, dem er im Hinblick auf sein wenig glaubwürdiges Bekenntnis zum Marxismus einmal vorhielt: »Dich gefährdet das Verlangen nach Gemeinschaft, und sei es selbst der apokalyptischen der Revolution, mehr als das Grauen der Einsamkeit, das

41 Ray Monk, *Wittgenstein, Das Handwerk des Genies*. Dt. H.G. Holl u.a. Stuttgart 1994. 372.

42 Nach einem Bericht Sartres, zitiert bei Hans Blumenberg, *Lebenszeit und Weltzeit*. Frankfurt 1986. 311.

aus so manchen deiner Schriften spricht.«[43] Und Adorno schrieb 1936 im Geist der sozialrevolutinären Utopie an Benjamin: »Der Zweck der Revolution ist die Abschaffung der Angst. Darum brauchen wir keine Angst vor ihr zu haben und darum auch nicht unsere Angst zu ontologisieren.«[44] An diesem Argument, das gegen den anthropologisch ausgezeichneten Begriff der Angst bei Kierkegaard und Heidegger gerichtet ist, hält er selbst noch in seinen späteren Jahren fest, als er seine revolutionären Hoffnungen aufgegeben hat.[45] In seiner Polemik gegen Heidegger beruft er sich sogar auf ein Motiv der Science Fiction, die Idee einer vollkommenen wissenschaftlichen Naturbeherrschung, um Heideggers These von der radikalen Endlichkeit des menschlichen Lebens zu widerlegen. Er meint, daß »angesichts des Potentials der Verfügung über organische Prozesse [...] der Gedanke einer Abschaffung des Todes nicht a fortiori abzutun« sei.[46]

v. Die Position Horkheimers

Max Horkheimer, der auch in seinen späteren Jahren an der Position des Materialismus festhielt,[47] unterscheidet sich von der üblichen Auffassung des Marxismus dadurch, daß er schon in der Zwischenkriegszeit von dem bleibenden Wert theologischer Motive für die materialistische Gesellschaftstheorie überzeugt war. In seinen letzten Jahren hat er öffentlich mehrfach mit Nachdruck auf die Unverzichtbarkeit solcher Ideen hingewiesen, so daß der Eindruck entstehen konnte, er habe die marxistische Religionskritik ganz aufgegeben. Der Verleger Heinz Friedrich behauptete sogar, Horkheimer sei kurz vor seinem Tode »zur katholischen Kirche« übergetreten.[48] Daran ist kein wahres Wort. Horkheimer selbst sprach in dem Vortrag »Bedrohungen der Freiheit«

43 G. Scholem, *Walter Benjamin – die Geschichte einer Freundschaft*. Frankfurt 1975. 292.

44 Brief vom 18.3.1936 in: Walter Benjamin, *Gesammelte Schriften* 1, 1005. Frankfurt 1974.

45 Cf. Th. W. Adorno, Vernunft und Offenbarung. In: *Stichworte*. Frankfurt 1969. 34.

46 Th. W. Adorno, *Jargon der Eigentlichkeit*. Frankfurt 1964. 130.

47 Cf. Alfred Schmidt, Einleitung zu: Max Horkheimer, *Notizen 1950 bis 1969 und Dämmerung, Notizen in Deutschland*. Frankfurt 1974. LXVII.

48 H. Friedrich, *Erlernter Beruf: Keiner. Erinnerungen an das 20. Jahrhundert*. Hg. B. Göppl. München 2006. 333.

(1965) von dem »Judentum, zu dem ich mich bekenne«.[49] Näheres hat er über diesen Punkt in seinen veröffentlichten Schriften nicht mitgeteilt.

Was er über Religion und Religiosität meint, kommt in einer 1936 erschienenen Besprechung der christlichen Geschichtsauffassung Theodor Haeckers einigermaßen klar zum Ausdruck, soweit dies im Rahmen der von ihm bevorzugten Methode des geschichtsphilosophischen Überblicks und der ideengeschichtlichen Vogelschau überhaupt möglich ist. Er stimmt mit der marxistischen Religionskritik darin überein, daß es gelte, gesellschaftliche Zustände herzustellen, »die der Legenden entraten können«, die den Trost der Religion in dieser Hinsicht überflüssig machen würden. Auch ist er, ähnlich wie der junge Paul Nizan, der Meinung, daß die Todesfurcht gebannt wäre. Der Tod würde »unter Verhältnissen, in denen die Zwecke des Einzelnen – anders als in der Konkurrenzgesellschaft – im Ganzen aufgehoben wären, seinen Anblick [verändern]: er vermöchte, der religiösen und nichtreligiösen Ideologien entkleidet, die Solidarität alles Lebendigen grenzenlos zu steigern.«[50] Es bedarf keiner längeren Analyse um einzusehen, daß dieser emphatische Begriff des Todes, die Vereinigung der Ziele des Einzelnen mit dem Ganzen, was sowohl ein idealisiertes Kollektiv wie die ideale Menschengemeinschaft bedeuten kann, selbst eine quasireligiöse Qualität besitzt und nur den überzeugen kann, der daran zu glauben bereit ist.

Bezeichnend für Horkheimers Einstellung ist aber, daß er, trotz aller utopischen Zuversicht, das unermeßliche Unrecht und Unglück, das die Menschen in der Vergangenheit erlitten haben und gegenwärtig noch immer erleiden, nicht vergißt und daß er gegen alle religiöse Versprechungen daran festhält, daß es nicht wieder gutzumachen sei: »Das vergangene Unrecht ist geschehen und abgeschlossen. Die Erschlagenen sind wirklich erschlagen. [...] Nimmt man die Unabgeschlossenheit ganz ernst, so muß man an das Jüngste Gericht glauben. Dafür ist mein Denken jedoch zu sehr materialistisch verseucht.«[51] Dies ist es, was er die »metaphysische Trauer« der Materialisten nennt (1, 372).

Horkheimers philosophische Erörterungen enthalten ein paar logische Inkonsequenzen, die sich auch auf seine späteren Äußerungen über die Religion ausgewirkt haben. Zunächst muß man aber anerkennen,

49 M. Horkheimer, *Zur Kritik der instrumentellen Vernunft*. Frankfurt 1967. 346.

50 M. Horkheimer, Zu Theodor Haeckers »Der Christ und die Geschichte«. In: *Kritische Theorie* 1, 373. Frankfurt 1968; im Text zitiert als: 1,...

51 Brief an Walter Benjamin vom 16.3.1937, in: W. Benjamin, *Gesammelte Schriften* 2, 1332. Frankfurt 1977.

daß er keinen radikalen Soziologismus der Erkenntnis vertritt, sondern vielmehr erklärt: »Nicht jede Gedankenstruktur, jeder Zusammenhang der Erkenntnis ist ein gesellschaftlich bedingter Schein.« Damit räumt er ein, daß es objektive Gedanken oder Aussagen gibt, die absolut in dem Sinne sind, daß sie nicht gesellschaftlich bedingt sind. Diesen Status gesteht er aber dem überlieferten christlichen Gottesbegriff, wie er sich in den letzten Jahrhunderten herausgebildet hat, gerade nicht zu. Er meint vielmehr, daß dieser Gottesbegriff »an eine vergängliche Form des gesellschaftlichen Seins« gebunden sei. Nach seiner Auffassung ist der Gottesbegriff der Neuzeit eine Projektion oder Hypostasierung der »Vorstellung des Menschen überhaupt«, eine Hypostasierung des abstrakten Menschen, d.h. des zeitlosen, ortlosen, keinem Schicksal unterworfenen Menschen (1, 371). Zudem bemängelt er, im Gottesbegriff werde »die Idee der höchsten Weisheit, Liebe und Gerechtigkeit zum Herrn der Geschichte degradiert« (1, 369). Angesichts des grauenhaften Unrechts der Weltgeschichte verwirft er diese Auffassung, die die christliche Lösung des Problems der Theodizee darstellt. Andererseits anerkennt er das christliche Engagement, insofern es auf dem »unendlichen Wert der Person, dem angeborenen Recht des Individuums« besteht und die rassistische und nationalistische Ideologie verurteilt (1, 365).

Dann aber behauptet er: »Die ewige Wahrheit hat ohne Gott ebensowenig einen Grund und Halt wie die unendliche Liebe, ja, sie wird zum undenkbaren Begriff« (1, 372). Diese Aussage paßt aber schlecht mit der gesellschaftskritischen Destruktion des Gottesbegriffs zusammen. Einerseits erklärt er, der Gottesbegriff sei nichts anderes als die abstrakte Hypostasierung des Menschenbildes und eine unzulässige Vergegenständlichung der Idee der ewigen Wahrheit, und andererseits sagt er, die ewige Wahrheit lasse sich ohne die Voraussetzung der Existenz Gottes nicht denken. Er nimmt offenbar an, daß zwischen der Idee der absoluten Wahrheit und der Idee Gottes eine notwendige begriffliche Beziehung bestehe. Wie verträgt sich seine religionskritische Behauptung aber mit der Annahme, daß es objektive Gedanken geben soll? Es liegt die Vermutung nahe, daß die These von der notwendigen Beziehung zwischen Gottesbegriff und Wahrheitsbegriff durch die These Descartes angeregt wurde, daß Gott ein Garant für die Wahrheit und Gewißheit unseres Erkennens ist. Auch bei Kant findet sich ein ähnlicher Gedanke, wenn er in der *Kritik der reinen Vernunft* annimmt, unsere Vernunft könne »unmöglich selbst ursprüngliche Täuschungen und Blendwerke enthalten« (A 669).

Trotz aller Kritik an den elementarsten christlichen Vorstellungen will Horkheimer aber ein zentrales theologisches Motiv für eine materialistische Gesellschaftskritik bewahren: die »Sehnsucht nach universaler Gerechtigkeit« (1,363). Das »Bedürfnis der Menschen nach unendlicher Seligkeit« erkennt er als berechtigt an, insofern es als Einspruch gegen die »schlechten irdischen Verhältnisse« verstanden werden kann (1, 371).

Es waren zwei historische Erfahrungen, die Horkheimer nach dem Krieg bestimmten, die Hoffnung, die er auf die marxistische Gesellschaftstheorie gesetzt hatte, aufzugeben: die Wirklichkeit des totalitären Kommunismus und die sich ankündigende Aussicht auf eine total verwaltete oder automatisierte Welt, in der das Bedürfnis, die Frage nach dem Sinn des Lebens zu stellen, nicht mehr gegeben ist.

Infolge dieser Erfahrungen hat Horkheimer sein Religionsverständnis erheblich revidiert. Er nimmt nun nicht mehr an, daß es möglich ist, im marxistischen Sinne gesellschaftliche Zustände herzustellen, die die Religion überflüssig machten, indem die materiellen Mißstände beseitigt würden, auf die die Religion mit ihren Versprechungen geantwortet hatte. Vielmehr glaubt er, daß die Gesellschaft auf den moralischen Impuls der Religion angewiesen bleibt, weil absolut geltende moralische Verpflichtungen sich ohne Beziehung auf religiös-transzendente Voraussetzungen nicht begründen lassen: »Alles, was mit Moral zusammenhängt, geht logisch letzten Endes auf Theologie, jedenfalls nicht auf säkulare Gründe zurück, wie sehr man sich auch bemühen mag, die Theologie behutsam zu fassen.«[52] Er plädiert sogar für das Fortbestehen der bisherigen Religionen, wobei er vor allem an die jüdische Religion und die christlichen Konfessionen denkt. Allerdings schränkt er sein Plädoyer derart ein, daß von Religion nur noch eine Schwundstufe übrigbleibt. Immerhin ist bemerkenswert, daß ein materialistischer Kritiker den religiös begründeten moralischen Impuls im Hinblick auf eine menschenwürdige Gesellschaft für unverzichtbar hält.

Gegen Tendenzen der modernen Theologie, die Rede von Gott als eine bloß mythische Aussage zu entwerten, wendet er, einen Gedanken seiner Haecker-Rezension aufgreifend, mit Nachdruck ein: »Wahrheit als emphatische, menschlichen Irrtum überdauernde, läßt aber vom Theismus sich nicht schlechthin trennen.« Diesen Wahrheitsbegriff grenzt er von dem Begriff der Wahrheit ab, wie er im Kontext von Wissenschaft und Zweckrationalität verwendet wird. Was er unter Wahrheit versteht, ist auf Moralität, den letzten Sinn des Lebens bezogen: »Einen unbedingten Sinn zu retten ohne Gott, ist eitel. [...] Ohne Berufung auf ein Göttliches verliert die gute Handlung, die Rettung

52 Spiegel-Gespräch, *Der Spiegel* 1/1970.

des ungerecht Verfolgten ihre Glorie, es sei denn sie entspräche dem Interesse eines Kollektivs, diesseits und jenseits der Landesgrenzen. [...] Zugleich mit Gott stirbt die ewige Wahrheit.«[53]

Wie aus andernorts gegebenen Erklärungen hervorgeht, greift Horkheimer hier auf eine bestimmte religiös geprägte Wahrheitsvorstellung zurück, wonach ›wahr‹ dasselbe bedeutet wie ›aktuell existierend‹ oder ›gegenwärtig seiend‹. Was vergangen ist, existiert nicht mehr, es fällt, metaphorisch gesprochen, ins Nichts zurück – es sei denn, es werde in der menschlichen Erinnerung aufbewahrt. Wenn die Erinnerung aber mit dem menschlichen Bewußtsein stirbt, ist auch das Geschehen, zum Beispiel die größte Untat, nicht mehr, und in diesem Sinne ist es nicht mehr wahr. Das Vergangene bliebe nur wahr oder dauernd aufbewahrt, wenn Gott existierte, der es auf ewig im Gedächtnis behält.[54]

Dieser temporale, offensichtlich moralisch motivierte Wahrheitsbegriff ist merkwürdig genug. Ich will ihn nicht weiter diskutieren, sondern nur die Vermutung äußern, daß Horkheimer wahrscheinlich an den ontologischen Begriff der Wahrheit denkt, so wie er in der philosophischen Tradition verstanden wurde. So wurde im Hellenismus das Wahre als das aufgefaßt, »was Bestand hat«, und Thomas von Aquin erklärt, sich auf Gott beziehend: »Si nullus intellectus esset aeternus, nulla veritas esset aeterna« (Wenn kein Verstand ewig wäre, wäre keine Wahrheit ewig).[55] Er behauptet hier auch, daß mathematische Wahrheiten deshalb ewig seien, weil sie Ewigkeit im Geiste Gottes haben. Dagegen erklärt Popper, ohne derartige ontologische Prämissen in Anspruch zu nehmen, zum logisch-semantischen Wahrheitsbegriff: »Wenn ein eindeutig formulierter Satz jetzt wahr ist, dann ist er für alle Zeit wahr und immer schon wahr gewesen: Die Wahrheit ist zeitlos (und die Falschheit auch). Logische Beziehungen wie Vereinbarkeit oder Unvereinbarkeit sind gleichfalls – und sogar noch offensichtlicher – zeitlos.«[56]

Auch in anderer Hinsicht ist Horkheimers Intention nicht leicht zu verstehen. Einerseits behauptet er, eine moralische Begründung sei ohne den »Gedanken an ein Transzendentes« unmöglich. Andererseits hält er zwei Einwände seiner Religionskritik aus den dreißiger Jahren aufrecht,

53 M. Horkheimer, Theismus – Atheismus (1963). In: *Zur Kritik der instrumentellen Vernunft,* 227.

54 Horkheimer, *Notizen,* 11, 188.

55 *Summa theologica* I, 16, 7. Zur hellenistischen Wahrheitsauffassung: der Kommentar der *Deutschen Thomas-Ausgabe* 1, 346. Salzburg, Leipzig 1934 (*Vollständige, ungekürzte deutsch-lateinische Ausgabe der Summa theologica*).

56 Karl R. Popper, *Ausgangspunkte.* Hamburg 1994. 270.

und diese Einwände sind es, die seinen Standpunkt die pessimistische Note geben. Er hält den ontologischen Begriff der Transzendenz für eine »Lüge«. Das bedeutet, daß er nicht nur annimmt, daß das menschliche Erkenntnisvermögen nicht fähig ist, in eine Region vorzudringen, die jenseits der empirisch erkennbaren Welt liegt; er behauptet auch, daß es eine transzendente Welt nicht gibt. Wenn man ihn beim Wort nimmt, muß man annehmen, daß er eine atheistische Auffassung vertritt. Der andere Einwand richtet sich wiederum gegen die christliche Lösung des Theodizee-Problems, gegen die theologisch argumentierende Lehre, »das Schlechte, das Leiden, das Grauen habe einen Sinn«.[57]

Das entscheidende Motiv der Religion, das er für unverzichtbar hält, ist: »Der gegen die Wirklichkeit durchgehaltene, immer noch nicht erstickte Impuls, daß es anders werden soll, daß der Bann gebrochen wird und es sich zum Rechten wendet.«[58] An die Stelle des Glaubens, der sich auf die Transzendenz, nämlich die Existenz Gottes, bezieht, setzt er die Sehnsucht, »daß das Unrecht nicht das letzte Wort sein möge. [...] Mögen die alten Konfessionen weiter existieren und wirken in dem Eingeständnis, daß sie eine Sehnsucht ausdrücken und nicht ein Dogma.«[59] Es braucht nicht ausgeführt zu werden, daß eine Religion wie das Christentum ohne kognitive Gehalte oder Glaubenslehren den sie tragenden Geist verlieren und damit sich selbst aufgeben würde. Sie würde in ihrem Kern bedeutungslos.

Horkheimer schreibt dem Christentum zu Recht das Verdienst zu, daß sich unter seinem Einfluß in der europäischen Zivilisation »die absolute Bedeutung des einzelnen Menschen durchgesetzt« habe. »Die Vermittlung war der Begriff der unsterblichen Seele. Aus der Idee des ewigen Gottes folgte das ewige Schicksal jedes seiner Kinder.«[60] Die Entstehung und der Sinn dieses spezifisch christlich begründeten Individualismus kann hier natürlich nicht im einzelnen beschrieben werden. Verwiesen sei nur auf ähnliche Erklärungen Bultmanns und Rahners.[61] Es versteht sich, daß ein christlicher Glaube ohne Doktrin, der auf die Sehnsucht nach dem ganz Anderen reduziert ist, nicht mehr fähig wäre, absolute Werte zu begründen, auch nicht den absoluten Wert der menschlichen Person. Horkheimer selbst war konsequent genug einzugestehen, daß

57 Horkheimer, *Notizen* 92 f., *Der Spiegel* Nr. 1/1970.

58 *Notizen,* 92.

59 *Der Spiegel* Nr. 1/1970.

60 *Notizen,* 109.

61 Rudolf Bultmann, *Das Urchristentum* (1949). München 1993. 234. K. Rahner, *Gegenwart des Christentums.* Freiburg 1966. 29.

er von seinem skeptischen Standpunkt aus in Fragen der Gerechtigkeit und moralischen Wahrheit nur relative Urteile fällen könne.[62]

Zu erwähnen ist noch ein Punkt der Horkheimerschen Argumentation, weil er zum Standardrepertoire der Einwände gegen das Christentum gehört. Hinzufügen muß man aber, daß Horkheimer diesen Einwand in der Frühzeit der Kritischen Theorie erhebt, und es deshalb unklar bleibt, wie dieser Vorwurf sich mit der von ihm später hervorgehobenen Idee des christlich begründeten Individualismus vereinbaren läßt. Der Vorwurf zielt auf den angeblichen Egoismus der Gläubigen, die um »das Wohl der eigenen Person« besorgt sind und bereit sind, um »der ewigen Seligkeit« willen im irdischen Leben die größten Opfer, auch das des eigenen Lebens zu bringen. Horkheimer setzt diesen Egoismus mit der Selbstsucht der »Materialisten des bürgerlichen Alltags« gleich. Und den christlichen Märtyrern stellt er jene Kämpfer und Aufklärer gegenüber, die wegen »endlicher Ziele«, wegen eines vergänglichen Glücks, wahrhaft selbstlos in den Tod gegangen seien: »Sie haben sich selbst aufgegeben, damit andere leben sollten.« (1, 370)

Diese Überlegungen sind nicht leicht nachzuvollziehen. Wenn man die religiöse Sorge um sich selbst und die materialistische Eigensucht unter den einheitlichen Begriff des Egoismus bringt, unterschlägt man sowohl die Differenz von Selbstliebe und Eigenliebe, den Unterschied von Individualismus und Egoismus, als auch den Unterschied einer Orientierung auf das Jenseits und einer rein diesseitigen Orientierung. Nicht jede Selbstbezüglichkeit muß nach dem üblichen Sprachgebrauch egoistisch sein, und da der christliche Individualismus ausdrücklich ein altruistisches Verhalten im irdischen Leben vorschreibt, ist es wenig sinnvoll, diese Haltung Egoismus zu nennen. Außerdem impliziert der Vorwurf die Annahme, daß das christliche Verhalten durch die Aussicht eines jenseitigen Lohns oder die Furcht vor einer jenseitigen Strafe bestimmt sei. Diese Vorstellung ist aber kaum die authentische Morallehre des Christentums, sondern allenfalls ein defizitärer Modus der christlich begründeten Moralvorstellung.

Mißverständlich und nicht unbedenklich ist aber besonders Horkheimers Lob der Selbstlosigkeit jener aufgeklärten Atheisten, die ihr Leben für ein vergängliches Ziel geopfert haben. Sofern sie dieses Opfer freiwillig, aus eigenen Stücken, gebracht haben, mag man ihre Haltung respektieren, wenngleich immer noch zu fragen wäre, ob die jeweiligen Ziele das Opfer eines Menschenlebens wert waren. Gefährlich wird

62 M. Horkheimer, *Sozialphilosophische Studien*. Frankfurt am Main 1972. 143.

die Idee, wenn das Opfer des eigenen Lebens für ein vergängliches, unsicheres Ziel von anderen Menschen als Pflicht verlangt wird oder wenn Menschenleben auf Befehl der Ideologen massenhaft zugrundegerichtet werden, um eine bessere materielle Zukunft zu schaffen. Oder mit den Worten Vladimir Nabokovs gesagt: »Ein weiteres schreckliches Paradox des Leninismus ist, daß es diesen Materialisten möglich war, das Leben von Millionen wirklicher Menschen um der hypothetischen Millionen zu vergeuden, die irgendwann einmal glücklich sein würden.«[63] Dieser moralische Mangel der kommunistischen Ideologie war übrigens der Grund, warum sich Karl Popper in seiner Jugend sehr bald vom Marxismus abgewandt hatte.[64]

VI. Angst vor der Religion?

Ein Standardargument der Religionskritik lautet, daß der religiöse Glaube ein Wunschdenken sei. Man habe das Bedürfnis zu glauben, und aus dem Bedürfnis schließe man auf die Wahrheit des Geglaubten. Dieser Einwand ist natürlich begründet. Das gleiche läßt sich gegen das Argument vorbringen, es sei gut, religiös zu sein, weil die Religion eine wichtige soziale oder ethische Funktion erfülle: »Ich kann Achtung vor Menschen empfinden, die das Argument vorbringen, die Religion sei wahr und deshalb sollte man daran glauben, aber diejenigen, die sagen, man sollte an die Religion glauben, weil sie nützlich sei, und die Frage nach ihrem Wahrheitsgehalt sei nur Zeitverschwendung, kann ich sittlich nur zutiefst verurteilen.«[65]

Thomas Nagel ist der seltene Fall eines atheistisch eingestellten Philosophen, der einräumt, daß er wünscht, daß seine religionskritische Überzeugung richtig sei und daß er Angst vor der Religion habe – was heißen soll, daß er die Alternative fürchtet, daß eine religiöse Welterklärung richtig sein könnte. Außerdem bezweifelt er, daß es jemand geben könne, dem es gleichgültig sein könne, wie die religiöse Frage zu beantworten sei.[66]

63 V. Nabokov, *Briefwechsel mit Edmund Wilson*. Dt. E. Schönfeld. Reinbek 1997. 83.

64 Cf. Popper, *Ausgangspunkte*, 42.

65 Betrand Russel, *Warum ich kein Christ bin*. Dt. M. Steipe. Reinbek 1968. 210f.

66 *Das letzte Wort*. Dt. J. Schulte. Stuttgart 1999. 191.

Nagel vertritt einen rationalistischen Standpunkt, und nach seinem eigenen Anspruch müßte sein Wunsch sich rational begründen lassen. Er legt aber in dieser Hinsicht keine Begründung vor, sondern nur ein Bekenntnis ab; also bräuchte man sich nach dem Grundsatz vernünftigen Argumentierens, *gratis affirmatur, gratis negatur*, nicht weiter darauf einzulassen. Sein Eingeständnis ist aber so ungewöhnlich, daß man zu verstehen suchen sollte, was er meint, und man versteht ihn ein wenig besser, wenn man seine Einstellung mit anderen, strukturell ähnlichen Formen der Angst vergleicht.[67]

Immerhin gibt er einen Hinweis, der seine Einstellung ein wenig erhellt. Gemeint ist die Vermutung, daß es in der Frage der Religion keine Gleichgültigkeit gebe, man also einer Entscheidung nicht ausweichen könne. Diese Vermutung enthält drei Voraussetzungen: die Annahme, daß es nur einen reflektierten Unglauben gebe, die Annahme, daß die Frage des Glaubens eine lebenswichtige Sache sei, und die Annahme, daß bei lebenswichtigen Entscheidungen immer auch starke Leidenschaften, Wünsche und Ängste im Spiel sind. Zudem ist nicht klar, ob seine Vermutung sich auf alle Menschen bezieht oder nur auf Philosophen, die das Nachdenken über letzte Fragen zu ihrem Beruf gemacht haben. Im ersten Fall widerspricht seine Ansicht der religiösen Indifferenz, die heute in den meisten westlichen Gesellschaften vorherrscht. Im zweiten Fall steht es ähnlich: Es gibt heute bedeutende Philosophen, für die die Religion nicht einmal eine »Schreibtischfrage« ist. Verständlicher wird seine Einlassung in diesem Punkt, wenn man annimmt, daß er im Hinblick auf den politisch-gesellschaftlichen Einfluß des christlichen Fundamentalismus in den USA argumentiert.

In der Geschichte der Philosophie gibt es ein paar klassische Stellen, wo innerhalb prinzipieller Überlegungen die Angst im emphatischen Sinn eine ausschlaggebende Rolle spielt. In der Einleitung zur *Phänomenologie des Geistes* erörtert Hegel eine Einstellung, die er »Angst vor der Wahrheit« nennt. Wie ist das zu verstehen? Er bezieht sich auf eine bestimmte Form des erkenntnistheoretischen Skeptizismus, der von dem Willen geleitet ist, einen Irrtum zu vermeiden. Diesem »Mißtrauen in die Wissenschaft«, sprich: in das philosophische Wissen, setzt Hegel

67 Für einen Theologen genügt es natürlich nicht, dem antireligiösen Wunsch Nagels einfach einen theistischen Wunsch entgegenzusetzen, wie es Arnim Kreiner getan hat (*Das wahre Antlitz Gottes oder Was wir meinen, wenn wir Gott sagen*. Freiburg 2006. 508). Er müßte seinen Wunsch selbstverständlich begründen; das aber ist Kreiner meines Erachtens nicht gelungen.

nun sein Mißtrauen entgegen, um zu folgern, daß »das, was sich Furcht vor dem Irrtum nennt, sich eher als Furcht vor der Wahrheit zu erkennen gibt«.[68] Er weist nach, daß dieser Skeptizismus, vom Standpunkt des absoluten Wissens aus betrachtet, einen falschen Begriff des Erkennens voraussetzt; daraus schließt er, daß die falsch begründete Furcht vor dem Irrtum im Grunde eine Angst vor der Wahrheit sei.

Er benutzt also in diesem Argument das einfache Schema, daß eine doppelte Verneinung eine Bejahung ergibt. Er sagt: Es ist nicht begründet, dem philosophischen Wissen nicht zu trauen; denn es ist wahr. Also ist die skeptische Angst vor dem Irrtum tatsächlich eine Angst vor der Wahrheit. Dieses schwache Argument, das die Zustimmung vieler Philosophen gefunden haben soll, hängt natürlich von einigen Voraussetzungen ab, die alles andere als überzeugend begründet sind. Hegel stützt sich auf das mehr als fragwürdige Subjekt-Objekt-Modell von Erkennen und Wissen, und er operiert mit einer höchst eigenwilligen Deutung der Korrespondenztheorie der Wahrheit. Nur wer diese zweifelhaften Voraussetzungen teilt, kann seinem Gedankengang zustimmen.

Sonst gilt, daß der von ihm als Angst vor der Wahrheit bezeichnete Begriff ein rein polemischer oder apologetischer Begriff ist; er dient der Zurückweisung von Kritik und erinnert augenscheinlich an jene Verteidiger der Religion, die meinen, im Besitz der Wahrheit zu sein, und nachzuweisen versuchen, daß jeder Widerspruch nur ein Irrtum sein könne. Deshalb kann es nützlich sein, zwei Bestimmungen einer Angst der genannten Art, die aus christlicher Perspektive vorgenommen werden, wenigstens zu erwähnen.

Zunächst wäre ein berühmt gewordenes Urteil des Thomas von Aquin zu nennen. Er erörtert in der *Summa contra Gentiles* die Frage, daß die höchste menschliche Glückseligkeit nicht im irdischen Leben erreicht werden könne, und spricht dann unvermittelt von der Angst jener Denker, die von einem jenseitigen Leben als der Erfüllung der menschlichen Glückseligkeit nichts wissen konnten. Er denkt dabei vor allem an Aristoteles, der für ihn der Philosoph schlechthin ist. Er hat seinen kontemplativen Begriff der Theorie übernommen und ist zu der Einsicht gelangt, daß die höchste Glückseligkeit des Menschen in der Kontemplation Gottes besteht. Er erklärt, Aristoteles sei sich der begrenzten Reichweite des menschlichen Verstandes bewußt gewesen, deshalb seine Angst: »Quia vero Aristoteles vidit quod non est alia cognitio hominis in hac vita quam per scientias speculativas, posuit

68 *Phänomenologie des Geistes*. Ed. J. Hoffmeister. Hamburg 1952. 69, 64f.

hominem non consequi felicitatem perfectam, sed suo modo. In quo satis apparet quantam angustiam patiebantur hinc eorum praeclara ingenia.« (III, 48)[69]

So unvermittelt auch dieses Urteil über die Lebenseinstellung des Aristoteles geäußert wird, so evident ist doch, daß Thomas nur einen bekannten Topos aus der Kontroverse des frühen Christentums mit dem antiken Heidentum wiederholt, die Auffassung von dem unglücklichen Zustand der Menschheit, die die christliche Heilslehre nicht kennen konnte. Wenn der Biograph des Thomas, M.-D. Chenu, ohne weitere Erklärung von den »antiken Weisen« spricht, »denen das Ringen um die Wahrheit und die Angst hinsichtlich ihres Schicksals zu schaffen macht«, bezieht er sich unausgesprochen auf die zitierte Stelle und den verbreiteten christlichen Topos.[70] Man findet diese Auffassung noch bei Egon Friedell, der von der »Schwermut« der griechischen Kunst spricht und ganz im Sinne jenes Topos, als verstehe er sich von selbst, behauptet: »Alle vorchristliche Menschheit ist notwendig düster: erst die Frohe Botschaft vermochte den Alpdruck hinwegzunehmen, der über aller Kreatur liegt.«[71] Hier drängt sich natürlich die Frage auf, ob nicht auch Jacob Burckhardt und Nietzsche in ihrer Einschätzung der griechischen Antike von dem christlich geprägten Werturteil abhängig sind oder von ihm angeregt wurden. Im Gegensatz zum klassizistischen Bild der Antike, in dem die Griechen in einem Licht heiterer und klarer Einfachheit erschienen, sprachen sie von einer tief pessimistischen Grundstimmung der Griechen. Übrigens ist diese These natürlich kaum mit der von Lukács vertretenen Auffassung von der transzendentalen Geborgenheit des antiken Menschen zu vereinbaren.

Thomas kann sich, salopp gesagt, jenes Urteil, das ja nicht mehr ist als eine plausible Vermutung, erlauben, weil er in seiner Philosophie die grundlegenden Intentionen des Aristoteles aufgenommen und weiter-

69 »Da aber Aristoteles sah, daß es keine andere menschliche Erkenntnis in diesem Leben gibt als durch spekulatives Wissen, nahm er an, daß der Mensch nicht die vollkommene Glückseligkeit erreichen könne, sondern nur eine auf seine Art. Darin wird genügend klar, welche Angst deshalb ihre erhabenen Geister erlitten.« – Otto Hermann Pesch, *Thomas von Aquin. Grenze und Größe mittelalterlicher Theologie*. Mainz 1988, 139, meint dazu, daß Aristoteles das genannte Problem wahrscheinlich gelassen hingenommen und sich dennoch glücklich gefühlt habe. Wozu zu sagen wäre, daß eine Vermutung so gut ist wie die andere.

70 M.-D. Chenu, *Thomas von Aquin in Selbstzeugnissen und Bilddokumenten*. Hamburg 1960, 88.

71 *Kulturgeschichte Griechenlands*. München 1985, 55.

geführt hat. So glaubt er sagen zu können: Denker wie Aristoteles lebten in Angst, weil sie fürchten mußten, das höchste Ziel des Menschen nicht erreichen zu können, entgegen ihrem Wunsch, der sich daraus ergibt, daß für sie die Glückseligkeit des Menschen in der höchsten theoretischen Einsicht besteht. Wohlgemerkt, Thomas spricht keineswegs von einer Angst vor der Wahrheit, ist er doch überzeugt, daß Aristoteles die Wahrheit erkannt hat, soweit sie sich im Licht der natürlichen Vernunft erkennen läßt.

Wenn Kierkegaard dagegen den Unglauben untersucht, dann steht für ihn außer Frage, daß darunter eine Angst vor der Wahrheit zu verstehen ist. Insofern liegt hier eine gewisse strukturelle Analogie zu Hegels Erklärung vor, daß die erkenntnistheoretische Skepsis eine Angst vor der Wahrheit sei. Freilich grenzt sich Kierkegaard von diesem Denken entschieden ab, indem er sich von der »Geistreichigkeit der neuesten Philosophie« distanziert und das subjektive Moment der von ihm gemeinten Wahrheit betont; dies soll heißen, »daß die Wahrheit nur für den Einzelnen ist, indem er sie selbst im Handeln hervorbringt«.[72] Gemeint ist, daß ein Mensch von der Wahrheit des christlichen Glaubens zutiefst überzeugt ist, sodaß er sie in seinem Leben zu verwirklichen sucht. Bekanntlich besagt ja sein Vorwurf gegen die zeitgenössische Christenheit, daß es ihr mit dem Christentum nicht ernst sei – was denn auch vermutlich der Grund für die meisten Mißstände der christlichen Konfessionen heute ist. In der Bestimmung der Angst hält er das Hauptmerkmal fest, daß die Angst Schwindel der Freiheit sei, nämlich Angst vor den Möglichkeiten, die in einem Menschen, der sich ängstigt, selbst stecken. Den Unglauben beschreibt er als einen Zustand der Reflexion des Menschen, der bestrebt ist, in seiner Unfreiheit zu verharren, weil er sich davor fürchtet, die Wahrheit des Glaubens anzuerkennen und sein Leben mit allen daraus folgenden Konsequenzen entsprechend auszurichten. So kann er den Unglauben als »die Angst vor dem Glauben« und diese als eine Form der Angst vor dem Guten bestimmen, und dem sich derart Ängstigenden einen Mangel an Innerlichkeit, Gewißheit und Lebensernst bescheinigen.[73]

Diese Vorwürfe sind natürlich nur plausibel, sie werden überhaupt nur dann verständlich, wenn man Kierkegaards Voraussetzung beachtet: ein existentiell interpretiertes Christentums, von dessen Wahrheit und lebensentscheidender Qualität er überzeugt ist. Außerdem ergibt

72 *Der Begriff der Angst*. In: *Die Krankheit zum Tode* u. a., München 1976, 610.

73 L.c. 612, 617, 620ff.

die Beobachtung, daß hier eine Angst vor dem Guten vorliege, nur dann einen Sinn, wenn man annimmt, daß der Nichtglaubende im Grunde weiß, was das Gute im religiösen Sinn ist und es als das Gute anerkennt. Es steht außer Frage, daß Kierkegaard Formen des Nichtglaubens aus christlicher Perspektive untersucht. Wenn er beobachtet, daß solche Menschen in existentieller Angst leben, so mag dies in vielen Fällen zutreffen, da wohl kein Mensch davon ganz verschont bleibt. Letztlich kann aber die Erklärung, daß die Lebensangst nichtgläubiger Menschen, von denen er das zeittypische Beispiel des freigeistigen Spötters anführt, genau genommen nichts anderes sei als die Angst vor dem Glauben, nicht ganz überzeugen. Seine Erklärung wäre nur dann plausibel, wenn er zumindest einige Selbstbeschreibungen für diese Befindlichkeit angeführt hätte.

Thomas Nagel legt in diesem Punkt aber eine Selbstbeschreibung vor. Da er sie aber nicht befriedigend erklärt, läßt er Spielraum für jede Interpretation, zum Beispiel auch für eine Deutung im Sinne Kierkegaards, scheint er doch ähnlich wie Kierkegaard der Meinung zu sein, daß ein Mensch, der ernsthaft über sich und die Welt reflektiert, unweigerlich mit der religiösen Frage konfrontiert wird; den Fall der absoluten religiösen Indifferenz scheint er, anders als Kierkegaard, aber nicht zu berücksichtigen. Doch will ich diesen Gedanken mangels eines fundierten Ansatzes nicht weiter verfolgen. Es stellt sich nämlich heraus, daß Nagel das Motiv der Angst vor der Religion hauptsächlich deshalb einführt, um seine eigene rationalistische Weltauffassung plausibel erscheinen zu lassen. Er äußert die Vermutung, daß manche Philosophen nur deshalb einen evolutionstheoretisch begründeten Naturalismus vertreten, weil sie fürchten, sonst die einzig mögliche Alternative der theistischen Weltauffassung annehmen zu müssen. Dagegen will er nachweisen, daß es noch eine andere Option gibt, nämlich den rationalistischen Standpunkt, der nicht auf religiöse Annahmen der Weltdeutung angewiesen ist.[74]

Offensichtlich vertritt er selbst ein metaphysisches Konzept, und man hätte erwarten können, daß er bei den naturalistischen oder materialistischen Philosophen statt von einer »Angst vor der Religion« von einer »Angst vor der Metaphysik« sprechen würde. Warum ist bei ihm aber von dieser Angst keine Rede? Dafür bieten sich zwei Gründe an: Hinter seiner Begriffswahl steckt wahrscheinlich die unausgesprochene Überlegung, daß in der Philosophiegeschichte die Metaphysik oft primär wegen religionskritischer Vorbehalte abgelehnt wurde, so etwa

74 *Das letzte Wort*, 192f.

von Nietzsche. Übrigens hat Tugendhat hinter Nagels Konzept einer Moral, die schlicht als gegeben voraussetzt wird, ohne daß ihre Herkunft erklärt würde, ein religiöses Motiv vermutet: »In der Vorstellung, Moral gehöre uns wesentlich zu, lasse sich aber nicht naturalistisch verstehen, liegen also wohl immer noch, wie schon bei Kant, uneingestandene theologische Voraussetzungen«.[75] Selbstverständlich würde Nagel diesem Einwand niemals zustimmen; der Einwand würde aber seine Begriffswahl plausibel erklären. Übrigens kann man feststellen, daß der Vorbehalt gegen platonistische Annahmen für J.L. Mackie ein ausschlaggebendes Argument dafür war, eine rein subjektivistische Ethik zu befürworten.[76] Auch bei ihm könnte man also von einer Furcht vor der Metaphysik sprechen. Zweitens deutet Nagels Begriffswahl, der Vorbehalt gegen die Religion, wiederum darauf hin, daß er sich auf die geistige Situation in den USA bezieht. Seine Religionskritik ist ein Beispiel dafür, daß philosophische Einwände selten nur als solche gemeint sind, sondern meistens auf die historisch gegebenen religiösen Verhältnisse zielen.

Was aber die »Angst vor der Metaphysik« angeht, so ist sie in der neueren Philosophie und erst Recht in der Philosophie der Gegenwart weit verbreitet. Albert Einstein hat sich darüber in seiner ironischen Art lustig gemacht und sie eine »Krankheit des gegenwärtigen empiristischen Philosophierens« genannt. Für ihn selbst ist klar, daß naturwissenschaftliches Denken ohne metaphysische Hypothesen oder Instrumente nicht auskommen kann. Er versteht darunter vor allem Begriffe und Aussagen, die theoretische Konstruktionen sind und nicht von empirischen Beobachtungen abstrahiert sein können, wie man vielfach angenommen hat. Er erklärt: »Die in unserem Denken und in unseren sprachlichen Äußerungen auftretenden Begriffe sind alle – logisch betrachtet – freie Schöpfungen des Denkens und können nicht aus den Sinnen-Erlebnissen induktiv gewonnen werden.« Auch spricht er von der »Kluft«, »die logisch unüberbrückbar die Welt der sinnlichen Erlebnisse von der Welt der Begriffe und Aussagen trennt.«[77]

Diese Auffassung, daß wir in unserer Weltvorstellung drei Regionen unterscheiden müssen, die Welt der physischen Dinge, die Welt der psychischen Erlebnisse und die Welt der idealen oder abstrakten

75 E. Tugendhat, Moral in evolutionstheoretischer Sicht. In: *Aufsätze 1992–2000*. Frankfurt 2001. 203f.

76 Cf. den folgenden Aufsatz über die »Grenzen einer säkularen Ethik«.

77 Bertrand Russell und das philosophische Denken (1946). In: *Mein Weltbild*. Frankfurt o.J. 46; 44f.

Gegenstände, erinnert natürlich stark an das philosophische Konzept Karl Poppers, das erst einige Jahre später ausgearbeitet wurde. Doch kannte Poppers die Auffassung Einsteins. Er hatte im Frühjahr 1950 mit ihm gesprochen und hauptsächlich den Kernpunkt ihrer Meinungsverschiedenheit diskutiert, Einsteins entschiedenen Determinismus. Doch erwähnt Popper ausdrücklich, daß sie auch über »die merkwürdige Furcht der Positivisten vor der Metaphysik« gesprochen hätten.[78] Es versteht sich, daß Popper von dieser weitverbreiteten Furcht frei war. Daß auch Nagel trotz seiner merkwürdigen Begriffswahl an die bekannten Vorbehalte gegen die Metaphysik denkt, zeigt sich darin, daß er das betreffende Kapitel mit einigen platonistisch gefärbten Zitaten von Peirce einleitet, die die Annahme widerlegen, Peirce habe eine Konsenstheorie der Wahrheit vertreten.

Nagel begründet seinen metaphysischen oder rationalistischen Standpunkt mit dem Hauptargument, daß Logik und Ethik autonome Denkbereiche seien, die man nicht verstehen könne, wenn man sie von außen untersuche; man verstehe sie vielmehr nur, man sich auf ihre Inhalte einlasse, oder, allgemein gesagt: »Was Rationalität ist, was sie uns sagt und welches ihre Grenzen sind, kann nur von innen her begriffen werden«.[79] Es ist nicht ganz einfach zu paraphrasieren, was hier die von Nagel auch sonst bevorzugte räumliche Metapher »von innen« eigentlich bedeutet. Die beste Erklärung dürfte sein, daß er sagen will, daß sich die logischen Regeln und die ethischen Normen nicht auf empirisch vorliegende und naturwissenschaftlich zu erklärende Fakten der physischen oder psychischen Welt reduzieren lassen. Seine Einwände gegen einen genetischen Fehlschluß und seine Argumente für die Autonomie der genannten Denkbereiche wiederholen im Grunde die Einwände, die Frege und Husserl gegen den Psychologismus in der Logik vorgebracht haben. Was das Fundament der Ethik angeht, so kann man seinen Gründen, die dafür sprechen, daß die ethischen Normen von eigener Art und letzten Endes unreduzierbar sind, zustimmen. Für das Moment der moralischen Verpflichtung sucht man allerdings hier vergebens eine überzeugende Begründung.

78 K. R. Popper, *Ausgangspunkte*. Hamburg 1994. 188.
79 L.c. 200 f.

VII. Fazit

Zum Schluß möchte ich wiederholen, daß der von Kracauer beschriebene Standpunkt des Wartenden deshalb bemerkenswert ist, weil diese Haltung weiter verbreitet sein dürfte, als man gemeinhin annimmt – in den Diskussionen der Religionskritik wird sie aber selten erwähnt.[80] Max Weber bleibt die Antwort auf die Frage schuldig, worin das Opfer des Intellekts bei einem religiös Glaubenden eigentlich besteht, und sein Begriff der entzauberten Welt der Moderne ist ungeschickt gewählt, weil darin die Horizonterweiterung durch die modernen Naturwissenschaften, die uns ungeahnte Welten eröffnet haben, nicht berücksichtigt wird. Das Universum, das dadurch erkennbar geworden ist, wird man kaum entzaubert nennen können. Beherzigenswert ist dagegen Webers Hinweis auf die sinnstiftende Macht des Nationalismus, ein heikler Faktor, den man nicht unterschätzen sollte. An die marxistische Religionskritik habe ich erinnert, weil ihr gesellschaftskritischer Impuls auch für die heutigen Verhältnisse *mutatis mutandis* noch Geltung beanspruchen kann. Davon abgesehen ist der Marxismus aber ein abschreckendes Beispiel dafür, daß ein religionskritischer Standpunkt in gefährlicher Weise übertrieben wird, wenn er zu einer religionsähnlichen Weltanschauung mutiert. Horkheimers Position habe ich ausführlicher beschrieben, weil er Fragen aufgeworfen hat, auf die Jürgen Habermas mit seiner Diskursethik eine Antwort zu geben versucht, und weil seine Position das unlösbare Dilemma eines Religionskritikers zeigt, der die Religion trotz seiner schweren Einwände als Hüterin absoluter Werte erhalten wissen möchte.

Was schließlich das Phänomen einer Angst vor der Religion angeht, so meine ich, ein Denker sollte in kritisch-rationaler Einstellung die Probleme der Sache, der er sich gewidmet hat, behandeln, unbekümmert um die Frage, ob man ihm sachfremde psychologische Motive unterstellen könnte. Die Angst vor der Metaphysik halte ich schlicht und einfach für eine unvernünftige Einstellung. Es ist oft genug begründet worden, daß sich keine Wissenschaft betreiben läßt, ohne vorauszusetzen, daß es abstrakte Gegenstände, wie Typen, Arten oder Klassen, gibt. Auch hat Popper auf den offensichtlichen Umstand hingewiesen, daß wir metaphysische Annahmen brauchen, um ein allgemeines Weltbild zu

80 Cf. Hans Erich Nossack, *Die Tagebücher 1943–1977*. Frankfurt 1997. 1071: »Der kleine Essay ›Die Wartenden‹ von Kracauer ist höchst aktuell und beherzigenswert.«

erstellen; außerdem hat er darauf hingewiesen, daß die wissenschaftliche Erkenntnis in der Praxis sich von »metaphysischen Forschungsprogrammen« leiten läßt.[81] Man kann aber nicht gut jemanden, der sich keine Vorstellung von der Welt im ganzen zu machen versucht, einen Philosophen nennen.

81 Karl R. Popper/John C. Eccles, *Das Ich und sein Gehirn*. München 1991. 524.

Grenzen einer säkularen Ethik

Gott läßt sich nicht naturalisieren.
E. TUGENDHAT

Jürgen Habermas, der als Theoretiker der Moderne historistische Begriffe bevorzugt, spricht seit einigen Jahren gewöhnlich von der »postsäkularen Gesellschaft«. Damit soll die Tatsache berücksichtigt werden, daß auch in einer aufgeklärten Zeit wie unserer Gegenwart die Religionen fortbestehen und als gesellschaftliche Kraft ernstgenommen zu werden verdienen.[1] Dieser Charakterisierung widerspricht nicht die Beobachtung, daß der Common sense, gemeint ist der nach vernünftigen Gründen fragende gesunde Menschenverstand, sich in unseren Breiten von der religiösen Überlieferung entfernt habe – er verhält sich kritisch zu ihr.[2] Die erste Behauptung bezieht sich wohl eher auf die Zustände in den Vereinigten Staaten, die zweite Beobachtung dürfte auf europäische Verhältnisse zutreffen, wo die traditionellen Konfessionen ihren gesellschaftlichen Einfluß weitgehend verloren haben. Die Gesetzgebung ist in westlichen Ländern längst nicht mehr spezifisch christlichen Werten verpflichtet. Wie es mit der Bedeutung der Religionen in den Ländern Asiens, Afrikas oder Lateinamerikas bestellt ist, ist dagegen eine ganz andere Frage. Auf diese Kontinente und Nordamerika scheint eher die vielzitierte Prognose André Malraux' zuzutreffen: »Das einundzwanzigste Jahrhundert wird religiös sein, oder es wird nicht sein«.[3] Für das westliche Europa dürfte dagegen zumindest in Teilen gelten, was Nietzsche in *Jenseits von Gut und Böse* beobachtet hat, daß nämlich der christliche Glauben mit seinen Gottesvorstellungen im Schwinden begriffen sei. Doch fügt er hinzu: »Es scheint mir, daß zwar der religiöse Instinkt mächtig im Wachsen ist – daß er aber gerade die theistische Befriedigung mit tiefem Mißtrauen ablehnt.«[4] Als Belege für diese Vermutung könnte man auf die derzeitige Mode der Spiritualität hinweisen, zu der wohl auch ein gewisser »Salonbuddhismus« (O. Spengler) zu rechnen ist.

Wie dem auch sei, in unseren säkularen Breiten kann an dem »selbstverschuldeten Niedergang« der Kirchen kein Zweifel sein.[5] Die Sym-

1 *Zwischen Naturalismus und Religion*. Frankfurt 2005. 116.
2 Cf. *Zeitdiagnosen*. Frankfurt 2003. 256.
3 Zitiert bei Peter Scholl-Latour, *Allah ist bei den Standhaften*. Frankfurt 1986, 91.
4 *Werke* 2, 615.

ptome, Ursachen und Gründe dieses Verfalls sind oft beschrieben worden, so daß sich hier jedes weitere Wort erübrigt. Gelegentlich war in den letzten Jahren bei uns die Rede von einer Rückkehr der Religion; genau betrachtet handelt es sich dabei aber nur um ein Phantom des Feuilletons. In Wirklichkeit ist die Zahl der aktiven Christen zu einer Minderheit geschrumpft, die gesellschaftlich eine quantité négligable darstellt. In früheren Epochen eines religiösen Verfalls hat es immer auch Erneuerungsbewegungen aus dem Geist des Christentums gegeben – davon findet sich heute nicht die geringste Spur.

Übrigens sollte man bei der Diagnose der geistigen Situation der Zeit nicht übersehen, daß das religiöse Bekenntnis häufig eine nationale Komponente enthält; das gilt nicht nur für den Islam, sondern auch für das Christentum, selbst für den Katholizismus, der seiner Idee nach übernational sein sollte, zum Beispiel in Polen oder auf dem Balkan aber stark nationalistisch geprägt ist. Und was das Nationalbewußtsein der Deutschen angeht, so muß man feststellen, daß es trotz aller gegenteiligen Beteuerung auch hier überlebt hat, wenn auch in einer sehr fragwürdigen Form. Sie zeigt sich etwa darin, daß in offiziellen Reden mythologisch von »Schicksalsgemeinschaft« gesprochen wird. Dahinter steckt, kaum verschlüsselt, die vage, unreflektierte Idee einer Kollektivschuld. Daß diese Idee nach dem Krieg weithin übernommen wurde, kam Max Horkheimer höchst verdächtig vor: »Das Schuldbekenntnis der Deutschen nach der Niederlage des Nationalsozialismus 1945 war ein famoses Verfahren, das völkische Gemeinschaftsempfinden in die Nachkriegsperiode hinüberzuretten. Das Wir zu bewahren war die Hauptsache.«[6]

Doch zurück zu unserem engeren Thema. Es gibt zwei Phänomene, die anzeigen, daß die christliche Religion hierzulande noch nicht ganz ausgestorben ist. Das eine Phänomen sind kirchliche Feste, die immer noch von mehr Menschen begangen werden, als man nach Lage der Dinge annehmen könnte. Es drückt sich darin die untrügliche Erfahrung aus, daß Feste nur dann den Namen verdienen, wenn sie religiösen Ursprungs oder religiöser Natur sind. Kommerzielle Veranstaltungen wie der Muttertag oder der Valentinstag und Großereignisse, die von Medien oder für Medien aufgezogen werden – »aufziehen« ist eine Vokabel der *Lingua tertii imperii*, das in solchen Inszenierungen Meister

5 Karl R. Popper, *Die offene Gesellschaft und ihre Feinde* 2, 475. Tübingen 1992.

6 *Notizen 1950 bis 1969 und Dämmerung. Notizen in Deutschland*. Frankfurt 1974. 200f.

war – werden von keinem Menschen im Ernst als wirkliche Feste betrachtet. Man hat das untrügliche Gespür, daß sich in technisch-wissenschaftlichen Zeiten keine Feste stiften lassen, oder, im Bilde der antiken Sage gesprochen: »Bei den Titanen gab es keine Feste«.[7]

Das christliche Fest, das alle Phasen eines Glaubensschwundes bis heute überstanden hat, ist Weihnachten. Gewiß, es ist fast vollständig kommerzialisiert und über alle Maßen verkitscht, dennoch besteht kein Zweifel, daß seine ursprüngliche Bedeutung nicht ganz verdrängt ist. Der amerikanische Publizist George Bailey hat diese Bedeutung, nicht nur im Hinblick auf seine Heimat, sondern vor allem in Hinsicht auf europäische Verhältnisse, aus der Perspektive eines nichtchristlichen Teilnehmers zutreffend beschrieben: »Weihnachten [besitzt], ungeachtet der eigenen Religionszugehörigkeit, unter allen Feiertagen die größte symbolische Kraft. Auf dieses Fest der Feste verzichten zu wollen, schien mir immer ein sinnloser Akt der Selbstaufgabe zu sein. Ich bin mir durchaus bewußt, daß in dieser Einstellung mehr als nur eine Spur von Heuchelei enthalten ist. Es ist fraglos der religiöse Charakter des Weihnachtsfestes, der es zu dem macht, was es ist, und das paradoxerweise besonders für Nichtgläubige. Ich fand immer, daß die größten Nutznießer des Christentums die schnorrenden Nichtgläubigen sind – zumindest in dem groben Sinn, daß sie alle zivilisatorischen, kulturellen und ethischen Leistungen der jüdisch-christlichen Tradition ernten und im Gegenzug nichts geben als die Einhaltung des allgemeinen Verhaltenskodexes.«

Dieser selbstkritischen Analyse und der ethischen Folgerung, die Bailey daraus zieht, braucht man nichts hinzuzufügen: »Warum soll man nicht eine bedeutende Kulturtradition beibehalten, wenn man nichts hat, was man an ihre Stelle setzen könnte? Doch genauso schockiert war ich darüber, daß es mich schockierte. An welcher Stelle auf der Skala von Atheisten, Agnostikern, Theisten und Pantheisten mußte ich mich damit einordnen? Hinzu kam, daß ich eine Weile brauchte, bis ich mich an die Erkenntnis gewöhnt hatte, daß Menschen, welche die Existenz des Inhalts bestreiten, gleichzeitig derart auf der Form bestehen können. Ich hatte nicht bedacht, daß die Leugnung des Inhalts es um so dringlicher erforderlich macht, die bloße Form in den Status eines Inhalts zu erheben, weil sonst das Chaos herrschen würde. Kurz, es gibt in Fragen des Verhaltens weniger Alternativen, als man denkt.«[8]

7 Friedrich Georg Jünger, zit. bei Ernst Jünger, *Siebzig verweht* 3, 258. Stuttgart 1993.

8 George Bailey, *Verbindungsmann. Ein Leben zwischen Ost und West*. Dt. K.-D. Schmidt. Berlin 2002. 113 f.

Das zweite Phänomen, das für ein Fortleben der christlichen Tradition spricht und das auch Bailey berührt hat, ist vielleicht noch merkwürdiger. Dezent und taktvoll, wie es sich für einen Chronisten des menschlichen Anstandes gehört, deutet Asfa-Wossen Asserate in seiner Kulturgeschichte der *Manieren* das Phänomen an: »Liegt nicht eine ungeheure Komik darin, wenn sich Leute über die Moralauffassungen des Papstes entrüsten, die weder Christen sind noch sich dem Papst im mindesten verpflichtet fühlen?«[9] Was Asserate höflich umschreibt, läßt sich allgemeiner und schärfer fassen. Warum das kritische Interesse von Menschen am Christentum, die sich selbst nicht als gläubig im religiösen Sinn betrachten? Wie ist es möglich, daß Predigten, die religiös substanzlos sind und kaum das Niveau von politischen Leitartikeln erreichen, dennoch in der Öffentlichkeit beachtet und kommentiert werden? Sind diese politischen Gemeinplätze allein deshalb bemerkenswert, weil sie von Kirchenführern geäußert werden? Warum finden Äußerungen des Papstes selbst bei nichtkatholischen Christen und bei religiös Indifferenten fast immer ein starkes Echo, will sagen: heftigen Widerspruch? Warum wird er selbst von den Verächtern der Kirche, die doch eigentlich wissen müßten, daß es für einen mündigen Menschen keine moralischen Autoritäten gibt, als eine moralische Instanz betrachtet?

Was ist der tiefere Grund für das anhaltende, aber meist kritisch ablehnende Interesse der außerkirchlichen Öffentlichkeit an den Äußerungen des Papstes? Es ist möglich, daß einige Kritiker des Christentums meinen, daß die von den Konfessionen vertretene Religion unentbehrlich sei für den Zusammenhalt der Gesellschaft. Nach dieser Erklärung würde die Religion, ohne Rücksicht auf ihren Wahrheitsanspruch, rein funktionalistisch betrachtet. Es könnte aber auch sein, daß in der Kritik des Christentums, mehr oder weniger bewußt, der Gedanke weiterwirkt, daß man auf die Kirchen als moralische Instanzen nicht verzichten kann, weil man sich eine Ethik, die letztlich nicht auf eine religiöse Tradition gegründet ist, nicht recht vorstellen kann. Deshalb die Fixierung auf eine Religionsgemeinschaft, von der man sich selbst längst verabschiedet oder mit der man sonst nicht das Geringste zu tun hat. So ähnlich ließe sich die Intuition beschreiben, die selbst noch bei den Verächtern des Christentums weiterwirkt.

Offensichtlich ist es diese Intuition, auf die Habermas mit seiner Diskursethik eine Antwort zu geben versucht; ich werde darauf zurückkommen (IV). Zuerst aber möchte ich an die Mitleidsethik Schopenhauers erinnern, die ausdrücklich als ein Gegenentwurf zu einer christlich

9 *Manieren*. Frankfurt 2003. 113.

begründeten Moral entworfen wurde (I.), und an den atheistischen Einwand Dostojewskis und Sartres gegen eine religiös begründete Moral (II.). Anschließend bespreche ich das Konzept Ernst Tugendhats, der eine Ethik auf säkularer Grundlage zu begründen versucht (III.).

I. Zur Ethik Schopenhauers

Zunächst soll auf Schopenhauers Ethik hingewiesen werden, weil der Hinweis aus drei systematischen Gründen angebracht ist. Schopenhauer hat die theistische Begründung der Moral verworfen, aber dennoch daran festgehalten, daß eine Ethik eine metaphysische Grundlage nötig habe. Das unterscheidet ihn von den meisten Moralphilosophen der Gegenwart, die nicht nur eine säkulare, sondern auch eine nichtmetaphysische Ethik im Sinne haben. Zweitens lehnt er die absolute Geltung moralischer Normen ab, weil sie sich nach seiner Meinung letztlich nur theistisch begründen läßt. Daraus ergibt sich die Frage: Wie läßt sich der verpflichtende oder gebietende Charakter moralischer Forderungen nachweisen, ohne auf religiöse oder metaphysische Argumente zurückzugreifen? Drittens hat Schopenhauers Ethik den Vorzug, daß er im Gegensatz zu Karl Marx und Max Horkheimer, die vor allem das soziale Unrecht im Auge haben, das unübersehbare Phänomen des Bösen, die moralische Schlechtigkeit des Menschen, prinzipiell berücksichtigt. In dieser Hinsicht hat er ein Maß gesetzt, an dem sich jeder ethische Entwurf messen lassen muß. Anders gesagt, eine Ethik, die zu diesem Phänomen, zu dem die Verbrechenschronik Tag für Tag die entsetzlichsten Beispiele liefert, nichts zu sagen hat oder es nicht einmal beachtet, kann man getrost auf sich beruhen lassen.

(1) Schopenhauer lehnt eine theologische Begründung der Moral ab, weil er den moralischen Wert einer Handlung in der Abwesenheit aller egoistischen und boshaften Motive sieht. Die theologische Begründung beruhe aber letztlich auf Egoismus, wenn das angeblich moralische Handeln nur durch die »angedrohte Strafe und die verheißende Belohung« im Jenseits zustande komme (3, 637).[10] Es versteht sich, daß er hier die christliche Moralauffassung im Auge hat; doch muß man fragen, ob nach christlicher Auffassung die Furcht vor Strafe und die Hoffnung auf Lohn wirklich die idealen Motive einer Handlung sind, die gut genannt werden kann. Plausibler ist sein Einwand, daß sich der

10 A. Schopenhauer, *Über die Grundlage der Moral. Sämtliche Werke* Band III. Darmstadt 1980.

Theismus nach Kants Widerlegung der Beweise für das Dasein Gottes rational nicht rechtfertigen lasse, und überzeugend ist der Grundsatz, der für jede vernünftige Argumentation gilt: »affirmanti incumbit probatio«.[11] Daraus folgt, daß ein Verfechter des Theismus sich nicht der Aufgabe entziehen kann, seine Grundannahme mit rationalen Argumenten zu rechtfertigen. Das gleiche gilt natürlich auch für den Vertreter des Atheismus und ebenso für die metaphysische Grundlage der Mitleidsethik, die Schopenhauer vertritt.

Er beruft sich nämlich auf Kant, daß es ohne Metaphysik keine Moralphilosophie geben könne, und behauptet, »das ethische Fundament« müsse »seine Stütze haben an irgendeiner Metaphysik, d.h. an der gegebenen Erklärung der Welt und des Daseins überhaupt; indem der letzte und wahre Aufschluß über das innere Wesen des Ganzen der Dinge notwendig zusammenhängen muß mit dem über die ethische Bedeutung des menschlichen Handelns« (3, 634). In seinem Fall bedeutet dies, daß erklärt werden muß, wie es möglich ist, daß es so etwas wie das Mitleid bei Menschen überhaupt gibt. Denn die Mitleidsethik hält er für die einzige wahre Moral.

Er unterscheidet in moralischer Hinsicht drei Grundmotive des menschlichen Handelns: Egoismus, Bosheit und Mitleid. Die Motive des Egoismus und der Bosheit gehören offensichtlich zum Normalfall menschlichen Verhaltens und bedürfen keiner tieferen Erklärung. Von dem selteneren Fall des Mitleids behauptet er zwar auch, das Mitleid liege in der menschlichen Natur (3, 745), doch ist nicht ohne weiteres evident, worin das Mitleid besteht. Er deutet es als die geheimnisvolle Identifikation des Ichs mit dem Nicht-Ich. Die »metaphysische Basis der Ethik« bestehe darin, »daß das eine Individuum im andern unmittelbar sich selbst, sein eigenes wahres Wesen wiedererkenne« (3, 808). Für ihn besteht der Wert moralischer Handlungen in der praktizierten Selbstlosigkeit, und er betrachtet als letztes, transzendentes Ziel auf dem »Weg des Heils« und der Erlösung die radikale Selbstverleugnung, die Verneinung des Willens zum Leben.[12]

Es ist nicht ganz unnütz, an diese metaphysische Begründung der Mitleidsethik zu erinnern, weil sie uns fragen läßt, ob wir uns mit der heute gängigen Annahme, die Disposition zum Altruismus sei angeboren, zufrieden geben können.

(2) Für Schopenhauer ist nicht erwiesen, daß es moralische Imperative im Sinne Kants überhaupt gibt, nämlich Gesetze für den Willen, die

11 A. Schopenhauer, *Gesammelte Briefe*. Bonn 1987, 229.

12 *Briefe,* 220.

von aller »Menschensatzung« unabhängig sind. Er meint vielmehr, daß »die Einführung des Begriffes Gesetz, Vorschrift, Soll in die Ethik« auf den Mosaischen Dekalog zurückgehe, also theologischen Ursprungs sei. Diese Behauptung läßt sich durch Kant selbst belegen. Er erklärt nämlich zu seinem Pflichtbegriff, der »unbedingte Nötigung« enthalte: »Die Majestät des Gesetzes (gleich dem auf Sinai) flößt Ehrfurcht ein«.[13] Schopenhauer hält den Begriff des absoluten Sollens oder der unbedingten Pflicht dagegen für einen Widerspruch in sich, weil er annimmt, daß jedes Sollen auf eine »angedrohte Strafe oder verheißene Belohung« bezogen sei. Pflichten erkennt er nur an, insofern sie die Übernahme der Pflicht, eine Verpflichtung, voraussetzt und zugleich mit Rechten verbunden ist (3, 647f.).

Als Prinzip oder Grundsatz aller Ethik formuliert er nun: »Neminem laede, imo omnes, quantum potes, iuva!« (3, 663) Daß der Satz die grammatische Form eines Imperativs hat, sollte aber nicht zu der Annahme verleiten, hier sei ebenfalls ein Gesetz promulgiert. Vielmehr haben wir es mit einer Empfehlung oder einem Rat zu tun, der keine verpflichtende Kraft besitzt; denn Schopenhauer hält dergleichen angesichts der egoistischen und boshaften Natur des Menschen für illusorisch; überdies ist er davon überzeugt, daß der menschliche Charakter unveränderlich sei. So kennt er in moralischer Hinsicht keine Gebote, sondern nur Belehrung und Aufklärung, die allenfalls zu besserer Erkenntnis der Handlungsumstände und Motive führen können, aber selten den Willen beeinflussen werden. Das Ziel bleibt zwar die Erwekkung des Mitleids, doch gibt er sich keinen falschen Hoffnungen hin: »Der Kopf wird aufgehellt; das Herz bleibt ungebessert« (3, 794).

(3) Ein großer Vorzug von Schopenhauers Ethik besteht darin, daß er den Begriff der Bosheit analysiert und auf ihre große Verbreitung in der Realität mit allem Nachdruck hingewiesen hat. Er hat theoretisch geklärt, daß sich die Bosheit nicht auf den Egoismus reduzieren läßt, da es boshafte Handlungen gibt, die sich zum Nachteil des Akteurs auswirken, also seinem rationalen Eigeninteresse widersprechen, und bisweilen ist dieser Widerspruch den Handelnden auch durchaus bewußt (3,791; 803). In dieser Hinsicht erweist sich Schopenhauer als unbestechlicher Realist, denn an der Tatsache, daß nichts anderes als Bosheit viele Handlungen der Menschen bestimmt, wird man nicht zweifeln können. Für seine Philosophie hat diese Einsicht zwei Konsequenzen: die erwiesene Schlechtigkeit der Menschen, das moralische Übel, ist ein weiterer Einwand gegen die theistische Welterklärung, und

13 I. Kant, *Die Religion innerhalb der Grenzen der bloßen Vernunft*. A 10.

sie ist ein weiterer Grund, der ihn zu seiner pessimistischen Metaphysik geführt hat, zu der Überzeugung: »Als Zweck unsers Daseins ist in der Tat nichts andere anzugeben als die Erkenntnis, daß wir besser nicht dawären.« (2, 757; 775 – *Die Welt als Wille und Vorstellung*)

Dies sind seine Folgerungen, die er aus der Erfahrung zieht, daß Grausamkeit unser moralisches Gefühl am stärksten empört, und das ist deshalb der Fall, weil Grausamkeit den größten Mangel an Mitleid verrät (3, 766f.). Wir wissen, was Leid und Schmerz bedeutet, und können durch anschauliche Erkenntnis oder unsere Vorstellungskraft wissen, daß andere Menschen leiden, wenn ihnen Schmerz zugefügt wird. So lautet ungefähr Schopenhauers Erklärung des Phänomens, die mit der Auffassung des gesunden Menschenverstands übereinstimmen dürfte.

Nun hat man darin ein besonderes Problem sehen wollen, wie man Handlungen, die sich rein naturalistisch beschreiben lassen, moralisch beurteilen kann. Wolfgang Stegmüller behauptet im Anschluß an John Mackie, man könne das Wort »grausam« rein deskriptiv, ohne moralische Komponente folgendermaßen definieren: »Eine absichtliche Handlung gegenüber einem Menschen ist grausam, wenn sie dem betreffendem Menschen aus purem Spaß Schmerzen zufügt«. Zu erklären wäre nach dieser Ansicht, wie die natürliche Tatsache, daß es um eine grausame Handlung geht, und die moralischen Tatsache, daß diese Handlung moralisch falsch sei, mit einander verbunden seien. Die Erklärung, die moralische Falschheit komme zu den deskriptiven Eigenschaften hinzu, läßt er nicht gelten; ebenso wenig die Erklärung, daß eine grausame Handlung deshalb »moralisch falsch sei, weil sie ein Zufügen von Schmerzen aus purem Spaß sei.« Stegmüller sieht wie Mackie in diesem nichtkausalen »weil« eine verbale Ausflucht, er lehnt hier jede Erklärung objektivistischer Art ab und läßt nur gelten, daß man sich auf die gesellschaftliche Verurteilung grausamer Handlungen beruft.[14]

Dazu wäre zu sagen, daß die angegebene Definition von »grausam« offensichtlich, d.h. nach gewöhnlichem Sprachgebraucht, nicht rein deskriptiv ist, sondern ein normatives Moment enthält; denn wir betrachten das absichtliche Hinzufügen von Schmerz als physische oder psychische Verletzung einer Person, wir reagieren mit Empörung auf eine solche Handlung und verurteilen sie moralisch. Das fragliche nichtkausale »weil« hat offensichtlich eine explikative Funktion, die hier am Platz ist: erklärt wird, daß das Prädikat »willkürlich Schmerzen zufügen« ein moralisches Prädikat ist. Für Mackie ist tatsächlich ausge-

14 *Hauptströmungen der Gegenwartsphilosophie* 4, 176f. Stuttgart 1989.

macht, daß man von Grausamkeit in einem deskriptiven Sinne sprechen könne – was mit unserem gewöhnlichen Verständnis des Wortes aber nicht zu vereinbaren ist.[15] Auch wird nicht recht klar, was moralische Tatsachen sein sollen. Er scheint zu verkennen, daß auch in einer objektivistischen Ethik die kategoriale Differenz zwischen Tatsachen und Werten oder Normen bestehen bleibt.

Innerhalb seiner Ethik dient der beschriebene Gedankengang als Argument gegen eine objektivistische Konzeption von Moral. Als zweites Gegenargument führt er an, daß die Annahme Platonischer Formen oder Ideen, zu der die moralischen Objektivisten gezwungen seien, absonderlich und deshalb zu verwerfen sei. Das ist nun freilich eine philosophische Kernfrage, zu der er in seiner Ethik aber wenig Überzeugendes vorbringt. Hier kann der Hinweis genügen, daß G. Frege, K. Bühler, W.V.O. Quine dargetan haben, daß es keine Linguistik, keine Mathematik, keine strenge Wissenschaft geben kann ohne die Annahme von abstrakten Gegenständen. W. Künne hat nachgewiesen, daß man nicht umhin kann anzunehmen, daß es auch abstrakte Gegenstände ethischer Art gibt.

II. Der atheistische Einwand

Einen Gedanken Schopenhauers aufgreifend hatte Horkheimer behauptet, daß eine absolut verpflichtende Moral sich ohne Bezugnahme auf Transzendenz im monotheistischen Sinn nicht begründen lasse.[16] Dostojewski diskutiert in seinen Romanen anhand dramatischer Beispiele den Grundsatz, daß alles erlaubt wäre, wenn Gott nicht existierte. Das genaue Zitat dieses Prinzips aus *Die Brüder Karamasow* lautet: »Was ist denn der Mensch noch nach alledem? Ohne Gott und ohne zukünftiges Leben? Das heißt dann doch, daß alles erlaubt ist, dann kann man ja alles machen?«[17] In *Schuld und Sühne* zum Beispiel erschlägt Rodion Raskolnikow eine alte Frau, weil sie für ihn nicht mehr als eine »Laus« ist, und im gleichen Sinne rechtfertigt er die These, daß geniale Menschen, Wissenschaftler oder Politiker, zur Durchsetzung oder Verwirklichung ihrer Ideen bedenkenlos zahlreiche Menschen umbringen können.[18] Er verkündet im Hinblick auf die Wissenschaftsgläubigkeit

15 John Leslie Mackie, *Ethik*. Dt. R. Ginters. Stuttgart 1981. 14, 45ff.

16 Cf. den vorstehenden Aufsatz über die Motive der Religionskritik.

17 Fjodor M. Dostojewski, *Die Brüder Karamasoff*. Dt. E.K. Rashin. München 1977. 956.

und den Heroenkult des 19. Jahrhunderts eine Herrenmoral, die den Nihilismus der moralischen Werte konsequent durchführt.

In Dostojewskis romanhafter Darstellung wird der weltanschauliche Nihilismus als Grundprinzip der moralischen Einstellung betrachtet. Diese Hypothese des Romans ist prinzipieller Art, sie betrifft die Begründung der Moral und läßt sich selbstverständlich nicht als allgemeine Beschreibung der realen Verhältnisse in dem Sinne verstehen, als würden alle Atheisten amoralisch handeln. Tatsächlich haben sich viele von ihnen als bewundernswerte Vorkämpfer für menschenwürdige Verhältnisse erwiesen. Behauptet wird nur, daß sich von einem atheistischen Standpunkt aus oder, allgemeiner gesagt, von einem nichtreligiösen Standpunkt aus, keine Moral begründen lasse, die absolut verbindliche Normen enthält und zum Beispiel dem Menschen einen absoluten Wert zuerkennt.

Um die Frage zu verdeutlichen, kann man an Schopenhauer erinnern, der sich als Atheist verstand und gleichzeitig eine Ethik des Mitleids verkündete. Aber auch er hielt daran fest, daß eine Ethik ohne metaphysische Grundlage sich nicht denken lasse, und diese Grundlage ist für die Ethik des Mitleids nichts anderes als die »metaphysische Identität aller Wesen«, die jedermann unmittelbar und intuitiv erkennen könne. Deshalb kann er sagen: »Gerecht, edel, menschenfreundlich sein« ist »nichts anderes als meine Metaphysik in Handlungen übersetzen« (2, 770). Da Schopenhauers Ethik keine verbindlichen Normen enthält und längst nicht alle Verhaltensweisen berücksichtigt, die nach gewöhnlichem Verständnis einer moralischen Beurteilung unterliegen, wird gelegentlich bestritten, daß es sich dabei überhaupt um eine Moral handle. Man kann dies als eine Frage der Definition betrachten, die einiges für sich hat. Davon abgesehen, ist das Beispiel Schopenhauers aber insofern aufschlußreich, als es zeigt, daß selbst eine derart eingeschränkte Ethik nach einer nichtempirischen Begründung verlangt, und Schopenhauer konnte sich unter einer solchen Begründung nur eine metaphysische Grundlage denken. So bleibt die Frage, ob es eine Begründung einer Moral im strengen Sinne gibt, die nicht metaphysisch und doch nichtempirisch ist. Jürgen Habermas und Ernst Tugendhat haben ethische Begründungen vorgelegt, die dieser Voraussetzung gerecht zu werden versuchen.

Jean-Paul Sartre macht sich dagegen die These Dostojewskis: »Wenn Gott nicht existierte, so wäre alles erlaubt«, ausdrücklich zu eigen. Er

18 Dostojewski, *Rodion Raskolnikoff. Schuld und Sühne*. Dt. E.K. Rashin. München 1989. 558, 351.

gibt dieser These aber eine charakteristische Wendung, indem er erklärt: Wenn Gott nicht existiert, wenn der Mensch also in dem Sinne verlassen ist, daß »er weder in sich noch außerhalb seiner eine Möglichkeit findet, sich anzuklammern«, dann ist er für alles verantwortlich, er ist in einem absoluten Sinne frei. Er versteht den Existentialismus als »eine Bemühung, alle Folgerungen aus einer zusammenhängenden atheistischen Einstellung zu ziehen«. Dies bedeutet, daß der Mensch keine transzendente oder metaphysisch begründete Werte und Normen anerkennt, nach denen er sich im Sinne einer Rechtfertigung oder einer Entschuldigung richten könnte. Er muß die Werte selber »erfinden«: »Das Leben hat a priori keinen Sinn. Ehe Sie leben, ist das Leben nichts; es liegt an Ihnen, ihm einen Sinn zu verleihen, und der Wert ist nichts anderes als der Sinn, den Sie wählen.«[19]

In seinem frühen Roman *Der Ekel* hat er die Erfahrung, daß der Mensch rein zufällig, grundlos existiert, eindrucksvoll beschrieben und als Absurdität des menschlichen Daseins dargestellt. In der programmatischen Schrift über den Existentialismus, in der er die damals kursierenden Mißverständnisse der existentialistischen Mode abwehrt, seine eigene Philosophie aber eher thesenhaft als in einer schlüssigen Argumentation erläutert, kommt er in moralischer Hinsicht zu Ergebnissen, die zumindest zweideutig sind. Er behauptet nämlich, der Existentialismus enthalte eine »Moral des Handelns und des Sichbindens«. Sein Ausgangspunkt ist die Analyse des unmittelbaren Selbstbewußtseins, die er als »absolute Wahrheit« auffaßt, die jedem zugänglich ist: »Sie besteht darin, sich selbst ohne Vermittlung zu erfassen«. Aus der phänomenologischen Struktur des Selbstbewußtseins, daß ich mir unmittelbar bewußt bin und mich nicht als ein Gegenstand des Erkennens erfahre, leitet er eine Folgerung ab, die eine moralische Konnotation hat und sichtlich an den kategorischen Imperativ Kants erinnert. Er behauptet nämlich, seine These sei »die einzige, die dem Menschen eine Würde verleiht, die einzige, die ihn nicht zum Gegenstand macht« (l.c. 25).

Auf die Problematik seines Bewußtseinsbegriffs will ich hier nicht eingehen, ebenso wenig auf seine Annahme, daß Erkennen oder Wissen eine Subjekt-Objekt-Beziehung sei; daß das Erkennen und das Wissen in den meisten Fällen eine propositionale Struktur haben, scheint er nicht zu berücksichtigen. Es sei nur darauf hingewiesen, daß in der erwähnten Stellungnahme offensichtlich ein Kategorienfehler vorliegt. Sartre setzt den grammatischen oder logisch-semantischen Gegenstand, das Objekt

19 J.-P. Sartre, Ist der Existentialismus ein Humanismus? In: *Drei Essays*. Berlin 1964. 16, 34f.

der Aussage, mit dem materiellen Gegenstand, dem Ding oder der Sache gleich, und behauptet dann, daß man die menschliche Person nicht zu einem Gegenstand machen dürfe. Aber selbstverständlich können wir den Menschen zum Thema einer Überlegung oder zum Gegenstand einer Theorie machen, und Sartres Philosophie besteht ja in nichts anderem als im Reden und Diskutieren über den Menschen.

Wichtiger ist zu sehen, daß er sich mit seiner moralisch klingenden These von Dostojewskis Problem weit entfernt hat. Es ist evident, daß seine Auffassung mit der Ansicht Raskolnikows, daß jene alte Frau nicht mehr sei als eine Laus, schlechterdings unvereinbar ist. Außerdem sei auf eine weitere Folgerung hingewiesen, die Sartre aus Dostojewskis nihilistischem Theorem zieht. Er behauptet nämlich, es sei im Grunde für das moralische Handeln gleichgültig, ob Gott existiere oder nicht, der Mensch sei in jedem Fall für alles verantwortlich (l.c. 36). Das grundsätzliche, unausweichliche Faktum der menschlichen Freiheit und Verantwortung bleibe in jedem Fall bestehen. Das ist insofern wahr, als ein in religiösem Sinne gläubiger Mensch sich für den Glauben entschieden hat und für diese Entscheidung die volle Verantwortung trägt.

In seinem existenzphilosophischen Hauptwerk hat er, einen alten philosophischen Grundsatz aufnehmend, unmißverständlich dargelegt, daß sich aus der Ontologie »keine ethischen Vorschriften« herleiten lassen: »Sie beschäftigt sich einzig und allein mit dem, was ist, und es ist nicht möglich, aus ihren Indikativen Imperative abzuleiten.« Er lehnt jede Theorie ab, die »die Werte als transzendente, von der menschlichen Subjektivität unabhängige Gegebenheiten« zu erweisen sucht, und stellt dem die These gegenüber, daß »meine Freiheit die alleinige Begründung der Werte« sei.[20] Das Pathos, mit dem er die menschliche Autonomie beschreibt, ist kaum zu überbieten. Er erklärt, »daß der Mensch, der verurteilt ist, frei zu sein, das ganze Gewicht der Welt auf seinen Schultern trägt: er ist, was seine Seinsweise betrifft, verantwortlich für die Welt und sich selbst« (l.c. 696).

Zum Schluß kommt er zu einem Ergebnis, das man, mit gewissen Einschränkungen, als das Resultat des existentialistischen Standpunktes betrachten kann. Es lautet, daß »alle menschlichen Tätigkeiten gleichviel wert sind [...] und daß grundsätzlich alle zum Scheitern verurteilt sind.« Dem fügt er die vielzitierte Folgerung hinzu: »Demnach läuft es auf das gleiche hinaus, ob man sich im stillen betrinkt oder ob man die Geschicke der Völker lenkt.« (l.c. 784 f.) Allgemeiner und mit den Wor-

20 Sartre, *Das Sein und das Nichts*. Dt. J. Streller u.a. Hamburg 1962. 783, 82.

ten Arthur Dantos gesagt: »Letztlich gibt es also nichts, was außer uns liegt, an das wir uns legitimerweise wenden könnten, um zu entscheiden, wie oder was wir auf der moralischen Ebene wählen sollten.«[21] Im günstigsten Fall kann man Sartre zugestehen, daß seine Andeutungen, was die Moral angeht, allenfalls eine Situationsethik ergeben, aber leer und inkonsistent sind, wo eine Universalisierbarkeit erforderlich wäre.[22]

Sartre kann man in unserem Zusammenhang auch deshalb nicht übergehen, weil er von allen zeitgenössischen Philosophen von Rang, die ich kenne, der offenste, freimütigste und selbstkritischste ist – auch in Fragen der Religionskritik. Er versteht sich als Atheist in dem Sinne, daß er nachzuweisen versucht, daß Gott unmöglich existieren könne. Um dies zu begründen, übernimmt er in struktureller Hinsicht ein Argument des ontologischen Gottesbeweises, um die Theisten mit ihren eigenen Waffen zu schlagen. Er behauptet nämlich, daß der wesentliche Begriff Gottes in sich inkonsistent sei, und folgert daraus, daß ein Wesen dieser Art nicht existieren könne.[23] Zugleich aber hat er eingestanden, daß seine eigene Denk- und Erlebnisweise auch weiterhin in bestimmten Aspekten von der Idee Gottes geprägt sei. So versteht er sich zum Beispiel, im Gegensatz zu dem Protagonisten des *Ekels*, keineswegs als ein zufallsbedingtes Produkt der Natur, sondern als ein Wesen, das von einem Schöpfer hervorgerufen und präfiguriert sei.

Er räumt ohne weiteres ein, daß er »im moralischen Bereich etwas von der Existenz Gottes behalten« habe, »nämlich das Gute und das Böse als absolute Werte«, und er erklärt, daß er der von Dostojewski formulierten These grundsätzlich zustimme, in einem Hauptpunkt aber davon abweiche. Für ihn steht nämlich fest, »daß einen Menschen töten böse ist«. Offensichtlich folgt er hier einer ursprünglichen oder natürlichen Intuition, die er im Rahmen seines philosophischen Konzepts eigentlich nicht begründen kann, und er hält an dieser moralischen Intuition fest, unbekümmert darum, daß er dafür keine Gründe beibringen kann. Es zeigt sich darin eine ungewöhnliche Distanz zur eigenen Philosophie. Er traut seiner inneren Erfahrung mehr als seiner theoretischen Reflexion oder, anders gesagt, für ihn ist das moralische

21 A.C. Danto, *Jean-Paul Sartre*. Dt. U. Enzensberger. München 1977. 142.

22 Peter Kampits, *Jean-Paul Sartre*. München 2004. 83.

23 Cf. seinen Gesprächsbeitrag in: Simone de Beauvoir, *Die Zeremonie des Abschiedes*. Dt. U. Aumüller. Reinbek 1986. 558 ff.; hier auch die Belege für die folgenden Erklärungen.

Sensorium, das unmittelbare moralische Bewußtsein, wichtiger als das reflektierte ethische Bewußtsein.

In einer anderen Hinsicht ergibt sich jedoch von seinem areligiösen Standpunkt aus eine Konsequenz, die seiner streng immanenten Philosophie einen pessimistischen Anstrich verleiht. Anders als eine christlich begründete Moral annimmt, steht für ihn auch fest, daß »jedes Böse an sich irreparabel« sei.

Daß er das in der Erfahrung unübersehbare Phänomen des moralisch Bösen in seiner Bedeutung erkannt hat, ist ein Vorzug seines Denkens, das auch seine literarischen Werke tief geprägt hat. Ein zweiter Vorzug, den man bei aller Kritik an der fragmentarischen Begründung seiner moralischen Überlegungen beachten sollte, besteht darin, daß er im Hinblick auf ethische Fragen und das Problem eines sinnerfüllten Lebens mit allem Pathos, dessen er fähig war, auf ein wesentliches Moment hingewiesen hat: die menschliche Freiheit, die jeder persönlichen Entscheidung zugrunde liegt. Schon früh hat vor allem Karl Löwith das Manko der Existenzphilosophie gerügt, daß sie zwar die Bedeutung der Entschlossenheit betone, aber nicht sagen könne, wozu man entschlossen sein solle. Der Einwand ist begründet, doch kann er das Verdienst Sartres, die Menschen an ihre alleinige Verantwortung für die Zustände der Welt erinnert zu haben, nicht schmälern.

Den obersten ethischen Grundsatz des Existentialismus aber hat *avant la lettre* Karl Kraus ironisch auf den Punkt gebracht: »In zweifelhaften Fällen entscheide man sich für das Richtige.«[24] Meines Erachtens gilt dieser Vorbehalt aber für jeden Entwurf einer strikt säkularen Ethik – sie kann allenfalls plausibel machen, was im moralischen Sinn gut und gerecht ist, und sie kann den Rat geben, dem entsprechend zu handeln; doch kann sie letztlich nicht begründen, daß wir verpflichtet sind, dem entsprechend zu handeln.

III. Zum ethischen Konzept Tugendhats

Welche Folgen ergeben sich aus einer Religionskritik für das Konzept einer philosophischen Ethik? Wie läßt sich eine Moral begründen, die nicht mehr auf die Idee der Transzendenz oder eine metaphysische Grundlage zurückgreifen kann? Und was ergibt sich daraus für die Frage nach einem sinnvollen Leben? Das sind die beiden Probleme, um die

24 K. Kraus, *Sprüche und Widersprüche*. In: *Beim Wort genommen*. München 1974. 152.

es hier hauptsächlich geht. Anders als Sartre oder Horkheimer hat Ernst Tugendhat eine philosophische Ethik auszuarbeiten versucht und die Grundfragen in verschiedenen Ansätzen diskutiert. Im folgenden kann es nicht darum gehen, die Wandlungen seiner moralphilosophischen Auffassung im einzelnen nachzuzeichnen. Ich werde nur einige seiner Hauptgedanken aufgreifen, um zu sehen, was sie leisten sollen und was sie tatsächlich leisten.

Der übliche Einwand gegen eine religiös begründete Moral lautet, daß sie einen Glaubensakt voraussetzt, wozu in aufgeklärten modernen Zeiten aus Gründen der intellektuellen Redlichkeit immer weniger Menschen bereit sind. Daran schließt sich die Frage nach dem Guten an. Ist etwas im moralischen Sinn gut, weil Gott es gebietet, oder erläßt Gott Gebote, weil sie gut sind? Im ersten Fall wird Gott nach dem Modell eines Willkürherrschers verstanden, im zweiten Fall steht die Ethik vor der Aufgabe, ein moralisches Konzept zu entwickeln, das von einer transzendenten Begründung absieht.

Tugendhat übernimmt und präzisiert diese Argumente einer Religionskritik und skizziert eine Moral, die völlig immanent ist. Es ist eine Moral, die ohne die Begründung durch ein religiöses Fundament und ohne die starke metaphysische Begründung Kants auskommen muß, der sich auf die Idee einer reinen praktischen Vernunft bezieht. Tugendhat beansprucht nur, daß sein Konzept plausibel in dem Sinne sei, daß seine Begründung einsichtiger ist als andere Vorschläge einer säkularen Ethik, besonders der Utilitarismus und der ethische Kontraktualismus im engeren Sinn.

Nach seiner Auffassung ist die Moral ein System von Forderungen, die wechselseitig erhoben werden und aus der Perspektive eines beliebigen Akteurs begründet werden müssen. Es ist die Moral einer Gemeinschaft kooperationsbereiter Menschen, ein Normensystem, das durch soziale Sanktionen abgestützt wird, und diese Sanktionen werden in der Weise verinnerlicht, daß der Handelnde im Fall der Normverletzung Schuldgefühle empfindet. Das Normensystem ist wesentlich egalitär und tendenziell universal. Tugendhat spricht von einer kollektiven Autonomie dieser Moral, insofern es die Gemeinschaft der kooperationsbereiten Menschen ist, die die Geltung der Normen vorschreibt. Der einzelne Mensch ist insofern autonom, als er sich grundsätzlich gegen dieses und jedes Moralsystem überhaupt entscheiden kann, und auch insofern, als er im jedem Einzelfall sich gegen eine bestimmte Norm des Regelsystems entscheiden kann, das er grundsätzlich anerkennt.[25]

25 Cf. Was heißt es, moralische Urteile zu begründen? und: Wie sollen wir

So viel in aller Kürze zum Begriff der Moral, den Tugendhat zur Debatte stellt. Im einzelnen ergeben sich einige Schwierigkeiten, die besonders auffallen, wenn man dieses Konzept mit der uns bekannten heteronomen, theistisch begründeten Moral vergleicht. Die christliche Moral scheint insofern nicht universal zu sein, als sie voraussetzt, daß die moralisch Handelnden gläubig sind. Dagegen beachtet Tugendhat nicht genügend, daß nach christlicher Auffassung jeder Mensch von Natur aus fähig ist, moralisch zu handeln; freilich wird hier Natur als Schöpfung verstanden, was wiederum ein religiöses Prädikat ist. Wie dem aber auch sei, die christliche Moral ist zweifellos in dem Sinn universal, als sie anerkennt, daß alle Menschen moralische Rechte haben und daß wir gegenüber allen Menschen moralische Verpflichtungen haben, auch gegenüber unmündigen Menschen, Kleinkindern, geistig Behinderten, Alten und Kranken, auch gegenüber Embryonen, die nur in potentieller Hinsicht als Menschen betrachtet werden können. Die Idee der normativen Gleichheit aller Menschen stammt aus der christlichen Tradition, und man wird kaum bestreiten können, daß eine Moral, die diese Idee vertritt, universell ist.

Dagegen beschränkt sich die Geltung der Moral wechselseitiger Forderungen auf kooperationsfähige Wesen, auf Personen im engen Sinn, auf mündige Rechtssubjekte. Und hier kann man davon sprechen, daß es eine universelle Verpflichtung gegenüber allen kooperationsfähigen Wesen gibt.[26] Andererseits ist Tugendhat nüchtern genug zu sehen, daß eine derartige Moral, die sich an dem rationalen Eigeninteresse der kooperationsfähigen Individuen orientiert, dazu neigt, die moralische Gemeinschaft möglichst klein zu halten. Da er nur zwei Quellen einer nicht-heteronomen Moral in Betracht zieht, nämlich das rationale Eigeninteresse und das natürliche Mitleid, den gefühlsmäßigen Altruismus, empfiehlt er in diesem Fall, das altruistische Gefühl zu erweitern; er begründet seinen Vorschlag, indem er wie Schopenhauer letztlich auf eine mystische Idee zurückgreift.[27]

Wenn man das moralische Bewußtsein so versteht, daß es auf ein System wechselseitiger Forderungen bezogen ist, liegt die Gefahr einer konservativen, rein konventionellen Moral nahe, einer Moral der sozialen Anpassung und des Konformismus. Dagegen spricht aber, daß in diesem Moralkonzept der Anspruch erhoben wird, daß die moralischen

Moral verstehen? In: *Aufsätze 1992-2000*. Frankfurt 2001. 92ff. u. 165ff. Das Problem einer autonomen Moral. In: *Anthropologie statt Metaphysik*. München 2007. 114ff.

26 *Vorlesungen über Ethik*. Frankfurt 1995. 187.

27 *Anthropologie*, 133f.

Urteile objektiv zu begründen sind. ›Objektiv‹ heißt in diesem Zusammenhang nichts anderes als ›intersubjektiv‹, und von dieser Art ist auch der Begriff des Guten, den Tugendhat in seinen letzten Aufsätzen zum Thema verwendet: »Moralisch gut ist, wer sich so verhält, wie wir [...] es wechselseitig voneinander fordern«. Er vertritt eine Konsenstheorie des Guten, wenn er davon spricht, daß man sich auf etwas »einigt«, »was allen als gut gelten können soll, was sie gemeinsam billigen«.[28] Die Frage ist, ob dieser Begriff des moralisch Guten nicht zu schwach ist; jedenfalls kommt es einem so vor, wenn man sich an dem üblichen Sprachgebrauch oder an der moralischen Intuition orientiert. Hier liegt natürlich der Einwand nahe, daß unser moralisches Gefühl durch die traditionelle Auffassung geprägt ist und daß wir annehmen, daß dieses Bewußtsein im konkreten Fall zu Recht besteht. Dies führt zu dem Problem, daß wir begründen müssen, warum dieses Bewußtsein zu Recht besteht.

Das gleiche Problem stellt sich auch bei dem Moralkonzept, das Tugendhat vorschlägt: es ist die Frage, wie der Verbindlichkeitscharakter moralischer Normen aufzufassen ist. Tugendhat ist der Meinung, daß eine Moral deontologisch sein, das Moment der Pflicht enthalten müsse. Dagegen spricht aber der Einwand Schopenhauers, daß moralische Pflichten im strengen Sinn ohne die Annahme eines göttlichen Gesetzgebers nicht plausibel seien. Allgemein gesagt, läßt sich der Begriff der moralischen Verbindlichkeit mit einer Vertrags- oder Konsenstheorie der Moral offenbar schwer zusammendenken. In einem derartigen Konzept sind allenfalls Pflichten im Sinne von Verpflichtungen denkbar, die zwischen den kooperationswilligen Personen eingegangen werden. Tugendhats Lösung des Problems, daß die Geltung der Normen gegenüber allen Personen begründet werden müßte, führt zu der Frage, wie aus einer Begründung eine zwingend geltende Verpflichtung hergeleitet werden kann.

Außerdem setzt er voraus, daß es in einer Moral Sanktionen geben müsse, um das Moment der Verpflichtung zu stärken. Gemeint sind auf Seiten der Gesellschaft moralisch begründete emotionale Reaktionen wie Empörung oder Verachtung, die vom Handelnden als Scham und Schuldgefühl verinnerlicht werden. Die Frage ist aber, warum mich im Fall der Normverletzung Sanktionen, die ohne soziale Folgen bleiben, beeindrucken sollen. Gibt es innere handlungsleitende Motive, die etwas anderes sind als nur die Furcht vor Sanktionen? Wie dem auch sei, die Verinnerlichungstheorie des Gewissens ist letztlich, wenn es um

28 *Vorlesungen über Ethik*, 62f., *Aufsätze* 7. 176.

den eigentlichen Kern des moralischen Verhaltens geht, wenig überzeugend, weil sie allenfalls zu einem konventionellen, nicht aber zu einem autonomen Gewissen führt. In der Tat kann Tugendhat nicht erklären, warum ich so handeln soll, daß ich nicht nur nicht verachtet werde, sondern nach meinem eigenen Selbstverständnis nicht verachtenswert bin: »Handelt der moralisch Handelnde so, wie er handelt, weil das gut ist, oder um die innere Sanktion zu vermeiden? Ich finde es schwer, diese Frage zu entscheiden.«[29]

Hier ist es vielleicht nützlich daran zu erinnern, daß der Begriff der moralischen Pflicht erst dann, nämlich bei Kant, überhaupt zum Problem wurde, als die Moral nicht mehr religiös autoritativ aufgefaßt wurde. In einem theistischen Kontext, in dem die moralischen Gebote als Gesetze Gottes aufgefaßt wurden, verstand sich das Moment der moralischen Verbindlichkeit gleichsam von selbst. So läßt sich auch erklären, warum die erste systematisch ausgearbeitete christliche Morallehre, die Moraltheorie des Thomas von Aquin, im wesentlichen als eine Tugendethik aufzufassen ist.[30]

Ein weiterer Schwachpunkt besteht darin, daß nach Tugendhats Ansicht jede Moral egoistisch, auf das Eigeninteresse bezogen ist; deshalb spricht er bei Schopenhauer nur von einer Ethik, nicht von einer Moral des Mitleids. Er behauptet sogar, daß auch ein Mensch, der sein Leben für andere opfert, aus einem egoistischen Motiv heraus handelt, nämlich um seine Selbstachtung zu bewahren. Das widerspricht aber eklatant sowohl dem Begriff des Egoismus, der gewöhnlich einen pejorativen Sinn hat und meist als Selbstsucht aufgefaßt wird, wie dem Begriff des selbstlosen Opfers und der damit verbundenen Pflicht der karitativen Hilfsbereitschaft, als daß man diese Auffassung ernst nehmen könnte. Tugendhat steht hier wie Horkheimer in der Tradition Max Webers, der von »Heilsegoismus« zu sprechen pflegt. Anders dagegen Schopenhauer, der sich an den gewöhnlichen Sprachgebrauch hält, wonach Egoismus selbstsüchtiges Verhalten bedeutet, den Sprachgebrauch aber im Sinne seiner Metaphysik auslegt. Nach seiner Lehre läuft die Suche nach dem »eigenen, ewigen Heil« auf die Verneinung des Willens hinaus, was das Gegenteil von Egoismus ist.[31]

Außerordentlich lehrreich und von systematischer Bedeutung für eine nicht religiös begründete Moral ist Tugendhats Versuch, die Geltung

29 *Vorlesungen über Ethik,* 122.

30 Cf. Wolfgang Kluxen, *Philosophische Ethik bei Thomas von Aquin.* Hamburg 1980. 226f.

31 *Briefe,* 221.

eines moralischen Ideals christlichen Ursprungs aus säkularer Perspektive zu erklären. Gemeint ist der Begriff der normativen Gleichheit aller Menschen, der aus dem Christentum stammt: »Aus christlicher Perspektive liebt Gott alle Menschen gleichermaßen. Daher wäre es verständlich, wenn es einen direkten Kausalzusammenhang gäbe, der von dieser Idee, daß Gott alle gleichermaßen liebt und daß daher auch der Christ alle gleichermaßen lieben soll, zu der modernen Idee führt, daß alle allen gegenüber die gleiche Achtung schulden.«[32] Er fragt nun, warum viele andere christliche Vorstellungen unglaubwürdig geworden sind, nicht aber die Idee der moralischen Gleichheit aller Menschen. Er antwortet, daß diese Idee in sich gültig sei und eben deshalb im Christentum eine eminente Bedeutung gewinnen konnte. Die Gültigkeit der Idee der Gleichheit versucht er nun dadurch zu erklären, daß er auf eine anthropologische Struktur verweist, auf die Situation der gemeinsamen Handlung von Personen. Hier ergibt sich die Alternative, daß ein Mensch die Macht hat, einseitig zu bestimmen, oder daß alle gleichermaßen an der Entscheidung beteiligt sind. In der zweiten Option, in der Symmetrie der Handlungsmöglichkeit, sieht er den Ursprung des Gleichheitsbegriffs. Er meint sogar, hier sei es möglich, von Gerechtigkeit rein deskriptiv zu sprechen, und aus dem Verständnis der geschilderten Situation ergebe sich dann eine präskriptive Deutung der Gerechtigkeit, nämlich die wechselseitige Forderung, gerecht zu handeln, und er folgert, »das Motiv zur Moral [liege] teilweise in der positiven Bewertung der Symmetrie«.[33]

Dazu wäre zu sagen, daß es sinnwidrig ist, von Gerechtigkeit als einem deskriptiven Prädikat zu sprechen. Das anthropologische Argument lautet: Die meisten Menschen ziehen symmetrische Handlungsbedingungen vor, weil diese ihrem Interesse entsprechen. Deshalb anerkennen sie die allgemeingültige moralische Norm der Gleichheit. Diese Folgerung ist aber wohl kaum schlüssig; der Übergang von der Tatsache, daß eine Neigung besteht, zu einer moralischen Norm ist wenig plausibel. Denn warum soll jemand die Gleichheitsnorm unbedingt, in allen Fällen, anerkennen, d.h. auch dann, wenn sie für ihn nachteilig ist? Möglich wäre auch eine andere Begründung: Wir haben ein Motiv, uns moralisch zu verhalten, weil wir die beschriebene Handlungssymmetrie in moralischer Hinsicht für gut halten. In dieser Interpretation ist aber das moralische Moment, das aus der Situationsbeschreibung abgeleitet werden sollte, schon vorausgesetzt. An anderer Stelle hatte

32 Der Ursprung der Gleichheit in Recht und Moral. *Anthropologie,* 140.
33 L.c. 147.

er richtig gesagt, daß jede Zurückführung moralischer Normen auf die Natur zirkulär sei, da die Natur in diesem Fall eine moralische Konnotation enthalte.[34] Aber ist eine anthropologische Struktur denn etwas anderes als eine natürliche Gegebenheit und gilt hier nicht das gleiche Gegenargument wie bei der Natur? Man wird wohl kaum sagen können, daß dieser Versuch, eine christliche Idee moralischer Art aus säkularer Perspektive als begründet zu erweisen, gelungen sei.

Damit soll selbstverständlich nicht bestritten werden, daß es höchst anerkennenswert ist, daß Tugendhat die moralische Idee der Gerechtigkeit, vor allem ihren sozialen Aspekt, in den Mittelpunkt seiner Ethik stellt und sie so stark wie möglich zu machen versucht. Ein weiterer Vorzug besteht darin, daß er die grundlegende Bedeutung des existenzphilosophischen Moments der Entscheidung in moralischen Dingen betont und zugleich erklärt, daß es durch kein Entscheidungsverfahren zu ersetzen sei. »In allen tiefen moralischen Fragen«, so meint er, gebe es »einen irreduziblen persönlichen Entscheidungsfaktor«.[35] Außerdem spricht für seine Ethik, daß er eine traurige, historisch vielfach bestätigte Erfahrung berücksichtigt, nämlich die Tatsache, daß es Menschen gibt, die keinen moralischen Sinn oder kein moralisches Bewußtsein haben und denen man mit Argumenten in dieser Hinsicht nicht beikommen kann. Damit hat er wenigstens einen Aspekt des unübersehbaren Phänomens der Bosheit berücksichtigt.

Er hat allen Grund, die moralische Situation heute als eine Lage zu beschreiben, die durch »Desorientierung« gekennzeichnet ist.[36] Er hält einen Appell an religiöse Instanzen heute für unglaubwürdig und wirkungslos. Insgesamt fällt sein Fazit, was die praktische Durchsetzung moralischen Verhaltens angeht, außerordentlich nüchtern und bescheiden aus: »Das einzige, wodurch sich vermeiden läßt, daß sich Verbrechen immer wieder ereignen, ist, daß möglichst viele Menschen an die Menschenrechte glauben bzw. sich moralisch verstehen«.[37]

IV. Zur Diskurstheorie der Ethik

Unsere moralischen Vorstellungen, Normen und Ideen sind größtenteils, wenn nicht zur Gänze, religiösen oder christlichen Ursprungs. In einer modernen Gesellschaft, die sich nicht mehr an der christlichen Welt-

34 *Vorlesungen über Ethik*, 71.
35 L.c. 332.
36 *Anthropologie*, 114.
37 L.c. 346.

anschauung orientiert, die vielmehr mit diversen, sich abgrenzenden Weltanschauungen rechnen muß, stellt sich die Aufgabe, diese Vorstellungen in eine säkulare Sprache zu übersetzen, um auf diese Art ihren Sinngehalt zu »retten«. Damit ist die Beziehung von traditioneller Ethik und moderner Gesellschaft aber noch nicht erschöpfend beschrieben. Die Sache hat noch einen aktuellen oder auf die Zukunft gerichteten Aspekt. Es könnte nämlich sein, daß im Verlauf der technisch-wissenschaftlichen Modernisierung moralische Probleme auftauchen, die sich nicht mit Hilfe der moralischen Bestände der säkularen Vernunft bewältigen lassen. In dieser Lage bleibt nichts anderes übrig, als auf die religiöse Tradition zurückzugreifen und zu versuchen, die ethischen Probleme mit Hilfe überkommener Grundsätze zu lösen, die in einer säkularen Sprache reformuliert werden müßten.

Von den vielen Fragen, die sich aus dieser heiklen Situation ergeben, seien nur die beiden wichtigsten genannt. Die erste Frage betrifft die Eigenart der rettenden Übersetzung.[38] Von den religiös geprägten moralischen Vorstellungen soll allein der moralische Gehalt übernommen werden, losgelöst von den religiösen oder metaphysischen Voraussetzungen. Auch sollen die in säkularer Sprache übersetzten propositionalen Gehalte den gleichen normativen Modus, den gleichen Charakter der unbedingten Verpflichtung, haben, wie dies bei religiös begründeten Geboten oder Verboten der Fall ist. Dies war das ethische Kernproblem Kants und dies ist das zentrale ethische Problem, von dem Jürgen Habermas behauptet, es in seiner Diskurstheorie der Moral gelöst zu haben. Dem steht die mehrfach erwähnte Auffassung Schopenhauers gegenüber, daß der Begriff einer unbedingten Verpflichtung ethischer Normen nur nach dem Muster und unter den theistischen Voraussetzungen des biblischen Dekalogs sinnvoll sei. Die zweite Frage betrifft die Begründung der richtigen Übersetzung der genannten Art. Die säkulare Vernunft ist ihrem Selbstverständnis nach religionskritisch eingestellt, muß aber zugeben, daß sie auf die religiöse Tradition angewiesen bleibt. Sie ist es aber, die letztlich beurteilt, was gut oder schlecht, moralisch geboten oder verboten ist, und sie lehnt alle religiösen oder metaphysischen Bedingungen ab. Warum soll sie dann überhaupt noch auf religiöse Sinnbestände existentieller Art angewiesen sein?

Das sind, in aller Kürze und in einfacher Sprache ausgedrückt, die ethische Auffassung von Habermas und die beiden wichtigsten Probleme, die sich aus seiner Konsenstheorie der Moral ergeben. Vorweg

38 Jürgen Habermas, Vorpolitische Grundlagen des demokratischen Rechtsstaates? In: *Zwischen Naturalismus und Religion*. Frankfurt 2005. 115.

läßt sich sagen, daß er nach meiner Meinung das erste Problem nicht überzeugend gelöst hat, während er zur zweiten Frage einige plausible Gründe vorgetragen hat; auch hat er überzeugende Beispiele angeführt, warum es klug ist, die Beziehung zur religiösen Tradition nicht ganz abzubrechen.

Was die zweite Frage angeht, so ist man nicht wenig überrascht, ihn von »entgleisender Modernisierung« oder von »entgleisender Säkularisierung« reden zu hören.[39] Denn das Urteil, daß die Modernisierung eine falsche Richtung nimmt, ist ein moralisches Urteil, und man fragt sich, an welchem Maßstab gemessen die Entwicklung moralisch verwerflich ist. An Normen der religiös-metaphysischen Tradition oder an Normen der Moderne? Und was wäre die richtige Richtung? Die Frage soll hier offen bleiben, da es zu weit führen würde, genau zu erklären und im einzelnen zu rekonstruieren, wie Habermas einerseits von normativen Gehalten der Moderne und andererseits von der moralischen Ambivalenz der Moderne sprechen kann. Soviel sei aber gesagt, daß diese verwirrende Vorstellung zweierlei verrät: die eigentümliche Vorentscheidung seines philosophischen Denkens, seine historistische Einstellung, und seine Neigung zu einer substantivistischen Redeweise. Prinzipiell ist es gleichgültig, ob die obersten Normen für die Zeit nach der Aufklärung charakteristisch sind; allein wichtig ist, ob die Normen überzeugend begründet sind, und wenn sie begründet sind, dann gelten sie für alle Zeiten. Daß man bei der Anwendung moralischer Prinzipien die Umstände des konkreten Falles zu berücksichtigen hat, gilt nicht nur für die gegenwärtige Situation, sondern auch für die moralische Beurteilung vergangener Ereignisse. Das ändert aber nichts an der Allgemeingültigkeit der obersten moralischen Prinzipien.

Wie dem aber sei, wenn er von der Fehlentwicklung in der Säkularisierung der Neuzeit spricht, hat er zwei Phänomene im Auge: die Dynamik der modernen kapitalistischen Konkurrenzgesellschaft, die den notwendigen solidarischen Zusammenhalt der Gesellschaft zu zerstören droht, und den Szientismus, den Wissenschaftsglauben, eine ihre rationalen, methodologischen Grenzen überschreitende Wissenschaftlichkeit, die weltanschaulichen Charakter annimmt und als Naturalismus mit religiös-metaphysischen Weltanschauungen auf einer Stufe steht; der Szientismus beansprucht, wie die Religion »letzte Fragen« des menschlichen Lebens beantworten zu können.

An einem speziellen Problem des Szientismus zeigt Habermas, warum es geraten ist, auf Ideen der christlichen Tradition zurückzugreifen, um

39 L.c. 106, 111.

eine moralische Sachlage richtig beurteilen zu können. Im Hinblick auf die Frage, inwieweit man bei der genetischen Manipulation des Menschen gehen dürfe, greift er auf die Idee der Gottesebenbildlichkeit des Menschen, der »Geschöpflichkeit des Ebenbildes« zurück. Damit ist der Gedanke verbunden, daß Gott dem Menschen die Freiheit gegeben und ihn damit zur Freiheit verpflichtet habe. Im Lichte dieser Idee stellt sich im Fall der genetischen Steuerung des menschlichen Erbgutes folgende Frage: »Müßte nicht der erste Mensch, der einen anderen Menschen nach eigenem Belieben in seinem natürlichen Sosein festlegt, auch jene gleichen Freiheiten zerstören, die unter Ebenbürtigen besteht, um deren Verschiedenheit zu sichern?«[40] Habermas greift auf die Idee, daß der Mensch nach dem Bilde Gottes geschaffen ist, zurück, um zu zeigen, daß der genetische Eingriff bei der Entstehung eines Menschen fundamentale Bedingungen der menschlichen Freiheit verletzt. Einmal angenommen, daß dem so ist – er zeigt nicht, daß jene religiös inspirierte Norm, das moralische Verbot, auch verbindlich ist, wenn man die religiösen Voraussetzungen nicht mehr akzeptieren kann.

Das ist die entscheidende Lücke seiner Argumentation und das ist das zentrale Problem seiner Ethik. Er hat es in dem Aufsatz »Richtigkeit versus Wahrheit: Zum Sinn der Sollgeltung moralischer Urteile und Normen« zu klären und zu lösen versucht.[41] Unter Richtigkeit versteht er immer normative Richtigkeit, die Geltung moralischer Urteile und Normen, während in der Umgangsprache und in der Philosophie »richtig« gewöhnlich als Synonym für »wahr« aufgefaßt wird, als ein Prädikat, das auf deskriptive Aussagen angewandt wird. Was er mit Unbedingtheit meint, erläutert er am Beispiel der Wahrheit deskriptiver Aussagen. Er sagt, der Diskursbegriff der Wahrheit habe eine ontologische Voraussetzung und darin bestehe das Moment der Unbedingtheit der Wahrheit. Das soll heißen, daß eine Aussage dann wahr ist, wenn der beschriebene Sachverhalt tatsächlich vorliegt. Gewöhnlich spricht man hier von objektiver Wahrheit oder von einem realistischen Wahrheitsbegriff, der von der Erkenntnis und der Zustimmung der Diskursteilnehmer unabhängig ist. Der Begriff der objektiven Wahrheit ist also unabhängig von einem Konsens. Habermas selbst spricht nicht von objektiver Wahrheit, sondern davon, daß der Wahrheitsbegriff eine ontologische »Konnotation« habe, während es heißen müßte, daß er eine ontologische Denotation habe oder daß das Wesen der Wahrheit in

40 J. Habermas, Glauben und Wissen. In: *Zeitdiagnosen*. Frankfurt 2003. 262.

41 *Wahrheit und Rechtfertigung*. Frankfurt 1999. 271-318.

seiner ontologischen Bedeutung bestehe. Zu Recht weist Habermas auf die Problematik des Korrespondenzbegriffs der Wahrheit hin, um dann aber unbekümmert vom »Weltbezug« der Wahrheit zu sprechen, was ja nichts anderes als Korrespondenz besagt. Dies sind zwei Beispiele für die terminologische Nonchalance, die für sein Denken charakteristisch ist und das Verständnis seiner Gedanken so schwierig macht.

Indem Habermas nun den objektiv zu verstehenden Wahrheitsbegriff als unerläßlich anerkennt, revidiert er seine frühere Konsenstheorie der Wahrheit in dem alles entscheidenden Punkt. Wenn er dennoch weiterhin von einem Diskursbegriff der Wahrheit spricht, hat das nichts mit dem wesentlichen Moment der objektiven Wahrheitstheorie zu tun, sondern betrifft die Art und Weise, wie die Wahrheit erkannt wird. Wenn er von der Unbedingtheit des Wahrheitsbegriffs spricht, meint er offensichtlich die Eigenheit der objektiven Wahrheit, daß sie unabhängig von den erkennenden Subjekten besteht. Objektivität wird hier also als Gegensatz zu Intersubjektivität verstanden, und unbedingt ist eine Wahrheit in dem Sinne, daß sie nicht von den erkennenden Subjekten abhängig ist.

Das Problem bei der unbedingten Geltung moralischer Normen besteht darin, daß man sich unter den säkularen Voraussetzungen, die weder religiös noch metaphysisch sein sollen, nicht mehr auf eine objektive Grundlage beziehen kann, sondern allein auf eine intersubjektiv erzielte Einigung. Habermas glaubt nun nachweisen zu können, daß in dem Verfahren, wie moralische Urteile und Normen begründet werden, ein Moment der Unbedingtheit gegeben sei, das nicht objektiv, sondern intersubjektiv zu verstehen ist. In dem ethischen Begründungsverfahren sei man gehalten, sich an dem Prinzip zu orientieren, daß »die Grenzen der sozialen Gemeinschaft und ihres Wertekonsenses« erweitert werden müßten. Dieses Prinzip der Verallgemeinerung sei in der Form des Begründungsverfahrens gegeben.

Der entscheidende Passus seiner Begründung lautet: »Wenn alle möglicherweise Betroffenen in praktischen Diskursen zu der Überzeugung gelangt sein sollten, daß in Ansehung einer regelungsbedürftigen Materie eine bestimmte Handlungsweise für alle Personen gleichermaßen gut ist, werden sie diese Praxis als verbindlich ansehen. Der diskursiv erzielte Konsens hat für die Beteiligten etwas vergleichsweise Definitives. Er stellt keine Tatsache fest, sondern ›begründet‹ eine Norm, die in nichts anderem ›bestehen‹ kann als darin, intersubjektive Anerkennung zu ›verdienen‹.« Und er wiederholt, »die Unbedingtheit moralischer Geltungsansprüche« sei »mit der Universalität eines herzustellenden Geltungsbereichs« zu erklären: »Nur die Urteile und Normen sind gültig, die von allen betroffenen Personen aus guten Gründen akzeptiert werden könnten.«[42]

Dazu wäre zu sagen, daß es durchaus plausibel ist, daß alle beteiligten Personen eine Verhaltensregel dann als verbindlich ansehen können, wenn die Regel allen fair und gerecht erscheint. Doch wäre dies nur eine Verbindlichkeit im Sinne eines vertragsähnlichen Übereinkommens. Habermas spricht denn auch hier einschränkend von einem Konsens, der »etwas vergleichsweise Definitives« habe. Wenig später läßt er aber diese Einschränkung beiseite und spricht *sans phrase* von Unbedingtheit. Tatsächlich hat er nur gezeigt, daß die fraglichen Normen und Urteile allgemein anerkannt werden könnten. Von unbedingter Geltung aber könnte man nur sprechen, wenn die moralischen Normen allgemein anerkannt werden müßten. Daß sie anerkennenswert sind, ist nur eine notwenige, keine hinreichende Bedingung für ihre unbedingte Geltung. Es ist nicht zu sehen, wie aus einer intersubjektiven Einigung oder einem intersubjektiv erzielten Einverständnis unbedingt geltende moralische Gebote abgeleitet werden könnten. Kantisch gesprochen, ist das moralische Gesetz nicht nur wert, daß es geachtet wird, es ist vielmehr geboten, daß es geachtet wird; mit ihm ist der Anspruch gegeben, daß es befolgt werden muß.

Dieser Einwand gilt auch dann, wenn man wie Habermas unterstellt, daß diese Einigung unter idealen Bedingungen zustande kommen soll. Er spricht von »normativ gehaltvollen Kommunikationsvoraussetzungen«. Er meint, wir könnten in ethischen Diskursen, wo es um die Begründung moralischer Normen geht, nicht umhin, diese idealen Bedingungen vorauszusetzen. In seinen früheren Arbeiten zum Thema sprach er gewöhnlich davon, daß man sich sonst in einen performativen Widerspruch verwickle. Hier erklärt er, daß man über die idealen Voraussetzungen, sobald man die ethische Begründung bespreche, nicht mehr disponieren könne. »Um uns der kategorischen Verbindlichkeit moralischer Gebote zu vergewissern« genüge es, »den ›weltlosen‹ Raum des Diskurses auszuschreiten, weil wir uns aus der Teilnehmerperspektive am Bezugspunkt einer inklusiven Gemeinschaft wohlgeordneter interpersonaler Beziehungen orientieren – an einem Bezugspunkt also, der uns, sobald wir in Argumentationen eintreten, nicht mehr zur Disposition steht.«[43]

Als Kommentar kann man an den Einwand von Ernst Tugendhat erinnern, der gezeigt hat, daß es nicht sinnvoll ist, in dem angenomme-

42 *Wahrheit und Rechtfertigung,* 297, 301.
43 L.c. 312.

nen Fall des ethischen Diskurses von einem performativen Widerspruch zu reden.[44] Außerdem gilt ein Einwand Tugendhats auch für die oben zitierte Beschreibung des ethischen Diskursverfahrens. Unter den idealen Kommunikationsvoraussetzungen wird die Bedingung genannt, daß eine Handlungsweise für alle Personen »gleichermaßen gut« ist. Damit ist aber nichts anderes als das Universalisierungsprinzip gemeint – was begründet werden sollte, wird schon vorausgesetzt: »Die Regeln, die die ideale Sprechsituation definieren, gründen selbst schon auf dem Universalisierungsprinzip und können es folglich nicht ihrerseits begründen.«[45]

Dagegen stellt Habermas zu Recht fest, daß wir die Idee der unbedingt geltenden moralischen Verpflichtung aus der religiösen, biblischen Tradition kennen. Er sieht in dieser Beziehung aber mehr als nur eine problemgeschichtliche Reminiszenz. Er hebt vielmehr hervor, daß dieses Moment der Tradition das einzige Modell ist, das uns zur Verfügung steht, wenn wir den normativen Modus moralischer Normen in eine säkulare Sprache ohne Sinnverlust übersetzen wollen. Es geht ihm also nicht nur um eine Übersetzung der propositionalen Gehalte traditioneller Vorstellungen moralischer Art, vielmehr versucht er darüber hinaus – und dies ist der Punkt aller Punkte – die Idee der unbedingten Geltung, die religiösen Ursprungs ist, in säkularer Sprache neu zu formulieren. Dieser Ursprung muß aber bekannt sein: »Ohne Rekurs auf ihre vorgängige Bekanntschaft mit intakten, von ›starken‹ Traditionen getragenen Anerkennungsverhältnissen der moralischen Gemeinschaft, der sie unter vormodernen Lebensbedingungen angehört haben, könnten die Beteiligten nicht einmal den Vorsatz fassen, eine posttraditionale Moral allein aus den Quellen kommunikativer Vernunft zu rekonstruieren.« Fragwürdig ist aber dann seine Folgerung, die den Kern seiner Argumentation zusammenfaßt, daß »der deontologische Geltungsinn« der Normen im idealen Diskurs sich »als die posttraditonale Gerechtigkeitsidee gleichmäßiger Interessenberücksichtigung« enthülle.[46] Das soll wohl heißen: Wenn die Diskursteilnehmer sich daraufhin verständigt haben, daß eine Norm gerecht und universell ist, insofern sie alle Interessen berücksichtigt, dann sind alle Diskursteilnehmer verpflichtet, die Norm einzuhalten – die Verpflichtung soll sich, wie wir schon wissen,

44 Tugendhat, *Vorlesungen über Ethik,* 166f.

45 E. Tugendhat, Sprache und Ethik. In: *Philosophische Aufsätze.* Frankfurt 1992. 300; cf. *Vorlesungen,* 169.

46 Zur Architektonik der Diskursdifferenzierung. In: *Zwischen Naturalismus und Religion,* 95.

aus dem Verfahren der Einigung herleiten. Geklärt wird in dem Verfahren bestenfalls aber nur, daß eine Norm gerecht und universell ist, keineswegs aber, warum man unbedingt verpflichtet ist, eine derartige Norm einzuhalten.

Nun gibt es eine grundsätzliche Frage, die jeder ethischen Diskussion, wie eine Moral zu begründen sei, vorausgeht. Die Frage lautet, warum wir uns überhaupt moralisch verhalten sollen. Der in der gesellschaftlichen Realität gar nicht so seltene Fall, daß jemand kein moralisches Sensorium, keinerlei Unrechtsbewußtsein hat, wird in seiner Diskurstheorie nicht gebührend berücksichtigt. Gemeint ist der Fall eines Menschen, der blind und taub ist für den moralischen Aspekt unseres Verhaltens. Aufschlußreich ist hier, was Kant zu diesem Problem verlauten läßt. Er setzt schlicht voraus, daß jeder Mensch eine moralische Gesinnung oder doch ein »natürliches Interesse an der Moralität« habe. Diese Annahme macht er auch in seinem Konzept des aufgeklärten Vernunftglaubens. In dem für ihn unwahrscheinlichen Beispiel eines Menschen, der keine moralische Gesinnung hat, bleibt ihm nichts anderes übrig, als auf ein bekanntes Argument der christlichen Religion zurückzugreifen. Er behauptet, daß kein Mensch in moralischen Fragen »frei von allem Interesse« sei. »Denn, ob er gleich von dem moralischen, durch den Mangel guter Gesinnungen, getrennt sein möchte: so bleibt doch auch in diesem Falle genug übrig, um zu machen, daß er ein göttliches Dasein und eine Zukunft fürchte.«[47] Kant meint also, ein amoralischer Mensch könne von unrechten Handlungen dadurch abgehalten werden, daß man ihm mit einer möglichen Strafe im Jenseits droht. Ein äußerst schwaches Argument, das aber ein weiteres Mal belegt, wie stark Kants Ethik von christlichen Vorstellungen geprägt ist.

Eine ähnliche Verlegenheit zeigt sich bei Habermas. Was er zu dem Problem schreibt, ist höchst verblüffend, kann aber kaum überzeugen: »Tatsächlich kann eine nachmetaphysisch denkende Philosophie die Frage, [...] – warum überhaupt moralisch sein? -, nicht beantworten. Zugleich kann sie aber zeigen, warum sich diese Frage für kommunikativ vergesellschaftete Individuen gar nicht sinnvoll stellt. Im Elternhaus erwerben wir unsere moralischen Intuitionen, nicht in der Schule. Und moralische Einsichten sagen uns, daß wir keine guten Gründe haben, uns anders zu verhalten.« Und voraussetzend, was er hätte begründen sollen, schließt er: »Moralische Überzeugungen lassen sich nicht widerstandslos übergehen.«[48]

47 *Kritik der reinen Vernunft* A 830.

48 Exkurs: Transzendenz von innen, Transzendenz ins Diesseits. In: *Texte und Kontexte*. Frankfurt 1991. 144.

In diesem Argument wird nicht berücksichtigt, daß ein Heranwachsender, wenn er mündig wird, sich von seinen kindlichen Überzeugungen kritisch distanziert; so wie er seine naiven Religionsvorstellungen und seine Autoritätsgläubigkeit aufgibt, so kann er auch die ihm anerzogenen Moralvorstellungen ablegen. Und welcher Art sind denn die »moralischen Intuitionen«, die wir als Kinder erwerben? Offensichtlich denkt Habermas an die traditionellen christlichen Vorstellungen, die lange Zeit im wesentlichen als gültige Normen anerkannt wurden. Aber ist dies auch heute noch durchgängig der Fall? Welche moralischen Intuitionen besitzen denn die Eltern heute, die sich meist vom Christentum entfernt haben? Die Erfahrung der Jugendkriminalität und der zunehmenden Gewalt gegen Kinder bestätigt doch, daß wir uns nicht nur in der theoretischen Diskussion moralischer Fragen, sondern auch in der alltäglichen Praxis in einem Zustand der »Desorientierung« (Tugendhat) befinden. Und dies zeigt, wie dringend die theoretische Klärung ethischer Probleme ist.

Andernorts hat Habermas seinen Einwand gegen eine radikale moralische Skepsis präzisiert und verstärkt. In Analogie zur erkenntnistheoretischen Skepsis behauptet er, daß die moralische Skepsis nur in der philosophischen Reflexion über moralische Probleme möglich sei, nicht aber in der alltäglichen Praxis: »Sie würde das Selbstverständnis kommunikativ handelnder Subjekte zerstören.« Dafür bringt er ein Argument vor, das der Realität nicht gerecht wird und weitaus mehr behauptet, als es begründen kann: »Weil vergesellschaftete Individuen im täglichen Umgang miteinander ebenso auf ein naiv für gültig gehaltenes ›Wissen‹ von Werten angewiesen sind wie kooperativ handelnde Subjekte auf Tatsachenwissen im Umgang mit der Realität, sind sie gehalten, den moralischen Kerngehalt des entglittenen Traditionswissens aus eigener Kraft und Einsicht zu rekonstruieren. Sobald sie aber ohne weltanschauliche Rückendeckung ein universell verbindliches System von Regeln auszeichnen wollen, das aus intrinsischen Gründen verbindlich ist und eine sanktionsbewehrte Durchsetzung erübrigt, bietet sich ihnen nur der Weg zum diskursiv herbeigeführten Einverständnis.«[49]

Man sieht sofort, daß Habermas die ethische Situation wiederum idealisierend beschreibt und voraussetzt, was erst zu begründen wäre. Er setzt voraus, daß die Personen im Sinne der universalistischen Diskursethik kommunikativ handeln. Aber auch der Skeptiker, der die moralischen Konventionen einhält, solange er mit gesellschaftlichen Sanktionen rechnen muß, handelt kommunikativ, ohne daß sein Selbst-

49 *Wahrheit und Rechtfertigung*, 317.

verständnis zerstört würde – was wohl heißen soll, daß sonst eine Art Selbstwiderspruch eintreten würde. Ein Selbstwiderspruch kann im angenommenen Fall aber nur eintreten, wenn die Person das Programm einer Moral mit einer unbedingten universellen Geltung schon anerkannt hat. Die moralisch handelnde Person muß sich entschieden haben, moralisch im vorausgesetzten Sinn zu handeln. Sie muß eingesehen und akzeptiert haben, daß eine streng verbindliche und universelle Moral säkularen Zuschnitts überhaupt nötig ist. Die Kenntnis von Werten, die in der Praxis naiv unterstellt wird, bedeutet nicht mehr als die Kenntnis von moralischen Konventionen. Welche Werte und Verhaltensnormen gelten aber wirklich in unserer Konkurrenzgesellschaft? De facto sind es in allen gesellschaftlichen Bereichen und selbst in privaten Beziehungen überwiegend doch Normen, die sich aus dem Recht des Stärkeren herleiten. Wie man seit Thomas S. Kuhn weiß, gilt dies selbst für den Wissenschaftsbetrieb und die Durchsetzung wissenschaftlicher Theorien. Gewiß wäre es wünschenswert, daß ein Moralsystem zur Geltung käme, das auf einem gerecht und fair begründeten Einverständnis beruhte – zwingend ist dieses Postulat aber keineswegs. Die Argumentation von Habermas leidet hier sichtlich darunter, daß seine Konsenstheorie der Moral das Moment der Entscheidung, die der moralischen Einstellung prinzipiell vorausgeht, nicht gebührend beachtet.

Anerkennen muß man allerdings, daß er wenigstens beschrieben hat, wie ein ideales Moralsystem aussehen müßte: Es müßte aus Gründen der Einsicht in die Vorzüglichkeit der Normen verbindlich sein und nicht oder nicht nur aus Gründen einer möglichen Sanktion. Außerdem hat er die Grenzen seiner Konzeption klar erkannt. Was die rettende Übersetzung religiöser Moralvorstellungen angeht, so hat er eingeräumt, daß es vom Standpunkt einer säkularen Vernunft bisher nicht möglich war, dem Phänomen des Bösen gerecht zu werden. Er sieht durchaus, daß es Phänomene des radikal Bösen gibt, die man nicht weginterpretieren kann, gesteht aber, daß es nicht gelungen ist, in einer nichtreligiösen Sprache überzeugend zu reformulieren, worin das Böse besteht.[50]

Wie man weiß, hat die Diskursethik bei vielen Philosophen und Intellektuellen Anklang gefunden als überzeugender Gegenentwurf zu utilitaristischen und vertragsähnlichen Theorien der Ethik. Dieser Zuspruch dürfte sich wohl dem Programm einer rettenden Säkularisierung traditioneller Vorstellungen verdanken, besonders dem Umstand, daß Habermas moralischen Ideen, die wir als gerecht empfinden, einen profanen Ausdruck verleiht. Darüber sollte man aber nicht vergessen,

50 Glauben und Wissen. In: *Zeitdiagnosen* 2003, 258.

daß es auch eine profane Erbschaft christlicher Vorstellungen gibt, die alles andere als gerecht ist. Ein drastisches Beispiel, das bis heute aktuell ist, findet sich bei Max Weber: »Schon Calvin hatte den oft zitierten Ausspruch getan, daß nur, wenn das ›Volk‹, d. h. die Masse der Arbeiter und Handwerker, arm erhalten werde, es Gott gehorsam bleibe. Die Niederländer [...] hatten dies dahin ›säkularisiert‹: daß die Masse der Menschen nur arbeite, wenn die Not sie dazu treibe, und diese Formulierung eines Leitmotivs kapitalistischer Wirtschaft mündete dann weiterhin in den Strom der Theorie von der ›Produktivität‹ niederer Löhne.«[51]

Schließlich noch ein Wort zu Heideggers Versuchen, religiöse Ideen auf seine Art umzudeuten, zu Versuchen, denen Habermas nichts Gutes abgewinnen kann. Er wendet sich gegen Heideggers Kritik der Moderne als einer Verfallsgeschichte, die auch die Religion und die Metaphysik betrifft; er übergeht aber den heikelsten Punkt der These Heideggers, ihren historizistischen Charakter. Auch scheint er in einer Hinsicht Heideggers Intention nicht angemessen berücksichtigt zu haben. In *Sein und Zeit* bestand seine unverächtliche Leistung unter anderem darin, daß Heidegger die welterschließende Kraft von Stimmung und Befindlichkeit erkannt und überzeugend expliziert hat. In ähnlicher Weise untersucht er im Spätwerk, was bekannte religiös geprägte Einstellungen wie Andenken und Gelassenheit von sich aus besagen können, wenn das überlieferte Ziel, auf das sie ausgerichtet sind, nicht mehr glaubwürdig ist. Meines Erachtens kann man diese Frage auch dann vernünftig diskutieren, wenn man Heideggers Konstruktion einer historizistischen Seinsgeschichte ablehnt.

Heideggers Überlegungen mögen Spekulation sein, »neuheidnische Spekulation«, wie Habermas annimmt,[52] sind sie wohl kaum. Wenn man erfährt, daß Heidegger sich wiederholt in das Kloster Beuron zurückgezogen hat, um philosophisch zu arbeiten, und wenn man liest, was er über die Wirkung der Liturgie schreibt,[53] fragt man sich, ob er nicht eher zu den nostalgischen Kritikern des Christentums gehört, von denen in dem vorhergehenden Aufsatz die Rede war. Wenn man den Begriff Kracauers übernimmt, so kann man sagen, daß Heidegger in religiöser Hinsicht sich fraglos als ein Wartender verstanden hat, oder

51 Asketischer Protestantismus und kapitalistischer Geist. In: M. Weber, *Soziologie, Universalgeschichtliche Analysen, Politik*. Stuttgart 1973. 376.

52 Die Grenze zwischen Glauben und Wissen. In: *Zwischen Naturalismus und Religion* 256.

53 Gertrud Heidegger (Hg.), *»Mein liebes Seelchen«. Briefe Martin Heideggers an seine Frau Elfride. 1915–1970*. München 2007, 270f.

in den Worten Safranskis ausgedrückt: »Wie kein anderer hat er in einer nichtreligiösen Zeit den Horizont für religiöse Erfahrung offen gehalten.«[54]

Die Diskurstheorie der Moral von Habermas ist der Versuch, die Qualität der unbedingten Verpflichtung der moralischen Regeln in Analogie zur christlichen Moral zu begründen, ohne auf eine transzendente Grundlage zurückzugreifen. Ich kann nicht sehen, daß dieser Versuch gelungen wäre. Um Nietzsche zu zitieren, der das Problem nach Schopenhauer in unüberbietbarer Schärfe beschrieben hat: »Wenn man den christlichen Glauben aufgibt, zieht man sich damit das Recht zur christlichen Moral unter den Füßen weg. [...] Das Christentum ist ein System, eine zusammengedachte und ganze Ansicht der Dinge. Bricht man aus ihm einen Hauptbegriff, den Glauben an Gott, heraus, so zerbricht man damit das Ganze: man hat nichts Notwendiges mehr zwischen den Fingern. [...] Die christliche Moral ist ein Befehl; ihr Ursprung ist transzendent; sie ist jenseits aller Kritik, alles Rechts auf Kritik; sie hat nur Wahrheit, falls Gott die Wahrheit ist – sie steht und fällt mit dem Glauben an Gott.«[55]

Nietzsche bezieht sich hier offensichtlich auf die bekannte These, daß etwas gut sei, weil Gott es will. Er berücksichtigt nicht die andere These, wonach Gott das will, was gut ist. Dieser Gedanke besagt, daß man im Licht der natürlichen Vernunft erkennen kann, was gut ist. Doch ist damit noch nicht erklärt, warum man tun soll, was gut ist. In diesem Punkt der Verpflichtung greift zum Teil dann wieder das von Nietzsche wiedergegebene Argument, das er bei Schopenhauer gefunden und das dann auch Horkheimer übernommen hat: In letzter Instanz leitet sich das Moment der strengen moralischen Verpflichtung von der göttlichen Autorität her – die anzuerkennen oder abzulehnen eine Sache der freien Entscheidung ist.

V. Fazit

Das kurze Fazit dieser Diskussionen lautet also, daß eine säkulare Ethik offensichtlich ein wichtiges Problem nicht lösen kann, das Problem der moralischen Verpflichtung. Auf der Grundlage der besprochenen Konzepte säkularen Zuschnitts kann man in dieser Hinsicht allenfalls eine

54 Rüdiger Safranski, *Ein Meister aus Deutschland. Heidegger und seine Zeit*. Frankfurt 2009. 14.

55 *Götzendämmerung. Werke* 2, 993. München 1966.

Art freiwillige Selbstverpflichtung begründen. Tugendhats Entwurf hat immerhin den Vorteil, daß er sich der begrenzten Chancen bewußt ist, wie sich moralische Normen auf einer säkularen Grundlage begründen lassen, wenn man die Begründungen der traditionellen religiös-autoritativen Moralkonzepte ablehnt. Es liegt auf der Hand, daß religiös begründete ethische Systeme in dieser Hinsicht weitaus leistungsfähiger sind. Freilich ist die Beweislast, die sie zu tragen haben, auch weitaus schwerer. Sie sollten erklären können, daß ihr Standpunkt sich in irgendeiner Weise vernünftig rechtfertigen läßt, zumindest in dem Sinn, daß es nach Maßgabe des gemeinen Menschenverstandes nicht unvernünftig sei, im religiösen Sinne zu glauben.

Dieses dornige Problem werde ich hier nicht behandeln. Ich möchte nur auf zwei Aspekte aufmerksam machen, die für eine philosophische Religionskritik wesentlich sind. Der erste Aspekt sollte sich von selbst verstehen, der zweite Aspekt wird in philosophischen Diskussionen über Wissen und Glauben dagegen selten beachtet.

Bei dem ersten Gesichtspunkt geht es um die intellektuelle Redlichkeit. Was damit gemeint ist, hat niemand besser auf den Punkt gebracht als Theodor Haecker, wenn er schreibt: »Nach meiner Meinung spricht es für einen Menschen, der den Glauben nicht hat – es ehrt ihn, meine ich, seinen Verstand und sein Herz, daß er von einem ewigen Leben einfach nichts wissen will. Wer dennoch davon redet, ist, so meine ich, nichts als ein gedankenloser, hohler Schwätzer.«[56]

Der zweite Punkt betrifft die sogenannten Gottesbeweise. Wären diese Beweise so streng und zwingend wie die fundamentalen logischen oder mathematischen Beweise, dann hätten wir nicht die Möglichkeit, eine gegenteilige Position einzunehmen. Das heißt aber nichts anderes, als daß wir dann in einer wichtigen menschlichen Frage uns nicht mehr frei entscheiden könnten. Es wäre uns in dieser Hinsicht die Wahlfreiheit genommen.[57]

Hier wäre auch daran zu erinnern, daß der gleiche Gedanke in grundsätzlicher Form bei Popper auftaucht, der ebenfalls darauf verweist, daß »außerhalb der Mathematik unsere Argumentierung *niemals* lückenlos« sei: »Wir müssen immer die Gründe abwägen; wir müssen immer entscheiden, welche Gründe mehr Gewicht haben: die Gründe, die für eine Ansicht sprechen, oder die, die gegen sie sprechen. So enthalten Wahrheitssuche und die Meinungsbildung immer ein Element der frei-

56 *Tag- und Nachtbücher*. München 1959. 184.

57 Th. Haecker, *Satire und Polemik. Der Geist des Menschen und die Wahrheit*. München 1961. 423 f.

en Entscheidung. Und es ist die freie Entscheidung, die eine Meinung menschlich wertvoll macht.«[58]

58 Woran glaubt der Westen? In: *Auf der Suche nach einer besseren Welt.* München 1995. 234f.

Ethnologische Fragen in philosophischer Sicht

Die Wahrheit läßt sich nicht im Monolog ermitteln.
A. DÖBLIN

Am 20. August 1951 notierte der Religionshistoriker Mircea Eliade in seinem Tagebuch: »Die Reaktionen eines Philosophen, eines Literaturkritikers oder Psychologen auf meine Artikel ›Die Symbolik der Knoten‹ oder ›Zeit und Ewigkeit im indischen Denken‹ interessiert mich mehr als die Kommentare meiner Kollegen Indienkundler oder Religionshistoriker.«[1] Ähnliche Aufzeichnungen ziehen sich wie ein roter Faden durch das Journal, in dem Eliade sich Rechenschaft gibt über die innerste Absicht seiner gelehrten Tätigkeit. Er ist sichtlich gerührt, als ihm der renommierte Kenner der klassischen Philosophie Étienne Gilson bescheinigt, Eliade habe »einen neuen Blick auf die Urgeschichte der Metaphysik vor der Zeit vor Platon, Plotin und beim Heiligen Augustinus eröffnet, die bis dahin unbekannt war« (l.c. 124). Nach einem Vortrag achtet er nicht auf den Beifall des großen Publikums, er möchte nur wissen, ob er auch bei den anwesenden Philosophen Anklang gefunden hat (l.c. 282).

Eliade bekräftigt oft genug, daß er mit seinem Forschungen am konkreten Material der Philologie, der Geschichte und Folklore eine genuin philosophische Intention verfolgt: »Ich hatte immer als Endziel im Auge, aus dem untersuchten Stoff den geistigen Sinn herauszuholen« (l.c. 113). Ihm geht es darum, in den Kulten und Symbolen archaischer Religionen die Kosmologie und Metaphysik zu rekonstruieren, die diesen Vorstellungen zugrunde liegt. Und er schreibt als Kulturphilosoph der Moderne, wenn er feststellt, der moderne Mensch habe »die Welt jedes übernatürlichen Sinnes [entleert], um sich die Möglichkeit zu verschaffen, sie ›objektiv zu erkennen‹, sie zu beherrschen« (l.c. 183).

Erwähnt sei noch ein Punkt, der ebenfalls nicht nur von fachspezifischem Interesse ist, seine Kritik an einzelnen Theorien der Psychoanalyse Freuds. Er hat nachgewiesen, daß Freud den Mythos vom ermordeten Vater, den er in *Totem und Tabu* beschreibt, anscheinend selbst erfunden hat: »Niemand wäre imstande, in den primitiven Religionen oder Mythologien auch nur einen Fall eines ermordeten Vaters zu entdek-

1 M. Eliade, *Im Mittelpunkt. Bruchstücke eines Tagebuches*. Dt. B.A. Egger. Wien 1977. 89.

ken« (l.c. 220). Die Geltung der psychoanalytischen Symbolik widerlegt er mit einer Anekdote, die überzeugender ist als jedes Argument. Sie handelt von einem Vorfall in Uganda, wo eine anglikanische Gemeinde eine Kirche bauen wollte, in der in Anlehnung an den lokalen Kult ein »heiliger Baum« stehen sollte. Diesem Vorhaben widersetzte sich der weiße Bischof mit dem freudschen Argument, der Baum sei ein »Phallussymbol«. Darauf entgegnete ein einheimischer Priester: »Verzeihung, Monsignore, aber Professor Eliade hat dargelegt, daß der Baum ein Symbol für die *axis mundi* ist«. Der Bischof war einsichtig genug, dem Vorhaben zuzustimmen (l.c. 260). Der Einwand gegen Freud enthält das rationale Argument, daß es unzulässig ist, die Sexualsymbolik, die in wenigen Einzelfällen sinnvoll sein mag, ohne nähere Begründung zu verallgemeinern. Wenn dies geschieht, wird die Symbolik trivial und nichtssagend.

Schaut man sich nun aber Eliades eigene Interpretationen kultureller Phänomene der modernen Lebenswelt an, so muß man feststellen, daß er gelegentlich den gleichen Fehler begeht. So neigt er zum Beispiel dazu, alle möglichen Formen des Erlebens als spezifisch religiöses Erleben aufzufassen, ohne daß er diese Deutung begründen könnte. Sein bevorzugtes Modell ist die Initiation, die er in vielen Erlebnisweisen entdeckt, wo ein unbefangener Blick nichts dergleichen feststellen kann. Und Eliade verwendet das Wort keineswegs als Metapher, was immerhin zulässig und unproblematisch wäre. So verwenden wir etwa das Wort ›Taufe‹ oft rein metaphorisch, ohne damit einen religiösen Sinn zu verbinden. Eliade spricht aber von Initiation im ursprünglichen Sinn als der rituellen Einführung in eine neue Lebensphase, so wie der Brauch in traditionalen Stammesgesellschaften geregelt ist, und er wendet den Begriff auf Erscheinungen der modernen Welt an, die mit dem kulturellen Ursprung des Wortes nichts zu tun haben.

Eliade kritisierte die Psychoanalyse Freuds, er selbst stand dem Denken C.G. Jungs nahe und hatte keine Bedenken, seine religionsphänomenologische Deutung der neuzeitlichen, säkularisierten Existenzweise mit einem Argument zu begründen, das dem Arsenal der Tiefenpsychologie entnommen ist. Es ist von der Art, daß man mit ihm buchstäblich alles begründen kann. Das heißt aber, daß man es nicht widerlegen kann – es ist insofern unwissenschaftlich. Er schreibt nämlich: »Das religiöse Leben des modernen Menschen, sagte ich, sei heute ›unbewußt‹. Nur das Unterbewußtsein ist noch ›religiös‹ geblieben.« (l.c. 234) Das widerspricht aber offensichtlich der üblichen Auffassung, wonach es zum Begriff der religiösen Einstellung gehört, daß sie bewußt ist und gewöhnlich auf eine freie Entscheidung zurückgeht.

Ich will hier Eliades Religionsbegriff nicht weiter diskutieren, sondern nur noch hinzufügen, daß sein Freund E.M. Cioran den stärksten Einwand gegen die von ihm betriebene Religionswissenschaft vorgebracht hat. Cioran bezeichnet Eliades Position als »Alexandrinismus, der wie der frühere alle Glaubenssysteme auf ein und derselben Ebene ansiedelt, ohne einem bestimmten beizupflichten«. Er wirft Eliade nichts anderes vor, als daß er es unterläßt, die Frage nach der Wahrheit der einzelnen Religionen zu stellen.[2] Cioran argumentiert an dieser Stelle von einem religiösen Standpunkt aus, doch läßt sich sein Einwand auch als ein genuin philosophisches Argument verstehen. Wenn dem aber so ist, wie kann dann ein Religionshistoriker mit seiner Forschung einen philosophischen Anspruch verbinden, wenn er es unterläßt, im Hinblick auf seine Forschungsgegenstände die Kernfrage der Philosophie zu stellen?

Was die philosophische Intention der Ethnologie angeht, so sei noch eine weitere Koryphäe des Fachs erwähnt: Bronislaw Malinowski. Nicht ganz so entschieden wie Eliade, aber doch deutlich genug spricht auch er von den philosophischen Ambitionen, die er mit seiner ethnographischen Forschung verbindet. Wenn er die Sprache als »objektives Produkt« oder soziale Institution bezeichnet, wenn er eine Religionstheorie entwirft oder das Programm eines »Neuen Humanismus« skizziert, hat er ein Ziel im Auge, das man nur philosophisch nennen kann.[3] Einmal gesteht er geradezu, daß es sein Wunsch sei, »philosophische Gedanken auszuspinnen« (l.c. 249). Daß der Philosoph und Ethnologe Lucien Lévy-Bruhl bei seiner Erforschung der Mentalität der seinerzeit sogenannten Primitiven eine genuin philosophische Fragestellung im Auge hat, ist offensichtlich; darauf werde ich zurückkommen.

Die fachspezifischen Theorien Eliades und Malinowskis möchte ich hier nicht weiter verfolgen. Vielmehr will ich ihren zentralen Gedanken aufgreifen, daß die soziale oder kulturelle Anthropologie, wie im anglophonen Bereich die Ethnologie genannt wird, den Anspruch erhebt, Einsichten in die conditio humana gewonnen zu haben, an denen die Philosophie nicht vorbeigehen kann. Eine gewisse Bestätigung findet dieser Anspruch in der keineswegs selbstverständlichen Tatsache, daß bedeutende Philosophen des 20. Jahrhunderts sich veranlaßt sahen, sich mit Problemen, Theorien und Forschungsergebnissen der Ethnologie ihrer Zeit auseinanderzusetzen. Das hatte sowohl externe als auch philosophie-immanente Gründe. Es gab ethnologische Theorien, die

2 E.M. Cioran, Mircea Eliade. In: *Widersprüchliche Konturen*. Dt. V. von der Heyden-Rynsch. Frankfurt 1986. 41.

3 Bronislaw Malinowski, *Ein Tagebuch im strikten Sinn des Wortes. Neuginea 1914–1918*. Dt. N.T. Lindquist. Frankfurt 1986. 146, 249, 224.

einen allgemeinen Wahrheitsanspruch erhoben und in Widerspruch zu anerkannten philosophischen Überzeugungen gerieten: so die These von einer prälogischen Mentalität oder die These vom sprachlichen Relativismus. Was die immanenten Gründe angeht, so sahen sich einige Strömungen der Gegenwartsphilosophie aufgrund ihres Selbstverständnisses gezwungen, sich von der Ethnologie und den von ihr bevorzugten Methoden abzugrenzen.

Im folgenden werde ich einige Fragen der Methode oder der Abgrenzung zwischen Philosophie und Ethnologie besprechen (I). Dann werde ich einige ethnologische Lehren diskutieren, die in der Philosophie berechtigten Anstoß erregt haben (II).

I. Fragen der Methode

Philosophische Anthropologie vs. soziale Anthropologie

Bekanntlich kommen die meisten Philosophen in Verlegenheit, wenn sie die einfache Frage beantworten sollen, was Philosophie ist. Man erhält verschiedene Antworten, die sich keineswegs immer auf einen gemeinsamen Nenner bringen lassen. Es hat sich nun eingebürgert, eine Fragestellung Kants als Ausgangspunkt zu nehmen, von dem aus man die unterschiedlichen philosophischen Auffassungen beschreiben kann. Kant betrachtet die folgenden Probleme als die Grundfragen der Philosophie: »Alles Interesse meiner Vernunft (das spekulative sowohl, als das praktische) vereinigt sich in den folgenden drei Fragen: 1. Was kann ich wissen? 2. Was soll ich tun? 3. Was darf ich hoffen?«[4] Dem hat er später als vierte Frage hinzugefügt: »Was ist der Mensch?«[5]

Auf diese Fragen greift auch Ernst Tugendhat, der namhafteste Vertreter der sprachanalytischen Philosophie in Deutschland, zurück, um zu erklären, was er unter Anthropologie versteht und warum es gerechtfertigt ist, die Anthropologie als *philosophia prima* zu betrachten, auf die alle anderen philosophischen Disziplinen bezogen sind. Er schreibt der Anthropologie diesen Status zu, weil ihre wesentliche Frage die Grundlage allen Philosophierens ist. Sie fragt danach, »wie man sich selbst und seine Welt versteht«.[6] Man kann hinzufügen, daß

4 Immanuel Kant, *Kritik der reinen Vernunft* A 804f.

5 I. Kant, *Vorlesungen über die Logik*. Hg. G.B. Jäsche. A 25. Zitiert bei Ekkehard Martens, Herbert Schnädelbach, *Philosophie. Ein Grundkurs*. Reinbek 1989. 23.

6 E. Tugendhat, *Anthropologie statt Metaphysik*. München 2007. 36.

Philosophieren nicht nur eine Angelegenheit des akademischen Fachs ist, das diesen Namen trägt, sondern eine Einstellung jedes Menschen, der über den Sinn des Lebens, über Leben und Tod nachdenkt. Und man sieht, daß auch Kant mit der Formulierung seiner Fragen diese Tatsache berücksichtigt hat. Deshalb kann auch Karl Popper, der einflußreiche Begründer der modernen Wissenschaftstheorie, mit Recht sagen, daß alle Menschen Philosophen seien.[7]

Tugendhat orientiert sich an Kants Problemstellung, weil die ersten drei Fragen, die Frage der Erkenntnistheorie, die Frage der Ethik und der übrigen normativen Disziplinen und die Frage der Religionsphilosophie, alle auf das Problem der Anthropologie verweisen: Was ist der Mensch? Nun macht er sich den Umstand zunutze, daß die ersten drei Fragen in subjektiver Form, in der 1. Person, formuliert sind, die letzte Frage aber in objektiver Form gestellt wird. Die subjektive Formulierung zeigt an, daß für die Anthropologie der reflexive Aspekt wesentlich ist. Um dieses Moment zu betonen, formuliert er auch die vierte Frage in subjektiver Weise und er wählt dafür die 1. Person Plural, um das Mißverständnis zu vermeiden, es gehe hier um autobiographische Probleme, wie sie etwa bei einer psychoanalytischen Behandlung zur Debatte stehen. Die Grundfrage lautet dann: »Wie verstehen wir uns als Menschen?« (l.c. 37) In dieser allgemeinen Formulierung wird der universale Aspekt der Anthropologie angezeigt. Um diesen Gedanken zu erläutern, sei hinzugefügt, daß die philosophische Anthropologie sich nicht mit unserem Selbstverständnis als Deutsche oder Chinesen, als Christen oder Heiden, als Männer oder Frauen, als Rundköpfe oder Spitzköpfe, als tagaktiv oder als nachtaktiv beschäftigt, sondern mit unserem Selbstverständnis als Menschen.

Des weiteren wäre zu beachten, daß Tugendhat auch deshalb auf Kants Fragestellung zurückkommt, weil sie eine Dynamik enthält, die von der subjektiven Perspektive zu einem objektiven Standpunkt führt. Das besagt, daß man jedes Verstehen darauf hin befragen kann, ob es verallgemeinerbar oder intersubjektiv gültig ist.

Tugendhat hat in seinem Standardwerk *Vorlesungen zur Einführung in die sprachanalytische Philosophie* (1976) nachzuweisen versucht, daß die Ausgangsfrage der Metaphysik, die ontologische Frage nach dem Sein oder dem Sinn von Sein, auf die Frage bezogen werden muß, worin die Struktur des menschlichen Verstehens besteht. Hier soll offen bleiben, ob es ihm tatsächlich gelungen ist, sprachanalytisch zu

7 K. Popper, Wie ich die Philosophie sehe. In: *Auf der Suche nach einer besseren Welt*. München 1995. 201.

rekonstruieren, was in der traditionellen Ontologie zur Debatte stand. Auch soll nicht erörtert werden, ob die Anthropologie, so wie er sie beschreibt, die Aufgabe einer Ersten Philosophie oder Metaphysik wirklich erfüllen kann.

Plausibel und für die gegenwärtige Diskussion höchst fruchtbar aber erscheinen mir die beiden Grundannahmen, der er mit seinem anthropologischen Ansatz verbindet. Zunächst erinnert er an die auf Platon zurückgehende These, daß jeder Mensch ein Interesse daran hat, gut zu leben. Daraus ergibt sich die Frage nach dem Guten, die ein elementares Problem jeder Philosophie ist. Auch scheint seine Beobachtung richtig zu sein, daß die Frage nach dem Guten oder dem rechten Weg im Leben eine prinzipielle Frage ist, die man in allen Kulturen antreffen kann.

Zweitens begründet er die These überzeugend, daß die Antwort auf die Frage nach der Struktur des menschlichen Verstehens in der Eigenart der menschlichen Sprache zu finden ist. Er erinnert an die geniale Einsicht des Aristoteles, daß das Spezifische der menschlichen Sprache nicht in ihrer kommunikativen Funktion besteht, sondern in ihrer prädikativen oder propositionalen Struktur. Diese Struktur erlaubt es uns, Urteile zu bilden, situationsunabhängige Beschreibungen von Tatsachen zu geben und nach Gründen zu fragen. Und in nichts anderem als in dieser Fähigkeit besteht das, was wir Rationalität nennen. Auch können wir uns, wie ebenfalls schon Aristoteles gesehen hat, über das Gute nur verständigen, weil wir fähig sind, prädikative Aussagen zu formen.

Damit sind die entscheidenden Momente genannt, die uns in die Lage versetzen, anzugeben, worin sich die philosophische Anthropologie von der empirischen, kulturellen oder sozialen Anthropologie unterscheidet. Die Einstellung der empirischen Anthropologie ist die Perspektive der 3. Person, die Perspektive des Beobachters, der fremde Kulturen objektiv zu beschreiben versucht. Die Einstellung der philosophischen Anthropologie ist die Perspektive der 1. Person Plural, die reflexiv verfährt: wir denken über die Strukturen unseres eigenen Seins und Verstehens nach, und »indem man andere Kulturen kennenlernt, geschieht dies weiterhin in 1. und 2. Person, d.h. man erweitert den eigenen Horizont« (l.c. 45). Die philosophische Anthropologie, der es um die Erkenntnis der allgemeinen menschlichen Strukturen geht, ist aber auf die Kenntnis fremder Kulturen angewiesen, um die Einseitigkeiten überwinden zu können, die sich aus der Reflexion über die eigene Situation ergibt. Der Philosoph ist auf den Dialog mit fremden Kulturen angewiesen, die er daraufhin befragt, ob deren Strukturen seine eigenen Strukturen sein könnten. Das bedeutet, daß der Dialog kein unverbindliches Gespräch ist, sondern ein Diskurs, bei dem die Wahrheitsfrage gestellt wird, was besagt, »daß man die fremden Kulturen ebenso wie die eigene Tradition einer rationalen Kritik unterwirft«. Oder anders und schärfer formuliert: »Es handelt sich nicht um eine Konfrontation von Kulturen, sondern um eine Konfrontation des sich rational verstehenden reflexiven Anthropologen mit sowohl der eigenen Kultur wie den fremden Kulturen«. (l.c. 46f.)

Demnach haben die beiden Formen der Anthropologie verschiedene Schwerpunkte; doch betont Tugendhat, auf die vier Fragen Kants zurückkommend, daß sie die Tendenz haben, sich aufeinander zuzubewegen. Man sieht, daß sich von diesem Ansatz aus die Ambition Eliades und Malinowskis, zu philosophischen Erkenntnissen zu kommen, von Seite der Philosophie mit guten Gründen rechtfertigen läßt. Der kritisch eingestellte Philosoph wird zum Beispiel traditionale Begründungen des moralisch Guten nicht als wahr anerkennen, sondern nur noch aus der Perspektive des Beobachters als kulturhistorisches Faktum registrieren können. Und der Ethnologe wird am Ende nicht von der Frage absehen können, ob die Einsichten fremder Kulturen von allgemein menschlicher Bedeutung sind. Implizit ist damit auch schon angedeutet, was aus der Perspektive der rationalen Kritik von einem historischen oder kulturellen Relativismus zu halten ist; bekanntlich spielen Probleme dieser Art in der Ethnologie eine große Rolle.

Objektive Wahrheit vs. relative Wahrheit

Wenn man die Einstellung des ethnologischen Forschers als die Perspektive des Beobachters bezeichnet, so ist damit nur der allgemeine Gesichtspunkt seines Vorgehens genannt und nichts über die fachspezifischen Methoden im einzelnen gesagt. So hat man etwa Malinowskis Situation während seines Forschungsaufenthalts im melanesischen Archipel als »Teilnahme und Beobachtung« beschrieben und darin einen Widerspruch sehen wollen, »den Widerspruch zwischen Subjektivität und Objektivität [...], Heroismus und Szientizismus«.[8] Dazu wäre zunächst zu bemerken, daß diese Charakterisierung nicht ganz auf Malinowskis Situation zutrifft. Er war niemals in das Leben der von ihm beschriebenen Dorfgemeinschaften integriert und er war niemals von den Eingeborenen als ebenbürtiger Dialogpartner angesehen worden. Er blieb immer auf einheimische Informanten angewiesen, man hat

8 Justin Stagl, Malinowskis Paradigma. In: Wolfdietrich Schmied-Kowarzik/Justin Stagl (Hg.), *Grundfragen der Ethnologie*. Berlin 1993. 98.

ihm wichtige Ereignisse verschwiegen und ihn gelegentlich belogen. Von Teilnahme kann also nur in einem sehr eingeschränkten Sinn die Rede sein. Der entscheidende Punkt ist jedoch, daß man die Perspektive des Beobachters auch gegenüber der eigenen Gesellschaft einnehmen kann, so wie dies der Fall bei Soziologen ist, die ihre eigene Gesellschaft untersuchen.

Gewiß besteht zwischen Subjektivität und Objektivität ein Gegensatz; doch dürfte es kaum ein Werk der empirischen Wissenschaft geben, das nicht auch subjektive Züge trägt. Doch muß dieser Aspekt den objektiven Wert des Werkes solange nicht beeinträchtigen, wie es möglich ist, den Wahrheitsgehalt des Werkes zu erkennen und zu überprüfen. Denn wie Karl Popper nicht müde wurde zu betonen, besteht die wissenschaftliche Objektivität weniger in der Unparteilichkeit des Wissenschaftlers als vielmehr in der »Intersubjektivität der wissenschaftlichen Methode«.[9]

Kaum verständlich ist jedoch, was es heißen soll, daß bei Malinowski ein Gegensatz zwischen Heroismus und Szientizismus bestanden habe. Wenn man, wie üblich, unter Szientizismus »die sklavische Nachahmung der Methode und Sprache der Naturwissenschaft« versteht,[10] wäre nachzuweisen, ob dies wirklich bei Malinowski der Fall war. Und wenn dies der Fall gewesen wäre, muß Heroismus dazu nicht im Gegensatz stehen. Das gleiche gilt, wenn man unter Szientizismus nichts anderes als Wissenschaftlichkeit versteht; es gibt viele Beispiele von hervorragenden Wissenschaftlern, Röntgenologen oder Medizinern, die ihre Gesundheit aufs Spiel gesetzt haben, um der Forschung zu dienen.

Nebenbei sei aber bemerkt, daß Stagl selbst einen methodologischen Fehler begeht. Bei seinem Versuch, den Begriff des Volkes von dem Begriff der Kultur und der Gesellschaft abzugrenzen, vertritt er nämlich die Meinung: »Die Welt der Völker ist die wirkliche Welt« (l.c. 100). Damit faßt er Kollektive so auf, als wären sie physikalische Gegenstände oder biologische Körper.[11] Er behandelt ein soziales Phänomen wie ein naturwissenschaftliches Objekt. Wirklich sind aber nur die einzelnen Individuen, die man aufgrund mehr oder weniger vager Merkmale oder Beziehungen unter dem Begriff des Volkes zusammenfaßt. Bekanntlich spricht man heute, aus Gründen der politischen Korrektheit, statt von Völkern gewöhnlich von Ethnien und man beschuldigt Autoren, die von

9 Popper, *Die offene Gesellschaft und ihre Feinde* 2,254. Tübingen 1992.

10 F.A. v. Hayek, zit. bei Popper, *Das Elend des Historizismus*. Tübingen 1987. 83.

11 Cf. Popper, *Das Elend des Historizismus*, 88.

Völkern oder von Völkerkunde sprechen, völkischen Denkens – was ein Sprachpurismus ist, den man kaum wissenschaftlich nennen kann.

Um zu dem Standpunkt des Beobachters zurückzukommen, sei erwähnt, daß in der Zeit nach dem Zweiten Weltkrieg, zumindest in der angelsächsischen Soziologie, eine extreme Form der ethnologischen Methode in Mode kam, die tatsächlich lupenreiner Szientizismus war. Gemeint ist die Auffassung, daß die Anthropologie sich »einer angeblich beobachtenden, angeblich beschreibenden und angeblich induktiv-generalisierenden Methode« bedienen müsse.[12] Sie wurde deshalb übernommen, weil die Soziologen in diesem Verfahren eines induktivistischen Behaviorismus eine objektive, naturwissenschaftliche Methode sahen.

Was damit gemeint ist, illustriert Popper an dem Beispiel einer wissenschaftlichen Konferenz, bei dem ein Sozialanthropologe die Gruppe der diskutierenden Wissenschaftler wie einen wildfremden Stamm beobachtete, sich selbst aber jedes sachlichen Beitrags zur Diskussion enthielt. Den Sozialanthropologen interessierte allein »die soziale und psychologische Funktion« des sprachlichen Verhaltens der Sprecher. Er leugnete den Unterschied zwischen Argumenten und anderen Formen sprachlichen Verhaltens, erst recht bestritt er den Unterschied zwischen objektiv gültigen und objektiv ungültigen Argumenten: »Äußerstenfalls könnte man Argumente einteilen in solche, die in gewissen Gruppen zu gewissen Zeiten als gültig oder als ungültig *akzeptiert*« werden (l.c. 86f.).

Gegen diese Auffassung bringt Popper vier Einwände vor, die mir begründet erscheinen. Zunächst wirft er dem Ethnologen vor, daß er die behavioristische Methode der Verhaltensbeobachtung, die in begrenzten Fällen sinnvoll sein mag, bei einer unpassenden Gelegenheit anwendet.

Dann bringt er gegen den Anthropologen vor, daß er einen falschen Begriff von wissenschaftlicher Objektivität habe. Wie erwähnt, ist sie nicht so sehr in der distanzierten wertfreien Beobachtung oder Beschreibung zu suchen als vielmehr in einer intersubjektiven Einstellung, die sich an der kritischen Tradition der Wissenschaft orientiert. Und was die Forderung der Wertfreiheit angeht, so hat man zu beachten, daß die Suche nach Wahrheit auch ein Wert und zwar der oberste wissenschaftliche Wert ist. »Da also die Wertfreiheit selbst ein Wert ist, ist die Forderung der unbedingten Wertfreiheit paradox«. Das schließt aber nicht

12 Popper, Die Logik der Sozialwissenschaften. In: *Auf der Suche nach einer besseren Welt.* München 1995. 85.

aus, daß man zwischen wissenschaftlichen und außerwissenschaftlichen Werten unterscheiden kann und diese aus den Wahrheitsfragen heraushalten sollte (l.c. 90).

Der dritte Einwand lautet, daß der Anthropologe eine falsche Vorstellung von der naturwissenschaftlichen Methode hat, wenn er glaubt, es handle sich um einen Induktivismus, um die Auffassung, daß aus reinen Beobachtungen Theorien und allgemeine Gesetze abgeleitet würden. Richtig ist, daß es keine Beschreibungen gibt, die von einer Theorie unabhängig wären. Beobachtungen werden erst dann beredt und informativ, wenn man sie im Hinblick auf bestimmte Theorien oder Hypothesen interpretiert. Das gilt auch für die Sozialwissenschaften, deren Aufgabe es ist, die »soziale Umwelt zu beschreiben – und zwar mit Hilfe erklärender Theorien« (l.c. 95).

Entscheidend ist jedoch der vierte methodologische Einwand. Er richtet sich gegen den historischen und soziologischen Relativismus des Anthropologen und gegen seine Leugnung des absoluten oder objektiven Wahrheitsbegriffs. Ohne diesen Wahrheitsbegriff ist aber die erwähnte intersubjektive Kritik nicht möglich, denn sie besteht darin, daß man den Wahrheitsanspruch einer Theorie überprüft. Unter dem objektiven Wahrheitsbegriff versteht Popper im Einklang mit der philosophischen Tradition und dem gewöhnlichen Sprachgebrauch den Korrespondenz- oder Adäquationsbegriff der Wahrheit, wonach eine Aussage genau dann wahr ist, wenn die Tatsache, die ausgesagt wird, wirklich besteht. Und die relativistischen Ideologien der Gegenwart konnten nur entstehen, weil man den objektiven Wahrheitsbegriff aufgegeben hatte.

Der historische Relativismus »glaubt, daß es keine objektive Wahrheit gibt, sondern nur Wahrheiten für dieses und jenes Zeitalter«, und der soziologische Relativismus »lehrt, daß es Wahrheiten oder Wissenschaften für diese oder jene Gruppe oder Klasse gibt, zum Beispiel eine proletarische Wissenschaft und eine bürgerliche Wissenschaft« (l.c. 87). Analoges gilt von dem kulturellen Relativismus, der in der Ethnologie häufig vertreten wird.

Die relativistischen Anschauungen werden gewöhnlich mit dem Argument begründet, daß wir alle in einer bestimmten historischen, sozialen und kulturellen Situation stehen und von ihr geprägt wurden. Außerdem stützt man sich auf den prinzipiellen Gedanken, daß ein voraussetzungsloses Denken oder eine voraussetzungslose Wissenschaft unmöglich ist. Diese Argumente sind richtig; doch läßt sich daraus nicht ableiten, daß die Wahrheit relativ sei oder die moralischen Werte durch den Hinweis auf ihre Herkunft aus der Tradition begründet werden könnten. Darauf hat wiederum Tugendhat klar geantwortet:

»Natürlich leben wir immer in einer bestimmten historischen Situation und müssen uns auf diese einstellen, aber die Maßstäbe, nach denen wir handeln, sind so nicht zu begründen. Es ist sinnwidrig, daß etwas gut sei, damit begründen zu wollen, daß es zur Tradition gehört, und es ist ebenso sinnwidrig, dies, wie heute viele meinen, so begründen zu wollen, daß es an der Zeit sei. Was man heute für gut hält, und was man früher für gut hielt, sind beides bloße Fakten; und stellt sich nun die Frage: Ist es gut?, so kommt dabei kein Zeitindex vor.«[13]

Daß eine relativistische Auffassung unhaltbar ist, läßt sich bekanntlich dadurch zeigen, daß man nachweist, daß sie einen Selbstwiderspruch enthält. So kann man zum Beispiel gegen den Soziologismus argumentieren, der folgende Behauptung enthält: »Kein Satz ist absolut wahr, und alle Sätze sind unvermeidlich auf den sozialen [oder historischen oder kulturellen] Standort ihrer Urheber bezogen. […] Wenn wir nämlich annehmen, daß ein solches Prinzip wahr ist, dann folgt daraus, daß es nicht wahr, sondern nur auf den sozialen und historischen Standort seines Urhebers bezogen ist.« (l.c. 2, 439)

Was die Wahrheitsfrage in der Wissenschaft angeht, so dürfte ein großes Mißverständnis dadurch entstanden sein, daß man den hypothetischen Charakter der wissenschaftlichen Theorien übersehen hat. Sie können durch logische Kritik und Experimente widerlegt, es kann also nachgewiesen werden, daß wissenschaftliche Theorien falsch sind, doch können sie nicht sicher bestätigt und als wahr erwiesen werden. Die Forschungsergebnisse kann man nur insofern als relativ bezeichnen, »als sie die Ergebnisse eines bestimmten Stadiums der wissenschaftlichen Entwicklung sind und als es wahrscheinlich ist, daß sie im Verlauf des wissenschaftlichen Fortschritts überholt werden. Das bedeutet aber nicht, daß die *Wahrheit* ›relativ‹ ist. Wenn eine Behauptung wahr ist, so ist sie für immer wahr.« (l.c. 2, 258)

Dem sollte man ein Wort zur Vorurteilsgebundenheit des Denkens hinzufügen. Es stimmt zwar, daß unser Denken immer auf Voraussetzungen beruht; doch bedeutet dies nicht, daß selbst die grundlegenden Voraussetzungen nicht kritisch überprüft und revidiert werden könnten. Das klassische Beispiel der Korrektur eines elementaren Vorverständnisses ist Einsteins Entdeckung, daß unsere Anschauung von Zeit und Raum ein Vorurteil ist, das aufgrund neuer Erkenntnisse durch eine neue Anschauung ersetzt werden muß (l.c. 2, 257).

Das wichtigste Ergebnis dieser ganzen Diskussion ist jedoch eine Idee, deren Bedeutung für das menschliche Zusammenleben man nicht

13 Tugendhat, *Anthropologie*, 48 f.

überschätzen kann. Mit der vernünftigen Einstellung, für die Popper sich einsetzt, ist die Auffassung gemeint, »die zugibt, daß ‹ich mich irren kann, daß du recht haben kannst und daß wir zusammen vielleicht der Wahrheit auf die Spur kommen werden‹«. In gewissem Sinne ist der Gedanke eine Verallgemeinerung der wissenschaftlichen Einstellung, wonach »wir bei der Suche nach der Wahrheit zusammenarbeiten müssen und daß wir mit Hilfe von Argumenten im Laufe der Zeit so etwas wie Objektivität erreichen können« (l.c. 263). Es ist eine soziale oder interpersonelle Theorie, aber nicht eine kollektivistische Theorie, die die Existenz von Kollektiven wie die Gesellschaft als Träger und Garant von Werten anerkennen würde. Das gleiche gilt für die Tradition, von der nicht angenommen wird, daß sie nicht kritisiert werden könnte.

Diese rationalistische Einstellung ist eine interpersonelle Theorie, die allein auf das sachliche Argument, nicht auf die argumentierende Person ausgerichtet ist. Das bedeutet aber nichts anderes, als »daß wir jeden Menschen, mit dem wir uns verständigen, als eine potentielle Quelle von Argumenten und von vernünftiger Information betrachten müssen; und damit wird eine Verbindung zwischen Menschen hergestellt, die man die ›rationale Einheit der Menschheit‹ nennen könnte« (l.c. 2, 264)

Schließlich sei noch eine historische Überlegung erwähnt, die man berücksichtigen sollte, wenn man auf das Problem des Eurozentrismus zu sprechen kommt. Popper ist der gut begründeten Meinung, »daß unsere abendländische Zivilisation ihren Rationalismus, ihren Glauben an die rationale Einheit der Menschen und an die offene Gesellschaft, insbesondere aber ihre wissenschaftliche Einstellung dem alten sokratischen und christlichen Glauben an die Brüderlichkeit aller Menschen und an intellektuelle Ehrlichkeit und Verantwortlichkeit verdankt« (l.c. 2, 285)

Übrigens findet sich in der ethnologischen Diskussion über den Wertrelativismus ein Gedanke, der mit der Idee von der rationalen Einheit der Menschheit zwar nicht identisch ist, aber doch eine ähnliche Funktion erfüllt wie jene Idee. Der Zürcher Ethnologe Miklos Szalay bemerkt, daß das »Postulat der psycho-physischen Einheit der Menschheit« unverträglich sei mit einem strikten »Kulturdeterminismus«, und schließt daran die Forderung: »Der Feldforscher, der mit dem Anspruch auftritt, Zugang zu fremden Kulturen gefunden zu haben, muß sich zum Prinzip einer psychisch und rational im Grunde einheitlichen Menschheit als Basis und Ausgangspunkt seiner Tätigkeit bekennen. Er muß die Überzeugung teilen, daß es zwischen uns und anderen einen Anteil an

Gemeinsamkeit gibt, weswegen Fremdkulturen begriffen und in unserer Sprache vermittelt werden können.«[14]

Freilich wäre zu untersuchen, was mit ›psycho-physischer Einheit der Menschheit‹ gemeint ist – offenbar nichts anderes, als daß es eine gemeinsame Natur des Menschen gibt: alle Menschen haben trotz aller ethnischen Unterschiede die gleichen physischen und psychischen Strukturen. Offenbar glaubt Szalay, daß diese Strukturen niemals von kulturellen Faktoren ganz überlagert werden könnten. Auch hat er richtig erkannt, daß man die historische und kulturelle »Gebundenheit des Forschers« zwar einräumen muß, daß daraus aber nur folgt, daß jede Erkenntnis perspektivisch und partiell, nicht aber, daß sie subjektiv ist. Es versteht sich von selbst, daß man Szalay auch zustimmen muß, wenn er das relativistische Dogma bestreitet, »daß letztlich alles Historische und Kulturelle an sich schon einen Wert darstellt«.[15]

Ein aktuelles Beispiel für die Meinung, daß kulturelle Eigenarten einen Wert an sich darstellten, bietet das politische Verhalten der Amerikaner in Afghanistan. Sie haben erkennen müssen, daß der Kampf gegen die Korruption in den afghanischen Institutionen eine aussichtslose Sache ist. Ihre Resignation haben sie damit gerechtfertigt, daß sie erklären, Korruption in Afghanistan sei »kulturadäquat«.

Symbolverstehen vs. einfühlendes Verstehen

Der Ausgangspunkt der Bemerkungen über den Wertrelativismus und seine Widerlegung war das Beispiel eines Anthropologen, der sich der Methode des Behaviorismus verschrieben hatte. Dem sei in aller Kürze die Auffassung eines weiteren Großmeisters der Zunft entgegengestellt, der eine völlig andere Methodologie vertritt. Gemeint ist Clifford Geertz und sein Beitrag »›Aus der Perspektive des Eingeborenen‹. Zum Problem des ethnologischen Verstehens.«[16] Zu diesen Überlegungen wurde Geertz angeregt durch die Veröffentlichung des Tagebuchs von Malinowski, das wie ein Schock gewirkt haben muß. Geertz läßt sich darüber nicht weiter aus, doch darf man annehmen, daß es vor allem Malinowskis offen zugegebener Haß auf die von ihm erforschten Ein-

14 Miklós Szalay, Historismus und Kulturrelatavismus. In: Schmied-Kowarzik, Wolfdietrich/Justin Stagl (Hg.): *Grundfragen der Ethnologie*. Berlin 1993. 250.

15 L.c. 249f.

16 Cflifford Geertz, *Dichte Beschreibung. Beiträge zum Verstehen kulturelle Systeme*. Dt. B. Luchesi u.a. Frankfurt 1987. 289-309.

geborenen war, der diese Verstörung unter den Zunftgenossen bewirkt hat. Oft genug spricht Malinowski in größter Verachtung von »Niggers«. Eine seiner milderen Äußerungen lautet: »Ich sehe das Leben der Eingeborenen als etwas, das bar allen Interesses und aller Bedeutung ist, etwas, das mir so fern ist wie das Leben eines Hundes.«[17] Noch skandalöser sind seine Bemerkungen über den »Wert ethnographischer Studien für die Verwaltung«. Die mit den subtilsten Methoden der Ethnologie gewonnenen Erkenntnisse stellt er schlicht und einfach in den Dienst der kolonialistischen Herrschaft. Das ›mitfühlende Verstehen‹ der Sitten eines Volkes betrachtet er als Voraussetzung dafür, »sie gemäß ihren Ideen zu lenken«.[18]

Während seines Aufenthalts in der Südsee litt Malinowski unter einer quälenden Sehnsucht nach der europäischen Zivilisation, die er für die Zivilisation schlechthin hielt. Gewiß, er ist von den weiblichen Schönheiten der Südsee beeindruckt, doch die bloße Vorstellung elegant gekleideter europäischer Damen verursacht ihm einen kaum zu ertragenden Schmerz. Er kann sich leicht das Rauchen abgewöhnen, nicht aber den Brauch, jeden Tag in einem Gesellschaftsroman zu lesen, um seine Sehnsucht nach der Zivilisation zu stillen.

Geertz nimmt die Veröffentlichung des skandalösen Tagebuchs von Malinowski zum Anlaß, grundsätzlich über die ethnologische Methode nachzudenken; es fällt aber auf, daß er Malinowskis höchst aufschlußreiche Reflexionen über dieses Thema gänzlich außer acht läßt. Geertz' Gedankengang läßt sich in den folgenden Sätzen zusammenfassen. Er verwirft sowohl die behavioristische Methode der Forschung wie die Einfühlungstheorie des Verstehens, die er polemisch als magische Prozedur beschreibt. Doch hält er an dem Postulat fest, daß die ethnologische Forschungsmethode »aus der Perspektive des Eingeborenen« erfolgen müsse. Wie ist das möglich, ohne auf das Konzept des empathischen Verstehens zurückzugreifen? Geertz betrachtet die Kultur einer Gesellschaft als ein System von Symbolen, und die Aufgabe des Ethnographen sieht er darin, die Symbole zu beschreiben und ihre Bedeutung zu erfassen. Wenn der Ethnologe aber die Bedeutung der Symbole herausgefunden hat, weiß er, welchen Sinn die Kultur für die Eingeborenen hat: d.h. er weiß, wie sich die Eingeborenen selbst verstehen.

Die Bedeutung eines Symbolzusammenhangs zu erfassen ist im Prinzip aber nicht verschieden von der hermeneutischen Aufgabe, einen Text zu verstehen und zu interpretieren. Man bedient sich des sogenannten

17 B. Malinowski, *Ein Tagebuch im strikten Sinn des Wortes*. 151.
18 L.c. 209f.

hermeneutischen Zirkels. Man versucht, den Sinn eines Satzes zu erfassen, indem man die Bedeutung einzelner Wörter zu erkennen sucht, und die einzelnen Wortbedeutungen sucht man im Hinblick auf den Satz oder den weiteren Kontext zu bestimmen. Einmal gilt die Aufmerksamkeit der Bedeutung des Ganzen (des Satzes oder des Kontextes), dann konzentriert man sich auf die Bedeutung der Teile. Genau genommen haben wir es nicht mit einem logischen Zirkel zu tun, sondern, wie Geertz richtig bemerkt, mit einem Verfahren, das einer Spiralbewegung gleicht. Geertz folgt auch darin der klassischen Hermeneutik als einer Kunst der Textauslegung, daß er erklärt, auf diese Art könne man eine fremde Kultur besser verstehen als die Einheimischen, weil man in der Symbolerklärung explizit macht, was die Angehörigen der Kultur intuitiv oder quasi automatisch vollziehen.[19]

Soweit sind Geertz' methodologische Überlegungen durchaus plausibel und nachvollziehbar. Was aber die Anwendung der Methode angeht, für die er einige Beispiele gibt, so werde ich später darauf zurückkommen, um zu fragen, ob sie in einem konkreten Fall tatsächlich das Ergebnis zeitigt, das er von ihr erwartet.

Hier sei noch erwähnt, daß er sich für das hermeneutische Verfahren auf Wilhelm Dilthey und Leo Spitzer beruft. Doch wäre die Berufung auf Hans-Georg Gadamer weitaus informativer gewesen, da Gadamer seine Theorie des Verstehens ausdrücklich von der Lehre des einfühlenden Verstehens abgrenzt (l.c. 288). Auch verfügt er über einen reichhaltigeren Begriff des Verstehens als Geertz oder Dilthey. Verstehen bedeutet für ihn, daß sich ein Sprecher mit seinem Dialogpartner im Medium der Sprache in einer Sache verständigt (l.c. 362). Deshalb kann er das Verstehen als Gespräch auffassen, in dem es wirklich um das Verständnis einer Sache geht. In dieser Hinsicht ist etwa ein Prüfungsgespräch ein Pseudogespräch, da die Fragen nicht gestellt werden, um eine Sache klarzumachen, sondern um die Kenntnisse des Prüflings festzustellen. Auch wer ein Gespräch nur führt, um den Standort oder den Horizont des anderen kennenzulernen, führt kein richtiges Gespräch: »Es wird darin nicht die Verständigung über eine Sache gesucht, sondern alle sachlichen Inhalte des Gespräches sind nur ein Mittel, um den Horizont des anderen kennenzulernen.« (l.c. 287) Ist damit aber nicht genau das Vorgehen des Ethnographen beschrieben, der mit den Eingeborenen spricht, um ihre Kultur kennenzulernen? Und kann man eine Kultur wirklich kennenlernen, wenn man sich nur auf diese Art informiert?

19 Cf. Hans-Georg Gadamer, *Wahrheit und Methode*. Tübingen 1965. 180.

Den Ethnologen war dieses Problem selbstverständlich immer schon bekannt; nicht ohne Grund haben sie sich oft auf die Kenntnisse von Missionaren gestützt, die ein Leben lang unter den Eingeborenen lebten.

Wenn man den Gedanken Tugendhats aufgreift, bestünde ein idealer Dialog mit einer fremden Kultur darin, daß man sie nicht nur objektiv beschreibt, sondern auch die Frage stellt, ob die darin vertretenen Werte sich auch rational begründen lassen. So wie ein Forscher die Gegebenheiten seiner eigenen Kultur nicht unreflektiert hinnimmt, so müßte er auch eine fremde Kultur kritisch beurteilen – vorausgesetzt ist natürlich, daß er sie gründlich studiert hat.

Was die Kritik am Einfühlungsbegriff des Verstehens angeht, so ist sie im Falle des Textverstehens natürlich völlig berechtigt. Man versteht einen Text nicht dadurch, daß man sich an die Stelle des Autors versetzt, sondern dadurch, daß man den Sinn des sprachlichen Werkes zu erfassen versucht – indem man also zu erkennen versucht, was der Autor im Werk und durch das Werk tatsächlich und nachprüfbar gesagt hat. Man versteht einen fiktionalen Text auch nicht dadurch, daß man sich mit den dargestellten Figuren identifiziert – eine identifikatorische Lektüre wäre eine pathologische Angelegenheit. Doch ist es völlig unproblematisch, das Verstehen mentaler oder psychophysischer Prädikate wie lieben, eifersüchtig sein u.ä. als »einfühlen« zu bezeichnen. Damit ist angedeutet, daß man derartige Empfindungen selbst gehabt haben muß, um sie wirklich oder vollkommen verstehen zu können – es gibt natürlich immer auch Grade des Verstehens. Wir setzen zunächst immer voraus, daß jeder Mensch so ausgestattet ist, daß er die elementarsten Gefühle haben kann.[20] »Einfühlen« in diesem Sinn bedeutet soviel wie »nachempfinden«, was keine magische Prozedur ist, sondern ein alltägliches Phänomen.

Zu Gadamer wäre zu ergänzen, daß man einzelne fruchtbare Gedanken von ihm durchaus anerkennen kann, ohne die logischen Schwächen seiner Lehre teilen zu müssen. Ein Nachteil seiner hermeneutischen Philosophie ist, daß sein Begriff der Wahrheit höchst unklar oder zweideutig ist. Manchmal meint er damit Richtigkeit im üblichen Sinn des Korrespondenzbegriffs der Wahrheit, oft aber folgt er Heideggers Begriff, wonach Wahrheit Unverborgenheit bedeutet, was den Begriff als Mittel der kritischen wissenschaftlichen Prüfung völlig untauglich macht. Man muß also, wenn man das Verstehen als Dialog oder Diskussion betrachtet, daran festhalten, daß die Gesprächspartner sich am objektiven oder absoluten Wahrheitsbegriff orientieren.[21]

20 Cf. J. Quack, *Die fragwürdige Identifikation*. Würzburg 1991. 178ff.

Die zweideutige, desaströse Wahrheitsauffassung Gadamers aber ist eine Folge davon, daß er meint, das Verstehen sei unausweichlich historisch bestimmt. Er vertritt einen radikalen Historismus, gegen den Hans Albert mit Recht einwendet: »Der radikale Historismus, der in der Nachfolge Heideggers die ›Geschichtlichkeit‹ des Verstehens propagiert, macht damit jede an der Wahrheitsidee orientierte Forschung in den Geisteswissenschaften unmöglich«.[22] Es kann dann nicht überraschen, daß Gadamer auch einem sprachlichen Relativismus das Wort redet.[23] Schwer verständlich ist, daß er die logischen Einwände gegen jeden Relativismus durchaus als schlüssig anerkennt, sich aber nicht überzeugen läßt, daß eine relativistische Position unhaltbar ist. Er räumt ein: »Daß die These der Skepsis oder des Relativismus selber wahr sein will und sich insofern selber aufhebt, ist ein unwiderlegliches Argument.« Dennoch hält er an der relativistischen Position fest und bestreitet statt dessen den »Wahrheitsanspruch des formalen Argumentierens«.[24] Das heißt, sooft er selbst auch rational argumentiert, ist er doch nicht bereit, die elementaren Vorraussetzungen des rationalen Argumentierens unbedingt anzuerkennen. Wer zur hermeneutischen Nachsicht neigt, kann darin einen Beleg für die These Poppers sehen, daß die kritisch-rationale Einstellung selbst sich nicht durch vernünftige Argumente rechtfertigen läßt, daß man sich vielmehr für den Weg der Vernunft entscheiden müsse.

Sprachspiele, ethnologisch und philosophisch

Wittgensteins Auseinandersetzung mit der Ethnologie ist aus zwei Gründen aufschlußreich: Weil er die wissenschaftstheoretischen Vorurteile der ethnologischen Forschung kritisierte, und weil er erkannte, daß man nur dann zu tragfähigen Einsichten in das Wesen der Sprache kommt, wenn man sie nicht isoliert betrachtet, sondern ihren Gebrauch innerhalb einer Lebensform beschreibt. So bevorzugt er in seiner Spätphilosophie bei der Erläuterung der Sprache zwei Modellsituationen: die Situation des Kindes, das seine Muttersprache erlernt, und die Situation des Forschers, der eine ihm fremde Sprache zu verstehen sucht. Dabei geht es natürlich ihm weder um Kinderpsychologie noch um eine

21 Cf. Tugendhat, *Anthropologie,* 46.

22 Hans Albert, *Kritik der reinen Hermeneutik*. Tübingen 1994. 57.

23 L.c. 69.

24 Gadamer, 327.

philosophisch ausgerichtete Ethnologie, wie man gelegentlich angenommen hat.[25] Als er sich 1931 mit Frazers *Golden Bough* beschäftigte, vollzog er die Wende von der Philosophie des *Tractatus logico-philosophicus* (1921) zu der Einstellung seiner Spätphilosophie. Er verwarf das Konzept des Logischen Empirismus und suchte nun die philosophischen Probleme durch eine Analyse des Sprachgebrauchs zu lösen, die die Sprache als Bestandteil einer sozio-kulturellen Praxis betrachtet.

Die Kernthese des *Tractatus* besagt, daß es zwischen Sprache und Welt eine gemeinsame Struktur geben müsse. Die Struktur der Sprache und die Struktur der Welt stehen in einem Abbildverhältnis. Der Gedanke wird einigermaßen verständlich, wenn man beachtet, daß die Welt für Wittgenstein nicht aus Einzeldingen und Ereignissen besteht, sondern aus der Summe aller Tatsachen. Was strukturgleich sein soll, sind nicht Dinge und Wörter, sondern Sätze und Sachverhalte oder Tatsachen. Tatsachen werden durch Sätze oder Aussagen wiedergegeben. Und er meinte, Sätze und Sachverhalte müßten eine gemeinsame logische Form haben. Zu diesem Zweck konstruierte er eine ideale Sprache. Das Ergebnis ist, daß nur logische und mathematische Sätze und deskriptive Sätze der empirischen Naturwissenschaft als sinnvolle Sätze angesehen werden. Anders gesagt, Wittgenstein ließ nur eine Objektsprache, aber keine Metasprache zu. Das hatte die selbstzerstörerische Konsequenz, daß er am Ende die Sätze des *Tractatus*, die philosophischer Art sind, als sinnlos verwarf.

Das Konzept der idealen Sprache ließ nur eine Art von Sätzen zu, assertorische Sätze oder Aussagen, und innerhalb dieser Klasse von Sätzen erfolgte die weitere Einschränkung, daß nur logische oder mathematische Sätze und empirisch-wissenschaftliche Sätze als sinnvoll zugelassen waren. Alle anderen Arten von Aussagen und alle übrigen Formen des Sprachgebrauchs, normative Sätze, Befehle, Wünsche, Versprechungen usw., galten als sinnlos oder wurden überhaupt nicht beachtet. Vor allem die Begegnung mit der Erforschung fremder Kulturen öffnete Wittgenstein die Augen dafür, daß auch die Untersuchung der anderen Sätze wichtig ist für seine philosophischen Absichten, und er mußte einsehen, daß die tatsächliche Sprachverwendung nicht ohne die Kenntnis der praktischen Umstände zu verstehen ist. Auch erkannte er, daß Frazer mit seiner reduktionistischen Erklärung einem ähnlichen

25 Paul Feyerabend, der Wittgenstein nach dem Krieg zu einem studentischen Arbeitskreis eingeladen hatte, war zunächst dieser Meinung: »Wir hielten das für eine besonders flache Art von Kinderpsychologie«. P. Feyerabend, *Zeitverschwendung*. Frankfurt 1997. 105.

Irrtum erlegen war wie er selbst mit dem Konzept der Idealsprache und des Logischen Empirismus.

Wittgenstein erhebt gegen Frazer den Einwand, daß es falsch sei, religiöse oder magische Anschauungen als vorwissenschaftliche Erklärungen zu betrachten. Da sie keine Theorien oder Hypothesen seien, könne man sie auch nicht als »Irrtümer« oder Dummheiten bezeichnen.[26] Die Magie sei keine »falsche Physik, bzw. falsche Heilkunst, Technik« (l.c. 35). Für Wittgenstein ist Frazer ein Gelehrter, der in den Vorurteilen eines Engländers des 19. Jahrhunderts befangen ist und fremde Gebräuche nur aus seiner eigenen Perspektive einschätzen kann: »Alles, was Frazer tut, ist, sie Menschen, die so ähnlich denken wie er, plausibel zu machen. Es ist sehr merkwürdig, daß alle diese Gebräuche endlich sozusagen als Dummheiten dargestellt werden.« (l.c. 29)

Dagegen bestand Wittgenstein darauf, daß magische Gebräuche keineswegs nach dem wissenschaftlichen Muster zweckrationalen Handeln oder der kausalen Erklärung zu beurteilen seien, als verstünden die Primitiven sich nicht auf zweckrationales Handeln und hätten keine Ahnung von dem Unterschied zwischen fiktivem, symbolischen und realem, praktischen Handeln: »Der selbe Wilde, der, anscheinend um seinen Feind zu töten, dessen Bild durchsticht, baut seine Hütte aus Holz wirklich und schnitzt seinen Pfeil kunstgerecht und nicht in effigie.«(l.c. 32) Damit bringt Wittgenstein ein Argument vor, das ungefähr zur gleichen Zeit auch der Sprachtheoretiker Karl Bühler gegen die damals übliche Deutung des magischen Weltbilds formuliert hatte. Wir werden darauf zurückkommen.

Wittgensteins eigene Auffassung besagt, daß magische Praktiken sich in Analogie zu bestimmten Satzfunktionen verstehen lassen: »Und immer beruht die Magie auf der Idee des Symbolismus und der Sprache«. Manche magische Handlungen bringen »einen Wunsch zur Darstellung«, in anderen magischen Vorstellungen ist das Prinzip der Personifikation wirksam. (l.c. 32)

Vor allem aber kommt Wittgenstein zu dem Schluß, daß die magischen Praktiken letztlich auf anthropologische oder psychologische Grundtatsachen verweisen, die auch zu unserer menschlichen Konstitution gehören. Das ist eine Annahme, die selbst der kritisierten Ansicht zugrunde liegt, ohne daß Frazer es freilich gemerkt hätte: »Ja, Frazers Erklärungen wären überhaupt keine Erklärungen, wenn sie nicht letz-

26 Bemerkungen über Frazers *Golden Bough*. In: L. Wittgenstein, *Vortrag über Ethik und andere kleine Schriften*. Hg. J. Schulte. Frankfurt 1995. 29.

ten Endes an eine Neigung in uns selbst appellierten.« (l.c. 34) Daß wir etwa das Wort »Gespenst« verstehen, deutet darauf hin, »daß auch in uns etwas für jene Handlungsweisen der Wilden spricht«. (l.c. 36)[27]

Für ihn ist diese Vorstellung aufs engste damit verbunden, was wir unter der Tiefe eines Gedankens verstehen. Er meint, manche Gebräuche erhalten dadurch ihre Tiefe, daß sie zwar harmlos aussehen, in Wirklichkeit aber im Zusammenhang mit etwas Furchtbaren verstanden werden müssen, so etwa das Roß- und Reiterspiel mit der archaischen Sitte, Sklaven als Reittiere zu verwenden. »Nein, dies Tiefe und Finstere versteht sich nicht von selbst, wenn wir nur die Geschichte der äußeren Handlung erfahren, sondern *wir* tragen es wieder hinein aus einer Erfahrung in unserm Innern.« (l.c. 43) Ähnlich folgert er, daß derartige Erzählungen nach unserem Verständnis deshalb etwas Furchtbares haben, beruhe darauf, daß sie verbunden seien durch »den Gedanken an den Menschen und seine Vergangenheit, durch all das Seltsame, das ich in mir und in den Andern sehe, gesehen und gehört habe.« (l.c. 46) Offensichtlich spielt hier Wittgenstein auf den Angstbegriff Kierkegaards an, wonach wir uns in der Angst letztlich vor uns selbst ängstigen, nämlich vor den Möglichkeiten der Freiheit, die in uns selbst liegen.

In den *Philosophischen Untersuchungen* kommt er auf die Frage der philosophischen Tiefe zurück: »Die Probleme, die durch ein Mißdeuten unserer Sprachformen entstehen, haben den Charakter der *Tiefe*. Es sind tiefe Beunruhigungen; sie wurzeln so tief in uns wie die Formen unserer Sprache, und ihre Bedeutung ist so groß wie die Wichtigkeit unserer Sprache.« (PhU § 111) Wenngleich die Tiefe in dem sprachanalytischen Kontext nun anscheinend nur als Mißverständnis einer Sprachverwendung aufgefaßt wird, erinnert dieser Gedanke sichtlich an die frühere existentielle Überlegung, und man kann die neue Methode, philosophische Probleme sprachkritisch aufzulösen, nicht recht verstehen, wenn man die Beunruhigung nicht berücksichtigt, die derartige Probleme Wittgenstein verursacht haben.

Mindestens ebenso wichtig wie die Kritik an Frazer sind jedoch die philosophischen Einsichten, zu denen er bei dieser Gelegenheit gekommen ist. Es sind im wesentlichen drei Grundgedanken, die er hier skizziert und die zum Kern seiner Spätphilosophie gehören.

1. Wittgenstein bemerkt, daß die Methode der historischen Erklärung, eine Hypothese über die zeitliche Entwicklung aufzustellen, nicht

27 Eine evolutionstheoretische Erklärung dieses psychischen Phänomens gibt Hoimar von Ditfurth; danach dürfte es sich um ein angeborenes Erfahrungsmuster handeln. *Der Geist fiel nicht vom Himmel*. Hamburg. 1976. 255 f.

die einzige Möglichkeit ist, vorgegebene empirische Daten zu ordnen. Statt dessen kann man auch das Tatsachenmaterial in einer »übersichtlichen Darstellung« gruppieren. Als Beispiel nennt er das Schema einer Pflanze und das Schema einer religiösen Zeremonie, und schreibt: »Der Begriff der übersichtlichen Darstellung ist für uns von grundlegender Bedeutung. Er bezeichnet unsere Darstellungsform, die Art, wie wir die Dinge sehen. (Eine Art der ›Weltanschauung‹, wie sie scheinbar für unsere Zeit typisch ist. Spengler.)«[28] Der Gedanke geht auf Goethes morphologische Naturbetrachtung zurück, die Wittgenstein vermutlich, wie das Zitat nahelegt, durch Spengler kennengelernt hatte, der die morphologische Betrachtungsweise auf die Geschichte anwandte.[29] Die Methode, statt nach Naturgesetzen zu suchen, Gestalten und Formen aufzuzeigen, übernahm Wittgenstein dann auch für seine sprachkritische Untersuchung relevanter Begriffe: »Was ich angebe, ist die Morphologie des Gebrauchs eines Ausdrucks.«[30]

Mit Recht hat man in dem Begriff der übersichtlichen Darstellung einen »der wichtigsten Gedanken Wittgensteins« gesehen: »Der einfache Grundgedanke der Morphologie ist der einer Darstellung, die die zu erklärenden Phänomene wie in einer Kette nebeneinanderreiht, bis sie eine lückenlose Stufenleiter ergeben, so daß alle Schritte bereits vorgezeichnet sind und der Betrachter das Ganze mit einem Blick erfassen kann.«[31]

2. Diese Idee hängt aufs engste mit einem Begriff zusammen, der das Markenzeichen seiner Spätphilosophie geworden ist, dem Begriff des Sprachspiels. Sprachspiele sind Beispiele, die zeigen, wie sprachliche Ausdrücke oder Sätze in konkreten, lebenspraktischen Situationen verwendet werden. Zu dem genannten Grundgedanken führt Wittgenstein nämlich aus: »Diese übersichtliche Darstellung vermittelt das Verständnis, welches eben darin besteht, daß wir die ›Zusammenhänge sehen‹. Daher die Wichtigkeit des Findens von *Zwischengliedern*.«[32] Die Pointe dieser Bemerkung liegt darin, daß wir die Zwischenglieder, die nötig sind, damit wir »einen formalen Zusammenhang« sehen können, selbst erfinden können. So hatte er schon gegen Frazers Erklärungen vorgebracht, »daß man primitive Gebräuche sehr wohl selbst erdichten könnte und es müßte ein Zufall sein, wenn sie nicht irgendwo wirk-

28 Bemerkungen über Frazers *Golden Bough* 37.
29 Cf. Ray Monk, *Wittgenstein. Das Handwerk des Genies*. Dt. H. G. Holl u. a. Stuttgart 1994. 325.
30 Zitat bei Monk, 324.
31 Joachim Schulte, *Wittgenstein. Eine Einführung*. Stuttgart 2001. 109f.
32 Bemerkungen über Frazers *Golden Bough*, 37.

lich gefunden würden.« (l.c. 33) So gibt es in Wittgensteins späteren Schriften zahlreiche erfundene Beispiele über fremde Volksstämme mit Gebräuchen, die von unserer Kultur extrem abweichen.[33] Hier rechtfertigt Wittgenstein auch seine »skizzenhafte Beschreibung der Praxis unserer fingierten Sprache« und den überaus merkwürdigen Umstand, daß er die Beispiele, die den unlösbaren Zusammenhang von Sprache und Lebensform belegen sollen, auf deutsch formuliert. Das heißt, für seine Zwecke kann er das Problem der sprachlichen Übersetzung vernachlässigen.

Der ethnologische Aspekt dieser Sprachspiele ist deshalb von Belang, weil er drastisch zeigt, daß die Sprache kein isoliertes Phänomen, sondern ein integraler Bestandteil des alltäglichen Lebens, der Kultur einer Gesellschaft ist. »Eine Sprache vorstellen heißt, sich eine Lebensform vorstellen«, lautet die klassisch gewordene Formulierung dieses Sachverhalts (PhU § 19).

3. Indem Wittgenstein die religiösen und magischen Gebräuche dadurch zu verstehen suchte, daß er sie auf bestimmte Sprachfunktionen bezog, stellte er fest: »In unserer Sprache ist eine ganze Mythologie niedergelegt«.[34] Auf diesen Gedanken kommt er erst in der letzten Arbeit zurück, die er bis kurz vor seinem Tod fortführte. Hier entwickelt er den Begriff des Weltbildes, das aufs engste mit der jeweiligen Sprache und Kultur verbunden ist.[35]

Wie erwähnt, hat man gegen Wittgensteins Spätphilosophie gelegentlich eingewandt, sie sei nichts weiter als eine »an philosophischen Problemen orientierte Kulturanthropologie«.[36] Auf dieses Mißverständnis hat Wittgenstein schon selbst geantwortet: »Wenn wir die ethnologische Betrachtungsweise verwenden, heißt das, daß wir die Philosophie für Ethnologie erklären? Nein, es heißt nur, daß wir unsern Standpunkt weit draußen einnehmen, um die Dinge *objektiver* sehen zu können.«[37] Außerdem ist es dem Ethnologen methodisch strikt untersagt, Beispiele fremder Phänomene zu erfinden,[38] während der Sprachphilosoph sich beliebig viele Sprachspiele ausdenken kann, sofern sie nur plausibel und

33 *Eine Philosophische Betrachtung. Werkausgabe* 5, 147f.

34 Bemerkungen über Frazers *Golden Bough*, 38.

35 Cf. Schulte, 223f.

36 Dieter Birnbacher, Ludwig Wittgenstein. In: Norbert Hoerster (Hg.), *Klassiker des philosophischen Denkens*. 2, 341. München 1983.

37 *Vermischte Bemerkungen*, *Werkausgabe* 8, 502 (1940). Frankfurt 1994.

38 Man erinnere sich, daß es im Gelobten Land der unbegrenzten wissenschaftlichen Möglichkeiten, in den USA, eine berühmte Ethnologin gab, die ihre Forschungsergebnisse über die menschenfreundlichen Südseein-

aufschlußreich sind. Wenn Wittgenstein einmal feststellt, daß es eine anthropologische Konstante gibt, die ein Erlernen von Fremdsprachen möglich macht, nämlich »die gemeinsame menschliche Handlungsweise« als »Bezugssystem« (PhU § 206) formuliert er eine philosophische Theorie, und selbstverständlich stützen sich auch Ethnologie und Linguistik auf diese anthropologische Voraussetzung.

Ethnologie als Leitwissenschaft?

Wittgenstein wurde durch die Auseinandersetzung mit der Ethnologie dazu angeregt, die zentralen Thesen seiner frühen Philosophie der Idealsprache und des logischen Positivismus zu überdenken. In einem durchaus vergleichbaren Sinn bediente sich Feyerabend des ethnologischen Paradigmas der Feldforschung, um dem Wissenschaftsverständnis des Logischen Empirismus und des kritischen Rationalismus auf den Leib zu rücken und es als gänzlich ungeeignet zu verwerfen. Daß Feyerabend in seiner Schrift *Wider den Methodenzwang* (1975)[39] die Ethnologie als Leitwissenschaft wählte, brachte ihm den Vorwurf des Szientismus ein, so wie man den Vertretern des Logischen Positivismus vorgehalten hatte, sie orientierten sich kritiklos an den sogenannten exakten Naturwissenschaften. Hilary Putnam bemerkt treffend, daß Feyerabend mit seiner Wissenschaftskritik hauptsächlich »unsere gegenwärtigen institutionalisierten Rationalitätskriterien« im Auge hat. Er wendet aber gegen Feyerabend ein, daß der von ihm vertretene kulturelle Relativismus, wonach das, was als Rationalität gelten soll, das sei, was von dem jeweiligen kulturellen Kontext als solche betrachtet wird, eine »reduktionistische Theorie« sei: »Daß [die Rationalität] schlicht durch die jeweiligen kulturellen Normen definiert wird, ist dagegen eine von der Anthropologie inspirierte szientistische Theorie.«[40] Ist dieser Vorwurf wirklich berechtigt? Schauen wir uns näher an, was Feyerabend vorhat und wie er es ausführt.

Wider den Methodenzwang ist kein philosophischer Traktat im unpersönlichen Stil sachlicher Erörterung, sondern auf weite Strecken ein Pamphlet, das mit Ironie, Spott und Hohn gegen die von Feyerabend so

sulaner schlichtweg erfunden hatte, und alle Menschenfreunde haben ihr jahrzehntelang gerne geglaubt.

39 Revidierte und erweiterte Fassung 1983 (Frankfurt 1986). Auf diese Ausgabe beziehe ich mich im folgenden.

40 Hilary Putnam, *Vernunft, Wahrheit und Geschichte*. Dt. J. Schulte. Frankfurt 1995. 171, cf. 163 ff. über die Widersprüche des Relativismus.

genannte Ideologie der Wissenschaftlichkeit, d.h. die unkritische hingenommene Autorität der Wissenschaft in der Öffentlichkeit, lustvoll polemisiert. Wer diesen rhetorischen Charakter der Schrift nicht berücksichtigt, wird Mühe haben herauszufinden, was Feyerabend jeweils wirklich meint. Ich werde mich darauf beschränken, vier Punkte dieser Schrift in nüchterne Worte zu fassen, um abschließend seine Selbstkritik zu zitieren: erstens die Kritik der Wissenschaftsphilosophie, zweitens die wissenschaftshistorischen Fallstudien, drittens die Berufung auf die ethnographische Feldforschung und, damit verbunden, seine Kritik an einer Ethnologie, die ihrerseits wissenschaftsgläubig ist.

Anders als die Laien glauben und die Wortführer der Naturwissenschaften in der Öffentlichkeit behaupten, geht es in der angeblich exakten Wissenschaft nicht rational zu. Das ist Feyerabends Hauptthese, die er mit Thomas S. Kuhn teilt. Dieser untersucht vor allem die psychologischen Faktoren des wissenschaftlichen Fortschritts, während Feyerabend sich mit den Widersprüchen und Inkonsequenzen dieses Prozesses beschäftigt. Er stellt fest, daß das, was als Methode der Wissenschaft beschrieben werde, sich selten mit den Ergebnissen der historischen Forschung der wissenschaftlichen Praxis vereinbaren lasse. Zum Beispiel gäben die meisten Wissenschaftsphilosophien, die sich mit der kopernikanischen Revolution befassen, die historischen Tatsachen nicht richtig wieder. Allgemein könne man sagen, daß es in der naturwissenschaftlichen Forschung keine methodische Regel gebe, die nicht verletzt worden wäre, und es gebe keine naturwissenschaftliche Theorie, die mit allen Tatsachen auf ihrem Gebiet übereinstimme: »Alle Methodologien, auch die einleuchtendsten, [haben] ihre Grenzen« (l.c. 37). Sich der Figur der provokativen Übertreibung bedienend, behauptet er, die »große Wissenschaft« sei ein »geistiges Abenteuer, das keine Grenzen kennt und keine Regeln gelten läßt, nicht einmal die Regeln der Logik« (l.c. 239). Deshalb plädiert er für einen Methodenpluralismus und kommt zu dem Fazit: »Es gibt keine allgemeine Theorie der Wissenschaften, es gibt nur den Prozeß der Forschung und Faustregeln, die uns helfen, ihn weiterzuführen, die aber ständig auf ihre Brauchbarkeit hin überprüft werden müssen.« (l.c. 380)

Diese Kritik an einem allzu einfachen, schematischen Wissenschaftsbegriff begründet Feyerabend hauptsächlich durch eine historische Studie über den Fall Galilei. Er untersucht genauestens die astronomischen, optischen und physikalischen Kenntnisse Galileis, die recht fragmentarisch waren, und die wissenschaftlichen Argumente seiner Gegner, die rationaler verfuhren als er. Diese Kapitel über Galilei und die kopernikanische Revolution bilden das Zentrum, die *pièce de résistance*, der Methodenschrift Feyerabends. Und wenn man auch allerlei gegen seine allgemeine Methodenkritik einwenden kann, seine wissenschaftshistorische Untersuchung ist ein grundgelehrtes, brillantes Meisterstück ihrer Art, das den strengsten Standards der Wissenschaftlichkeit genügt. Es hat vielfach Beachtung gefunden.

Übrigens hat Feyerabend darin auch nebenbei mit dem heute noch verbreiteten Vorurteil aufgeräumt, die kirchlichen Gegner Galileis hätten einen dogmatischen Bibelglauben vertreten und seien wissenschaftsfeindlich gewesen: »Eine Wahrheit, auch wenn sie mit rein wissenschaftlichen Mitteln gefunden war, wurde von [der Kirche] nicht beiseite geschoben. Sie wurde verwendet, um traditionelle Auffassungen über den Sinn bestimmter Bibelstellen zu revidieren.« (l.c. 212)

Feyerabend zieht aus seinen wissenschaftshistorischen Forschungen den Schluß, daß konkurrierende Theorien und Forschungsprogramme insofern inkommensurabel seien, als sie im Hinblick auf ihren Inhalt nicht vergleichbar sind (l.c. 287). Und hier kommt nun die Methode des empirischen Anthropologen ins Spiel. In Feyerabends Augen unterscheidet sich die Methode, die er angewendet hat, um die archaische Kosmologie der Griechen zu beschreiben, »grundsätzlich« nicht von der Methode des Anthropologen, »der die Weltauffassung einer Gruppe von Stämmen untersucht« (l.c. 327). – Worin besteht die Aufgabe des Ethnologen? Er muß zunächst die fremde Sprache erlernen und die sozialen Gewohnheiten des exotischen Stammes kennenlernen. Dann kann er darangehen, die »Schlüsselideen« ihrer Weltauffassung herauszufinden, und er kann sich nicht die Mühe ersparen, diese Ideen zu »internalisieren«, so daß man sagen kann, er trage »sowohl die Eingeborenengesellschaft als auch seine eigene Kultur in sich« (l.c. 328). Erst wenn diese Voraussetzungen erfüllt sind, kann er darangehen, die beiden Kulturen zu vergleichen und zu entscheiden, ob man »die Denkweise der Eingeborenen mit europäischen Begriffen« wiedergeben kann oder »ob sie ihre eigene ›Logik‹ hat, die sich in keiner abendländischen Sprache findet.« (l.c. 329) Diesem Schritt folgt ein mühsamer Prozeß der Klärung, wie die Schlüsselideen der fremden Kultur zu verstehen sind, und es ist nicht garantiert, daß man überhaupt zu einem sicheren Ergebnis kommen kann.

Die Parallele zur Wissenschaftstheorie liegt auf der Hand: sie läßt sich nicht sinnvoll betreiben, ohne die wirkliche Praxis der Naturwissenschaftler zu untersuchen, z.B. zu erforschen, wie die Quantentheorie von den Physikern wirklich aufgefaßt und verwendet wird. Und es könnte sich herausstellen, daß es gar keine »eindeutige Theorie«, eine »Quantentheorie« gibt (l.c. 332).

Nebenbei gesagt, spiegelt sich in Feyerabends außerordentlich hohen Anforderungen, die er sowohl an den Anthropologen wie an den Wissenschaftshistoriker stellt, seine eigene Begabung wider. Er war nicht nur überdurchschnittlich sprachbegabt, sondern fachkundig in der modernen Physik und er hat die Naturphilosophie des Aristoteles gründlich studiert, um die vorkopernikanische Naturwissenschaft verstehen zu können.

Feyerabend hat die anthropologische Methode hauptsächlich herangezogen, um sein wissenschaftshistorisches Vorgehen zu beschreiben. Doch nimmt er den Vergleich auch auf, um gegen einige moderne Wissenschaftsphilosophen zu polemisieren und nachzuweisen, daß ihre Theorien empirisch nicht besser bestätigt seien als manche Vorstellungen archaischer Gesellschaften. Andererseits weist er aber auf hervorragende wissenschaftliche und technische Leistungen in archaischen und primitiven Kulturen hin, die bis heute nicht befriedigend erklärt werden konnten. Er nennt zoologische und botanische Klassifikationen, die leistungsfähiger sind als die Klassifikationen der modernen Biologie, er verweist auf den Bau der Pyramiden, die polynesische Navigationskunst, die Astronomie der älteren Steinzeit und die Vielzahl von Heilmitteln und Heilverfahren in primitiven Kulturen, von denen die moderne Medizin einiges lernen kann.

Schließlich nimmt er auch das praktische Verhalten des ethnologischen Feldforschers aufs Korn, der etwas entdeckt hat, was er nicht verstehen kann, darauf aber nicht wissenschaftlich korrekt reagiert: »Statt seine Unkenntnis zuzugeben, beschreibt der Forscher eine neue Entdekkung der ›Primitivität‹ des vor- und außer-abendländischen Denkens.« (l.c. 60) Auch ethnologische Klassiker wie Evans-Prichard und Lévi-Strauss kommen nicht ungeschoren davon, weil sie die Wissenschaft »von ihrer Relativierung aller Denkformen« ausgenommen hätten: »Auch für sie ist die Wissenschaft eine neutrale Struktur, die positives Wissen enthält, das von Kultur, Ideologie, Vorurteil unabhängig ist.« (l.c. 387) Angesichts dieser Kritik an dem Szientismus der Ethnologen läßt sich der Einwand kaum aufrechterhalten, Feyerabend sei selbst szientistisch oder reduktionistisch eingestellt.

In den Worten, daß alle Denkformen als gleichberechtigt betrachtet werden sollten, kommt aber Feyerabends radikaler Kulturrelativismus zum Ausdruck. Dazu brauchen wir nichts mehr zu sagen, da die grundsätzliche Widerlegung des relativistischen Standpunkts auch auf seine Position zutrifft. Allerdings läßt sich nicht leugnen, daß in Feyerabends Auffassung ein rationaler Kern steckt, der nicht zu übersehen ist. Denn daß man alle Denkformen, denen man begegnet, zunächst ernstnehmen sollte, weil es nicht auszuschließen ist, daß sie uns etwas Wahres zu sagen haben, entspricht sowohl dem Verstehensbegriff Gadamers als auch der Maxime der rationalen Kritik Poppers. Feyerabends Auffassung in diesem Punkt ist aber deshalb relativistisch, weil er polemisch leugnet, daß man kritisch zwischen richtigen und falschen kulturell bedingten Standpunkten unterscheiden könne.

Doch soll nicht verschwiegen werden, daß er später den »weltanschaulichen Relativismus« entschieden abgelehnt hat.[41] Er hat die Auffassung revidiert, »daß Kulturen mehr oder weniger geschlossene Einheiten mit ihren eigenen Kriterien und Verfahren sind, daß sie ihren Wert in sich selbst haben und daß nicht von außen in sie eingegriffen werden sollte.« Er verwirft nun dieses Modell, weil es die vielfältigen Beziehungen zwischen den Kulturen und ihre Veränderungen nicht berücksichtigt, und kommt zu der bemerkenswerten Einsicht in die Einheit der menschlichen Natur: »Wenn ich mir ansehe, wieviel die Kulturen voneinander gelernt und wie unbefangen sie das gesammelte Material übernommen haben, dann komme ich zu dem Schluß, daß *jede Kultur potentiell alle Kulturen in sich birgt* und daß bestimmte kulturelle Züge nichts anderes sind als die wandelbaren Ausdrucksformen *einer einzigen menschlichen Natur*.«[42]

Zu dem Modell der in sich abgeschlossenen Kulturen und dem damit verbundenen Relativismus wäre noch zu bemerken, daß es sich keineswegs um spezifische Gedanke ethnologischer Provenienz handelt. Die Idee liegt vielmehr der geschichtsphilosophischen Konstruktion von Oswald Spenglers Werk *Der Untergang des Abendlandes* (1918/1923) zugrunde, einem Buch, das in der Zwischenkriegszeit den stärksten intellektuellen Einfluß ausübte.

Feyerabend vertritt aber in seinen späteren Jahren nicht nur eine Einheitstheorie der Menschheit, die der Auffassung Poppers nahekommt, er spricht sich auch für einen unmißverständlichen moralischen Universalismus aus. Er meint nämlich, daß »kulturelle Besonderheiten nicht sakrosankt sein können. Es gibt keine ›kulturell gerechtfertigte‹ Unterdrückung und keinen ›kulturell gerechtfertigten‹ Mord. Es gibt nur Unterdrückung und Mord, und beide sollten als solche behandelt werden, und wenn nötig, mit Entschiedenheit.«[43]

Als Beleg, wie man es nicht machen sollte, kann man aus unseren Tagen leider ein »Musterbeispiel falsch verstandener interkultureller

41 Paul Feyerabend, *Briefe an einen Freund*. Hg. H.P. Duerr. Frankfurt 1995. 279.

42 P. Feyerabend, *Zeitverschwendung*. Dt. J. Jung. Frankfurt 1997. 205.

43 L.c. 205.

Toleranz« anführen.[44] Gemeint ist der Kommentar zu der Ausgabe *Das Buch der Weisungen für die Frauen* des islamischen Rechtsgelehrten Ibn al-Djauzi aus dem 12. Jahrhundert. Das Buch ist im Verlag der Weltreligionen, einer Sparte des Suhrkamp-Verlags, mit einem Kommentar erschienen, in der die Herausgeberin, Mitarbeiterin an einem Lehrstuhl für Arabistik, zwar die kulturhistorische Bedeutung der Schrift würdigt, aber mit keinem Wort »die immense sozialpraktische Wirkung« der »diskriminierenden Vorschriften« des Buches, »also die Unterdrückung und Mißhandlung von Millionen muslimischer Frauen« beim Namen nennt.

Diese Art von moralischer Blindheit im Namen einer angeblich objektiven oder wertfreien Kulturwissenschaft ist es, die Feyerabend bei seiner zuletzt erwähnten Kritik im Auge hat. Es geht um den gar nicht so seltenen Fall, bei dem die Idee der Interkulturalität zur doktrinären Ideologie wird.

II. Umstrittene Lehren

Wer Fragen der Methoden eines Fachs bespricht, kann nicht umhin, dabei auch einige Theorien des Fachs zu berühren. Im folgenden will ich einige umstrittene Lehren der Ethnologie etwas ausführlicher behandeln. Erstens handelt es sich dabei um die These von einem prälogischen Denken; zweitens um das Problem, ob es eine Zeiterfahrung ohne zeitliche Sprachformen geben kann; drittens geht es um die Frage, was es heißen kann, daß Menschen einer exotischen Gesellschaft keinen Personen- oder Ichbegriff haben, und schließlich steht die Frage zur Debatte, ob das Prinzip der sprachlichen Relativität notwendig zu einem erkenntnistheoretischen Relativismus oder zu einem totalen Skeptizismus führen muß.

Prälogisches Denken

Die Lehre von der prälogischen Mentalität oder Denkart wurde von dem französischen Ethnologen und Philosophen Lucien Lévy-Bruhl (1857-1939), einem Schüler Emile Durckheims, in dem Buch *Les fonc-*

44 Johan Schloemann, Die Muslima als Sklavin. Der »Verlag der Weltreligionen« billigt Frauenunterdrückung. *Süddeutsche Zeitung* 23./24. Mai 2009.

tions mentales dans les sociétés inférieures (1910) aufgestellt, das 1921 unter dem Titel *Das Denken der Naturvölker* auf deutsch erschienen ist. Diese These hat Lévy-Bruhl in weiteren Werken zu belegen und zu begründen versucht. So in *La mentalité primitive* (1922; dt. *Die geistige Welt der Primitiven*, 1927). Lévy-Bruhl hat die Lehre von der prälogischen Mentalität, die er als unverzichtbare Arbeitshypothese betrachtet, im Gegenzug zu der englischen anthropologischen Schule von Frazer und Tyler entwickelt. Diese Forscher setzten als Axiom die »Identität des menschlichen Geistes« voraus. Das bedeutet für die Erforschung der Kollektivvorstellungen der Primitiven: »Wir wissen von vornherein, daß dieser Geist bei ihnen nicht anders beschaffen ist als bei uns. Alles, was zu erforschen übrig bleibt, beschränkt sich darauf, zu erklären, wie geistige Funktionen, die mit den unsrigen identisch sind, jene Vorstellungen und Verknüpfungen hervorrufen konnten.«[45]

Lévy-Bruhl behauptet nun, daß dieser Ansatz nicht der besonderen Eigenart der kollektiven Auffassungen der Naturvölker gerecht wird. Deshalb postuliert er eine prälogische Mentalität, die aufs engste mit einem Gesetz der »mystischen Partizipation« verbunden ist. Mit diesen Begriffen interpretiert er seine Beobachtungen, »daß in den Kollektivvorstellungen des primitiven Denkens die Gegenstände, Wesen, Erscheinungen auf eine uns unverständliche Weise sie selbst und zugleich etwas anderes als sie selbst sein können. Auf eine nicht minder unverständliche Weise entsenden und empfangen sie Kräfte, Fähigkeiten, Eigenschaften, mystische Wirkungen, die außerhalb von ihnen fühlbar werden, ohne aufzuhören, zu sein, wo sie sind.« Als Beispiel führt er einen nordbrasilianischen Stamm an, dessen Angehörige behaupten, sie, die menschliche Wesen sind, seien wirklich rote Papageien (l.c. 58). Das Wort ›mystisch‹ verwendet er in der Bedeutung von ›für die Sinne nicht wahrnehmbar‹ (l.c. 23). Und er erklärt, daß er ebenso gut von einer mystischen wie von einer prälogischen Geistesart hätte sprechen können. Der Ausdruck ›prälogisch‹ soll keine temporale Bedeutung haben und nicht besagen, daß damit ein Stadium der Geistesbeschaffenheit gemeint sei, das dem logischen Denken vorausgeht. Lévy-Bruhl will damit auch nicht sagen, daß »die geistige Beschaffenheit der Gesellschaften auf niedriger Stufe« antilogisch oder alogisch sei: »Mit der Bezeichnung prälogisch will ich nur sagen, daß sie sich nicht wie unser Denken verpflichtet, sich des Widerspruchs zu enthalten. Sie gehorcht vorerst dem Gesetz der Partizipation. So orientiert, gefällt sie sich nicht

45 Lucien Lévy-Bruhl, *Das Denken der Naturvölker*. Dt. W. Jerusalem. Wien 1921. 58.

in willkürlichen Widersprüchen (dadurch würde sie für uns einfach absurd werden), aber sie denkt auch nicht daran, sie zu vermeiden. Sie ist in diesem Punkte meistens indifferent. Daher kommt es, daß es so schwer ist, ihr zu folgen.« (l.c. 59)

Als Beispiele für dieses Denken, das uns inkonsistent erscheint, nennt er: »Ubiquität oder Vielgegenwart der Wesen, Identität des Einen und des Vielfachen, desselben und des anderen, des Individuums und der Gattung, all dies sind Anschauungen, die ein Denken, welches dem Prinzip des Widerspruchs unterworfen ist, entsetzen und zur Verzweiflung bringen können.« (l.c. 325) Er meint, solange das Gefühl der mystischen Partizipation lebendig sei, stelle sich für diese Menschen die Frage nach der Wahrheit nicht, sie hätten in diesem Stadium intensiven Gefühls und Erlebens kein logisches Bedürfnis. So könnten sie annehmen, ein Wesen sei es selbst und gleichzeitig ein anderes, es sei an einem Ort und anderswo, es sei individuell und kollektiv (l.c. 337, 339).

Als Fazit seiner Überlegungen können die folgenden Sätze gelten: »Wenn das logische Denken den Widerspruch nicht duldet und, so wie es ihn bemerkt, für seine Austreibung kämpft, so verhält sich im Gegenteil die prälogische und mystische Geistesart gegen das logische Bedürfnis gleichgültig. Sie sucht nicht den Widerspruch; aber sie flieht ihn auch nicht.« (l.c. 343) Auch meint er, derartige Vorstellungen könnten sich auch neben dem logischen Denken lange Zeit weiter erhalten.

Warum konnte Lévy-Bruhl nach dem Ersten Weltkrieg nicht nur in Deutschland, aber doch vor allem in der intellektuellen Öffentlichkeit Deutschlands, ein derart starkes Echo auslösen? Er hatte damals in nichtwissenschaftlichen Kreisen ein ähnlich hohes Ansehen wie Albert Einstein. Kurt Tucholsky beruft sich auf Lévy-Bruhl als anerkannte Autorität,[46] in der Poetik von Alfred Döblin sind die Spuren von Lévy-Bruhls Lehre nicht zu übersehen.[47] Auch Einstein las die vieldiskutierten Bücher des Ethnologen, wie übrigens auch Lévy-Bruhl sich mit Schriften des Physikers beschäftigte.[48] Offensichtlich konnte Lévy-Bruhl deshalb

46 Vgl. Kurt Tucholsky, *Gesammelte Werke* 8, 263 (Auf dem Nachttisch); 9, 135 (Der verspielte Mann).

47 Cf. J. Quack, *Geschichtsroman und Geschichtskritik. Zu Alfred Döblins ›Wallenstein‹*. Würzburg 2004. 284.

48 Cf. Maurice Leenhardt, Préface. In: L. Lévy-Bruhl, *Les carnets*. Paris 1949. IXf.: »Et c'est la lecture d'un article d'Einstein qui lui revèle un aspect suggestif et nouveau de la réalité. Le physicien a noté simplement que ce qui est incompréhensible dans le monde est qu'on puisse précisément le comprendre. La pensée de Lévy-Bruhl rebondit magnifiquement devant cette assertion. Elle se déroute d'un trait. ›L'intelligibilité du monde sen-

diese phänomenale Wirkung ausüben, weil seine Lehre von der prälogischen Geistesart einer irrationalen Strömung im öffentlichen Klima dieser Jahre gerade recht kam und diese Tendenz noch verstärkte.

Der beste Beleg für diese Wirkung ist der Gebrauch, den Egon Friedell in seiner *Kulturgeschichte der Neuzeit* (1927/31), einem Standartwerk, das bis heute viel gelesen wird, von Lévy-Bruhls These macht. Nach Friedells Geschichtsverständnis ging mit dem Ersten Weltkrieg eine vierhundertjährige Epoche der rationalen Weltauffassung, des Glaubens an den wissenschaftlichen Fortschritt und der Überschätzung der logischen Rationalität zu Ende.[49] Deshalb greift er die Lehre von der prälogischen Geistesart und der mystischen Welt begeistert auf, und er überbietet sie insofern, als er sagt, man solle nicht von einem prälogischen Denken als einer Vorstufe der logisch-rationalen Denkart sprechen, sondern von einem ›überlogischen Denken‹, das als kleines Segment den Rationalismus als »temporäres Vorurteil« umfaßt.[50]

Lévy-Bruhls These blieb natürlich nicht unwidersprochen. Von seiten der Philosophie hat aber Quine das überzeugendste Argument gegen den »Mythos von den prälogischen Völkern« vorgebracht.[51] In seinem Hauptwerk unternimmt Quine den Versuch, die elementaren Beziehungen zwischen Sprache und Welt zu beschreiben und zu erklären. Er fragt nach den sprachlichen und logisch-semantischen Mitteln, die wir im Alltag und in der wissenschaftlichen Theorie verwenden, um das natürliche Universum zu beschreiben. Er beginnt seine logisch-semantische Untersuchung mit einer Fallbeschreibung, die die denkbar minimalste Voraussetzung macht. In einem Gedankenexperiment schildert er eine Situation, die der extremsten Lage eines ethnologischen Feldforschers gleicht. Er stellt sich vor, daß ein Sprachforscher auf ein bisher unberührtes Volk trifft, dessen Sprache er ohne Hilfe eines Dolmetschers verstehen lernen will. In diesem Fall der radikalen Übersetzung oder der Erstübersetzung bleibt ihm nur die behavioristische Methode. Er muß beobachten, wie die Eingeborenen auf bestimmte Reize, Ereignisse oder sprachliche Äußerungen reagieren. Das vieldiskutierte Ergebnis dieses Gedankenexperiments besagt, daß die Erstübersetzung von Wörtern oder Gelegenheitssätzen immer ein Moment der Unbestimmtheit ent-

sible ordonné et réglé par la science est à jamais inintilligible. Elle est un fais qui s'impose à nous. ... Elle n'est donc pas un absolu.‹«

49 Egon Friedell, *Kulturgeschichte der Neuzeit.* München 1976. 234.

50 L.c. 237 ff.

51 Willard Van Orman Quine, *Wort und Gegenstand.* Dt. J. Schulte. Stuttgart 1980. 131.

hält. Das heißt, die Bedeutungen der Wörter lassen sich nicht klar und deutlich eruieren. Ein deskriptiver Ausdruck könnte den Gegenstand, z.B. einen vorbeilaufenden Hasen, als ganzes beschreiben oder nur einen Teil des Gegenstandes (Langohr) oder das Wesen, die Idee des Gegenstands oder die Erscheinung des Gegenstandes als ein komplexer Vorgang. Dabei macht Quine die Voraussetzung, »daß es einen empirischen Weg gibt, um das Zustimmungs- oder Ablehnungsverhalten der Fremden zu identifizieren«, was »natürlich höchstens eine praktische Zuverlässigkeit, keine mathematische Sicherheit« ergibt.[52]

Für unseren Zusammenhang ist nun interessant, daß es unter dieser Voraussetzung möglich ist, die logischen Verknüpfungen, der Konjunktion, der Negation und der Alternation, korrekt zu übersetzen. Umgangssprachlich gesagt, handelt es sich um die Partikel ›und‹, ›nicht‹ und ›oder‹. Denn es ist möglich, indem man sich auf Zustimmung und Ablehnung bezieht, »semantische Kriterien für Wahrheitsfunktionen« aufzustellen, »d.h. Kriterien, durch die festgestellt werden soll, ob eine bestimmte Redeweise der Eingeborenen als Ausdruk einer bestimmten Wahrheitsfunktion zu konstruieren ist.«[53] Er gibt genau an, wie man feststellen kann, ob eine Negation, eine Konjunktion oder eine Alternation vorliegt, und zeigt danach, daß man auf ähnliche Weise mit allen Wahrheitsfunktionen verfahren kann.

Das Fazit dieser Überlegungen im Hinblick auf die These von Lévy-Bruhl lautet: »Mit der Lehre von einer ›prälogischen Mentalität‹ stimmt dieser Ansatz nur schlecht überein. Um den Extremfall zu wählen, nehmen wir an, daß bestimmte Eingeborene angeblich gewisse Sätze als wahr akzeptieren, die sich in der Form ›p und nicht-p' übersetzen lassen. Diese Behauptung ist unseren semantischen Kriterien zufolge nun aber absurd. Und wenn man nicht dogmatisch sein möchte: Welche Kriterien könnte man vorziehen? Liederliches Übersetzen kann die Sprache der Eingeborenen in jedem beliebigen Maß seltsam klingen lassen. Jede bessere Übersetzung aber nötigt ihnen unsere Logik auf und würde damit die Frage der Prälogizität vorentscheiden, wenn es hier überhaupt eine solche Frage gäbe.« (l.c. 113)

Dem wäre hinzuzufügen, daß heute für den Dialog zwischen Kulturen als erste Norm gilt, daß die fremden Kulturen nicht einer prälogischen Stufe der Geistesart angehören. Allerdings wird dies als Verhaltensnorm, gewissermaßen als Gebot der politischen Korrektheit

52 Wolfgang Stegmüller, *Hauptströmungen der Gegenwartsphilosophie* 2, 292. Stuttgart 1987.

53 Quine 111.

formuliert oder postuliert. Bei Quine haben wir es dagegen nicht mit einer Höflichkeitsnorm für die Völkerverständigung zu tun, sondern mit einer rationalen Begründung, und rationales Überlegen ist das, was einen Philosophen auszeichnet. Quine weist nicht nach, daß die prälogische These in einem bestimmten Einzelfall unzutreffend ist, seine Überlegung ist prinzipieller Natur, er weist nach, daß jene These auch dann nicht verständlich gemacht werden kann, wenn man die restriktivsten Bedingungen der Übersetzung voraussetzt.

Berühmt und umstritten war auch eine zweite These Lévy-Bruhls, seine Erklärung des magischen Weltbildes. Es war dieser Aspekt der ethnologischen Deutung, für den Einstein sich besonders interessierte. Der Diplomat und Schriftsteller Harry Graf Keßler notiert anläßlich einer Begegnung mit Einstein am 14. Juni 1927: »Einstein: Gewiß; er lese gerade Lévy-Bruhls Buch über primitives Denken, Dämonen überall. Wahrscheinlich sei der Glaube an die Einwirkung von Dämonen überhaupt die Wurzel unseres Kausalbegriffs. (Er wollte offenbar damit sagen, der Weg sei vom Dämonenglauben zur Astrologie [Einwirkung der Gestirne] und von dieser über das kopernikanische Weltsystem zu rein kausal-mechanischen Naturanschauung gegangen.)«[54] Lévy-Bruhl schreibt den Primitiven eine magische Sprachauffassung zu. Er behauptet, allein der Gebrauch der Worte sei »eine magische Handlung«.[55]

Diese Auffassung der Sprache und das damit verbundene Weltverständnis wurden von dem Sprachphilosophen Karl Bühler in seiner *Sprachtheorie* (1934) energisch zurückgewiesen. Bühler zeigt auf, daß diese Geisteshaltung eine reflexive Einstellung, d.h. eine sekundäre Einstellung ist und daß ihr der unreflektiert erlernte Sprachgebrauch vorausgehen muß. Gedanken über die Sprache und die Macht, die im Benennen der Dinge liegt, kann man sich erst machen, wenn man gelernt hat, wie die Namen der Dinge zu verwenden sind. Daß die magische Haltung immer eine reflektierende Einstellung ist, stützt Bühler auch mit dem Hinweis auf die Illusionsspiele der Kinder, die dabei eine »völlig magie-freie *Experimentierhaltung*« einnehmen.[56] Das bedeutet aber nichts anderes, als daß die Kinder den Unterschied von Fiktion und Wirklichkeit kennen, noch bevor sie richtig sprechen können. Und er ergänzt, daß »die sogenannten Primitiven« in ihrem Lebensraum durchaus »faktisch lebenstüchtig« seien; das aber impliziere, daß sie in diesem elementaren Bereich die Sprache so verwenden, daß der prak-

54 Harry Graf Keßler, *Tagebücher 1918–1937*. Frankfurt 1996. 549.
55 Lévy-Bruhl, *Das Denken der Naturvölker* 151.
56 Karl Bühler, *Sprachtheorie*. Stuttgart 1982. 219.

tische Erfolg im Umgang mit Menschen und Dingen garantiert sei.[57] Bühlers Argumentation richtet sich ausdrücklich gegen die These der prälogischen Geistesart.

Eine ähnliche Überlegung, wie sie Bühler anstellt, hat auch Lévy-Bruhl in Betracht gezogen, doch hat er ihr keine prinzipielle Bedeutung beigemessen. Er schreibt, er habe zu zeigen versucht, »wie die primitive Mentalität, die dem Widerspruch gegenüber oft gleichgültig bleibt, nichtsdestoweniger sehr fähig ist, ihn zu vermeiden, sobald die Handlungsnotwendigkeiten es erfordern.«[58] Wenn er dann sagt, die Vorstellungen, die bei den Naturvölkern der Einzelne von sich und seiner Gemeinschaft habe, seien »mehr gefühlt und erlebt, als gedacht«,[59] bleibt er die Erklärung schuldig, wie die nicht-magische oder nicht-mystische Bewältigung der Alltagspraxis mit einer nur gefühlten oder nur erlebten mystischen Weltsicht zusammenpaßt. Bühler aber hat den einfachen Umstand herausgearbeitet, daß eine derartige Welterfahrung ohne Reflexion nicht möglich ist.

Zu Ehren von Lévy-Bruhl muß man jedoch erwähnen, daß er in späteren Jahren die These von der prälogischen Mentalität aufgegeben hat. Er stellt nun klar, daß es sich bei der mystischen Partizipation, die er als prälogische Struktur des Denkens gedeutet hatte, nicht um eine kognitive, sondern um eine affektive Angelegenheit handle. Es gebe keine logische Kategorie, kein Gesetz der Partizipation, sondern wesentlich nur ein Gefühl; er spricht von der »affektiven Kategorie des Übernatürlichen«.[60] Und was den umstrittenen Punkt seiner Lehre angeht, notiert er: »La mentalité primitive est moins sensible que la nôtre à la contradiction; ne l'accepte pas formellement, mais la tolère, etc. ... Expliquer qu'en y regardant de plus près, il ne s'agit pas de contradiction, au sens rigoureux du mot, – d'incompatibilité au sens physique, mais non pas d'absurdité logique.«[61] Die Welterfahrung der Primitiven enthält also keine logischen Widersprüche, sondern nur Unverträglichkeiten in physischer Hinsicht. Da es sich dabei nicht mehr um eine Eigenschaft des Denkens handelt, besagt diese Erklärung das Gegenteil dessen, was er und seine Anhänger vordem unter prälogischem Denken verstanden haben.

57 L.c. 220.

58 Lucien Lévy-Bruhl, *Die geistige Welt der Primitiven* (1927) (La mentalité primitive). Dt. M. Hamburger. Darmstadt 1959. 349.

59 L.c. 352.

60 Lucien Lévy-Bruhl, *Les carnets*. Paris 1949. 137.

61 L.c. 166.

Zeiterfahrung

Kann es eine Weltauffassung geben, die ohne den Begriff der Zeit in unserem Sinne auskommt? Daß es eine solche Weltauffassung gebe, ist die These, die Benjamin Lee Whorf in seinen Forschungsberichten über die Sprache der Hopi-Indianer aufstellt. Er behauptet, die Hopisprache enthalte »keine Wörter, grammatischen Formen, Konstruktionen oder Ausdrücke [...], die sich direkt auf das beziehen, was wir ›Zeit‹ nennen.« Und er fügt hinzu: »Dennoch ist diese Sprache durchaus fähig, allen beobachtbaren Phänomenen des Universums in einem pragmatischen oder operativen Sinn gerecht zu werden und sie korrekt zu beschreiben.«[62] Diese Behauptung ist nach seiner Ansicht ebenso plausibel wie die Tatsache, daß es nichteuklidische Geometrien gebe, die geeignet sind, die räumliche Gestalt des Universums zu beschreiben.

Gegen diese These wurden im wesentlichen drei Einwände erhoben, ein begrifflicher, ein grammatischer und ein anthropologischer Einwand. Franz von Kutschera hat gegen Whorfs Behauptung vorgebracht, »daß es Whorf nicht einmal gelingt, den den europäischen Sprachen, bzw. den unserem Weltbild zugrundeliegenden Zeitbegriff präzise zu charakterisieren«.[63] Wenn er aber nicht einmal »die europäische Zeit« genauer zu bestimmen vermochte, ergeben sich berechtigte Zweifel, ob er die »Hopizeit« tatsächlich zutreffend analysiert hat.

Zweitens hat Kutschera angemerkt, daß die Beziehung zwischen sprachlichen Tempusformen und physikalischen Zeitphasen kaum so eng sein dürfte, wie Whorf dies in seinem Argument voraussetzt.[64] Die grammatischen Tempora haben nicht immer die Aufgabe, Zeitverhältnisse anzuzeigen. In erzählenden Texten können die Tempora der Vergangenheit gegenwärtige Ereignisse beschreiben, das Präsens kann dazu dienen, Ereignisse der Vergangenheit zu schildern. Der erste, der die *prinzipielle* Bedeutung dieser Beobachtung erkannt hatte, war übrigens Alfred Döblin, der nicht nur ein bedeutender Romancier, sondern auch ein Pionier der Erzähltheorie war. Käte Hamburger und vor allem Harald Weinrich haben den Gedanken aufgegriffen und systematisch entwickelt.

Der dritte Einwand ist eine anthropologische Überlegung Karl Poppers, die besagt, daß auch die Hopi-Indianer eine abstrakte Theorie

62 Benjamin Lee Whorf, *Sprache, Denken, Wirklichkeit. Beiträge zur Metalinguistik und Sprachphilosophie*. Dt. P. Krausser. Reinbek 1963. 102.

63 Franz v. Kutschera, *Sprachphilosophie*. München 1975. 314.

64 L.c. 314.

der Zeit ähnlich der unseren haben müssen: »Ich glaube, daß sie eine Vorstellung vom Schlaf haben müssen, von Einschlafen und Wiedererwachen und von der Wiederholbarkeit dieser Vorgänge, und solche abstrakten Vorstellungen sind, so meine ich, grundlegend für unseren wie für ihren Zeitsinn.«[65]

Aus dieser kurzen Diskussion ergeben sich zwei Fragen. Es bleibt offen, ob Whorfs Analyse der Hopizeit ein geeignetes Argument ist, das Prinzip der sprachlichen Relativität zu begründen. Auf dieses Prinzip werden wir zurückkommen. Offen geblieben ist auch die Frage, was es bedeutet, einen Begriff einer Sache zu haben. Das aber ist, wie man leicht sieht, ein zentrales Problem der ethnologischen Forschung, wenn sie das Begriffssystem einer fremden Kultur beschreiben will. Es ist aber nicht nur ein Problem der Ethnologie, sondern ein allgemeines Problem der Philosophie und unseres Alltagsverständnisses.

Begriff der Person

Um zu illustrieren, worum es hier geht, seien drei Beispiele aus unserer Bildungstradition angeführt. Das erste Beispiel entstammt einer Komödie Molières, in der Monsieur Jourdain sich darüber wundert, daß er, ohne es zu wissen, sein Leben lang Prosa gesprochen hat. Er wußte natürlich, daß er keine Verse spricht, er verfügte aber nicht über den Begriff der Prosa, obwohl er mühelos die damit bezeichnete Sprachform beherrscht. Der Fall gleicht der von Wittgenstein beschriebenen Situation: »Man muß daran denken, daß es einen Zustand der Sprache geben kann (und wohl gegeben hat), in welchem sie den allgemeinen Begriff der Sinnesempfindung nicht besitzt, aber doch Wörter, die unseren ›sehen‹, ›hören‹, ›schmecken‹ entsprechen.«[66]

Das zweite Beispiel ist ein wenig subtiler, da es nicht dem Alltagsleben entnommen ist, sondern einer theoretischen Erörterung zwischen Goethe und Schiller. Als Goethe versuchte, Schiller die Theorie von der Ur-Pflanze als seine »Erfahrung« zu erklären und mit einigen Strichen aufzeichnete, erwiderte Schiller: »Das ist keine Erfahrung, das ist eine Idee«. Darauf Goethe indigniert: »Das kann mir sehr lieb sein, daß ich Ideen habe, ohne es zu wissen, und sie sogar mit Augen sehe.«[67]

65 Karl R. Popper/John C. Eccles, *Das Ich und sein Gehirn*. Dt. W. Hochkeppel. München 1991. 553.

66 L. Wittgenstein, *Zettel. Werkausgabe* 8, 384. Frankfurt 1994.

67 Richard Friedenthal, *Goethe. Sein Leben und seine Zeit*. München 1982. 308.

Das dritte Beispiel stammt von Augustinus und handelt wiederum von der Zeit: »Quid est ergo tempus? Si nemo ex me quaerat scio; si quaerenti explicare velim, nescio« (Conf. XI,14). Wittgenstein zitiert den Satz als Beleg für den Fall, daß wir etwas Offenkundiges zu verstehen suchen. Er merkt dazu an, daß man die Bemerkung, die Augustinus über die alltägliche Zeiterfahrung macht, nicht über einem naturwissenschaftlichen Begriff machen könne, und er deutet das vorliegende Problem als ein Problem des Sich-Besinnens: »Das, was man weiß, wenn uns niemand fragt, aber nicht mehr weiß, wenn wir es erklären sollen, ist etwas, worauf man sich *besinnen* muß.« (PhU § 89) Das ist zweifellos richtig, doch scheint Wittgenstein nicht gesehen zu haben, daß hier nicht die Paradoxie vorliegt, »daß man etwas zugleich wissen und nicht wissen kann. Denn das Wort ›wissen‹ wird von Augustin zweideutig verwendet. Wissen im ersten Sinn heißt: Kennen, das Wort verstehen bzw. verwenden können. Wissen im zweiten Sinn heißt: Rechenschaft geben können, erklären können. Die Schwierigkeit, auf die Augustin aufmerksam gemacht hat, besteht darin, daß es aus der Perspektive unserer gewöhnlichen, empirischen Begriffe überraschend erscheint, daß es Begriffe gibt, die wir zwar verstehen, die wir aber nicht ohne weiteres erklären können, so daß hier eine eigene Untersuchung erforderlich ist, eben die spezifisch philosophische.«[68] Das heißt, es ist eine philosophische Aufgabe zu erklären, was es bedeutet, über den Begriff einer Sache zu verfügen.

Anhand der Beispiele läßt sich sagen, daß man dann über den Begriff einer Sache verfügt, wenn man erklären kann, wie er in modellhaften Situationen richtig verwendet wird, wenn man die Unterscheidungen tatsächlich machen kann, die mit dem Begriff beschrieben werden.[69] Man könnte im Anschluß an Platon, der der erste Philosoph war, der das Problem systematisch untersuchte, auch sagen, daß man dann über einen Begriff verfügt, wenn man den begrifflichen Ausdruck definieren kann, und nach dem Gesagten ist klar, daß »sinnvolles Reden noch nicht [voraussetzt], daß der Sprechende jeden benutzten Ausdruck definieren kann«.[70]

Um die Sache nicht ungebührlich zu vereinfachen, muß man hier noch zwei Anmerkungen hinzufügen. Wittgenstein hat für die Situation der alltäglichen Sprachverwendung darauf aufmerksam gemacht, daß

68 E. Tugendhat, Überlegungen zur Methode der Philosophie aus analytischer Sicht. In: *Philosophische Aufsätze*. Frankfurt 1992. 264.

69 Cf. Kutschera, 305.

70 Günther Patzig, Platon. In: Norbert Hoerster (Hg.), *Klassiker des philosophischen Denkens* 1, 17. München 1983.

wir die Sprache nicht mit einem mathematischen Kalkül gleichsetzen können. Er meint, in den meisten Fällen könnten mir überhaupt keine Definitionen für die von uns verwendeten Ausdrücke angeben: »Wir sind unfähig, die Begriffe, die wir gebrauchen, klar zu umschreiben; nicht, weil wir ihre wirkliche Definition nicht wissen, sondern weil sie keine wirkliche ›Definition‹ haben.«[71] Und Popper hat wiederholt erklärt, daß selbst in der wissenschaftlichen Forschung Definitionen nur eine Hilfsfunktion haben und daß es unsinnig sei, verlangen zu wollen, daß alle Begriffe definiert würden, da dies zu einem unendlichen Regreß führen würde.

Dieser begriffstheoretische Exkurs war nötig, um eine der seltsamsten Behauptungen diskutieren zu können, der man in der philosophischen Literatur begegnen kann. In der Einleitung zu einer Auswahl klassischer Texte der Anthropologie bezieht sich Gunter Gebauer auf den Aufsatz von Geertz über das ethnologische Verstehen und spricht von Kulturen, die »den Personenbegriff und das Ich gar nicht ausgebildet haben«.[72] Es soll also Menschen in irgendwelchen exotischen Gesellschaften geben, die sich nicht als Personen verstehen und nicht mit Selbstbewußtsein begabt sind. Das erscheint auf den ersten Blick unplausibel und unglaubwürdig, weil es unserem Verständnis vom Menschen radikal widerspricht, und es ist auf den zweiten Blick auch eine unzutreffende Auslegung der Beschreibung, die Geertz in dem erwähnten Aufsatz über das Verstehen der Kultur der Balinesen gibt.

Geertz schreibt, es sei seine Absicht, herauszufinden, wie sich die Eingeborenen »überhaupt selber verstehen«. Dann kommt er auf eine ähnliche Unterscheidung zurück wie die zwischen praktischem und reflektiertem Sprachgebrauch. In Bezug auf das Selbstverständnis der Eingeborenen sagt er: »In gewissen Sinne weiß das natürlich niemand besser als sie selbst [...] Genauer besehen ist diese Binsenweisheit jedoch schlechtweg falsch. Die Leute verwenden ihre erfahrungsnahen Begriffe spontan und ohne sich dessen bewußt zu sein, sozusagen beiläufig im Gespräch«.[73] Hier mag man einwenden, daß dieses Argument wohl für den Sprachgebrauch im allgemeinen zutrifft, nicht jedoch für den Fall des besonderen Wissens, das jeder Mensch von sich selbst hat. Doch wollen wir die Frage offen lassen, da Geertz nur erklären will, warum er hier die Methode, sich an die Stelle des Fremden zu versetzen, verwirft. Gewiß möchte er herausfinden, »wie die Leute, die dort leben, sich selbst als Personen definieren« – er wählt dazu aber die Analyse der

71 L. Wittgenstein, *Das blaue Buch. Werkausgabe* 5, 49.

72 Gunter Gebauer (Hg.), *Anthropologie*. Leipzig 1998. 14.

73 Geertz, 292.

symbolischen Formen (Worte, Bilder, Institutionen, Verhaltensweisen), »mit denen die Leute sich tatsächlich vor sich selbst und vor anderen darstellen«. Und er kommt zu der ersten allgemeinen Feststellung: »Irgendeine Vorstellung darüber, was ein menschliches Individuum im Gegensatz zu einem Stein, einem Tier, einem Gewitter oder einem Gott ist, gibt es, soweit ich sehe, überall.« (l.c. 293)

Er behauptet nun, daß die jeweiligen Vorstellungsinhalte des menschlichen Selbstverständnisses variierten und mit unserem Begriff einer Person nicht recht übereinstimmten: »Die abendländische Vorstellung von der Person als einem fest umrissenen, einzigartigen, mehr oder weniger integrierten motivationalen und kognitiven Universum, einem dynamischen Zentrum des Bewußtseins, Fühlens und Urteilens und Handelns, das als unterscheidbares Ganzes organisiert ist und sich sowohl von anderen solchen Ganzheiten als auch von einem sozialen und natürlichen Hintergrund abhebt, erweist sich, wie richtig sie uns auch scheinen mag, im Kontext der anderen Weltkulturen als eine recht sonderbare Idee.« (l.c. 294) Daß Geertz hier die Beobachtungsdaten im Lichte einer Theorie deutet, ist das übliche Verfahren der empirischen Forschung, jedoch ist seine Theorie, der Begriff der Person, keineswegs in jeder Hinsicht einleuchtend. Man kann bezweifeln, ob sich irgendein Mensch auf der Welt, abgesehen von einigen Psychologen, als »motivationales oder kognitives Universum« versteht. Einige Merkmale der Person, die in der Definition angegeben werden, sind jedoch zutreffend.

Ich möchte diese Merkmale übernehmen und unseren Personenbegriff im Anschluß an die bekannte Erklärung Kants beschreiben, der den Menschen wesentlich als moralisches Wesen versteht. Wenn wir von Person sprechen, meinen wir, daß wir dem Menschen die Verantwortung für seine Handlungen zuschreiben können. Das setzt voraus, daß er ein Wissen von sich und seinen Handlungen hat und daß er sich als Subjekt seiner Handlungen versteht. Wenn dies nicht zutrifft, wenn er unter innerem Zwang gehandelt hat, machen wir ihn für seine Taten nicht verantwortlich. Auch setzen wir, wie auch Geertz annimmt, voraus, daß der Mensch sich klar darüber ist, daß er sich von anderen Menschen und Dingen unterscheidet, was gewöhnlich seine numerische Identität genannt wird. Und wir nehmen an, daß jede Person irgendeine Vorstellung davon hat, was für ein Mensch er sein möchte – dies nennt man seine qualitative Identität, die man in Grenzen wählen kann, während die numerische Identität aus logischen Gründen unveränderlich ist.[74]

74 Cf. Ernst Tugendhat, *Selbstbewußtsein und Selbstbestimmung*. Frankfurt 1979. 284.

Wie sieht nun die Beschreibung aus, die Geertz von der balinesischen Gesellschaft gibt, die er untersucht hat? Die Leitvorstellung dieser Gesellschaft besagt, daß das Leben ein Schauspiel ist. Daraus folgert er, »daß es die Rollen und nicht die Schauspieler sind, die im eigentlichen Sinne wirklich existieren« (l.c. 298).[75] Hier stellt sich die Frage, was das ontologische Prädikat ›im eigentlichen Sinne wirklich existieren‹ bedeuten soll. Was soll es heißen, daß demnach die einzelnen Menschen, die Schauspieler, nur in einem uneigentlichen Sinne existieren? Wenig später erfahren wir, daß er sagen wollte, daß nur die Rollen, das Stück, wirklich ›zählen‹. Das ontologische Prädikat war also nicht wörtlich zu nehmen. Weiterhin ergibt sich aus der Leitvorstellung des Lebens als Schauspiel, daß »die menschliche Person als typische[r] Repräsentant einer Gattung, nicht als einzigartiges Geschöpf mit individuellem Schicksal« gesehen wird.[76] Geertz spricht dann von Fällen, wo der Schauspieler Angst habe, daß er »hinter seiner Maske erkennbar wird«. Er spricht von der »Angst, daß die Persönlichkeit (wie wir es nennen würden; die Balinesen glauben an so etwas natürlich nicht) des Individuums durchbricht und seine standardisierte öffentliche Identität auflöst.«[77] Dazu wäre zu sagen, daß die hier genannte öffentliche Identität nichts anderes ist als die Rolle, die ein Balinese innerhalb seiner Gesellschaft zu spielen hat, und man sieht sofort, daß der Begriff der Angst das Bewußtsein voraussetzt, daß man selbst der Handelnde ist und daß man selbst für sein Handeln, in diesem Falle, für das verstörende Spiel im gesellschaftlichen Theater verantwortlich ist. Es mag stimmen, daß die Balinesen nicht an die Persönlichkeit in unserem Sinne glauben. Geertz Schilderung setzt aber voraus, daß sie sich als Subjekte ihres Verhaltens betrachten – und dies ist nichts anderes als ein Hauptmerkmal des Personenbegriffs. Außerdem ergibt sich aus dieser Beschreibung ohne jeden Zweifel, daß die Balinesen zwischen ihrer sozialen Rolle und sich selbst sehr wohl zu unterscheiden wissen – dies aber ist ein wesentliches Merkmal der persönlichen Identität.

An anderer Stelle klärt uns Geertz dann überraschend darüber auf, daß er keineswegs habe sagen wollen, »daß die Balinesen keine Schuld- oder Schamgefühle hätten, kein Gewissen und keinen Stolz kennen würden, wie ich auch nicht habe sagen wollen, daß sie sich des Verrinnens der Zeit oder der Einzigartigkeit der Menschen als Individuen nicht bewußt wären«.[78] Hier schreibt er den Menschen dieser Gesell-

75 Geertz, 298.
76 L.c. 299.
77 L.c. 300.
78 L.c. 188.

schaft alle Merkmale zu, die wir mit dem Bewußtsein, eine Person zu sein, verbinden. Wenn es berechtigt ist, jenen Balinesen ein Gewissen und Schuldgefühle zuzuschreiben, dann ist es auch gerechtfertigt, ihnen zuzuschreiben, daß sie sich als Personen verstehen und ein entsprechendes Selbstverständnis ausgebildet haben, wie immer die Ausdrücke für Person oder Ich in ihrer Sprache lauten mögen und wie fragwürdig das künstliche Begriffswort ›Ich‹ in unserer Sprache auch sein mag.

Man wird also aus seiner Beschreibung nicht wie Gebauer folgern können, daß diese Menschen keinen Personenbegriff oder das Ich nicht ausgebildet hätten, wenn man unter dem Begriff der Person eine Vorstellung oder Theorie versteht, die die signifikanten Merkmale enthält, die wir mit dem Begriff der Person verbinden. Man wird allenfalls sagen können, daß sie das Wort ›Person‹ nicht kennen. Was Geertz dagegen wirklich gezeigt hat, ist die Tatsache, daß in der balinesischen Gesellschaft ein Normensystem herrscht, wonach der einzelne Mensch als Individuum weniger geschätzt wird als die Funktion, die er in der Gesellschaft auszuüben hat. Geertz hat sehr anschaulich das Wertesystem einer geschlossenen Gesellschaft geschildert, das dem Einzelnen weniger Freiheiten einräumt, als dies in offenen Gesellschaften der Fall ist. Man wird also sagen können, daß seine Beschreibung der gesellschaftlichen Phänomene aufschlußreich ist und plausibel erscheint, nicht jedoch seine Theorie, mittels der er die Phänomene deutet.

Sprachliche Relativität

Das Prinzip der sprachlichen Relativität ist heute mit dem Namen Whorfs verbunden, der den Ausdruck geprägt hat. Was damit gemeint ist, die »These vom Anteil der Sprache an der Erfahrung«,[79] hat aber Wilhelm von Humboldt sachkundiger und philosophisch versierter als Whorf beschrieben. Kutschera hat diese These kritisch erörtert, und seine Argumente möchte ich kurz zusammenfassen. Dabei geht es nicht um die sprachwissenschaftlichen Aspekte der These, sondern nur um die erkenntnistheoretische Frage, ob das sprachliche Relativitätsprinzip zu einer Skepsis im Hinblick auf die Erkenntnis der Wahrheit über die Welt führt.

Nach Whorf besagt das Relativitätsprinzip in formaler Hinsicht, »daß nicht alle Beobachter durch die gleichen physikalischen Sachverhalte zu einem gleichen Weltbild geführt werden, es sei denn, ihre linguistischen

79 Kutschera, *Sprachphilosophie*, 289.

[sprachlichen] Hintergründe sind ähnlich oder können in irgendeiner Weise auf einen gemeinsamen Nenner gebracht werden.«[80] In anderer Formulierung lautet die These: »Menschen, die Sprachen mit sehr verschiedenen Grammatiken benützen, werden durch diese Grammatiken zu typisch verschiedenen Beobachtungen und verschiedenen Bewertungen äußerlich ähnlicher Beobachtungen geführt. Sie sind daher als Beobachter nicht äquivalent, sondern gelangen zu irgendwie verschiedenen Ansichten von der Welt.« (l.c. 20) Er behauptet, daß »Sprachen die Natur in vielen verschiedenen Weisen aufgliedern«, und erklärt: »Die Relativität aller begrifflichen Systeme, das unsere eingeschlossen, und ihre Abhängigkeit von der Sprache werden offenbar.« (l.c. 13)

Was zu dieser Auffassung zu sagen ist, ist philosophisch längst geklärt, so daß es hier genügt, die entsprechenden Einwände kurz zu referieren. Zunächst wäre daran zu erinnern, daß man in dieser Diskussion einen Gesichtspunkt nicht vergessen sollte, auf den, wie erwähnt, Karl Bühler und dann Quine hingewiesen haben – die Tatsache, daß es ein Minimum von Faktoren gibt, die allen Kulturen gemeinsam sind.[81] Diesen Gesichtspunkt hätte man zu berücksichtigen, wenn man im Kern der These zustimmt, »daß das Bild, das wir uns von der Welt machen, das Produkt einer kulturellen Leistung ist, in der die Sprache eine ganz wesentliche Rolle spielt«.[82]

Zweitens muß man fragen, was mit der These von der »Herrschaft der Sprache über unsere Erkenntnis« denn eigentlich gemeint ist. Dabei muß man zwei Aspekte unterscheiden, den gesellschaftlichen oder kulturellen Aspekt und den individuellen Aspekt. In Hinblick auf den ersten Aspekt wird man nicht sagen können, daß die Sprache über unsere Erkenntnis herrscht: »Im großen gesehen ist die Sprache ein Teil der Kultur und wird von den Kräften geformt, die auch diese Kultur formen. Ebenso formen im großen gesehen die Menschen eines Volkes dessen Kultur, und nicht umgekehrt.«[83] Wir müssen annehmen, daß es eine »Einheit von Sprachbildung und Erkenntnisprozeß« gibt.[84] Aus der Sicht des Einzelnen trifft es jedoch zu, daß sein Weltbild von der Sprache geprägt wird. Insofern kann man sagen, daß das Denken und Empfinden des Einzelnen von der Sprache geformt wird, doch muß man mit Humboldt hinzufügen, daß auch jedes Individuum »eine Gewalt

80 Whorf, 12.
81 Willard Van Orman Quine, *Von einem logischen Standpunkt*. Dt. P. Bosch. Frankfurt 1979. 64.
82 Kutschera, 338.
83 L.c. 308.
84 L.c. 339.

über die Sprache« hat und in einem spezifischen Sinne eine eigene Sprache sprechen kann, was wir zum Beispiel bei bedeutenden Schriftstellern ohne weiteres voraussetzen.[85]

Aus dem Gesagten ergibt sich, daß die Sprache kein isoliertes Phänomen ist, sondern ein Teil, wenn auch ein wesentlicher Teil, der gesamten Kultur. Und man sollte nicht den Vorteil für das Erkennen der Welt vergessen, der in der sprachlichen Vorleistung der Weltgliederung besteht. Es handelt sich ja um eine Weltansicht, die sich in vieler Hinsicht praktisch bewährt hat. Auch sollte man wiederum beachten, daß der Einzelne die vorgegebenen Grenzen der Einzelsprache auch überwinden kann, indem er neue Begriffe oder andere sprachliche Ausdrucksformen bildet.[86]

Drittens ist uns die Möglichkeit gegeben, fremde Sprachen zu erlernen und zu verstehen, was impliziert, daß wir fähig sind, andere Weltansichten kennenzulernen. »Wenn uns die Sprachforscher sagen, bei diesem und jenem sprachfremden Volk sei alles ›ganz anders‹, muß man sie fragen, wie sie dies wissen könnten, ohne hier nicht doch zumindest etwas verstanden zu haben. So kann man die sprachliche Relativität des Denkens einräumen, ohne dem Relativismus zu erliegen.«[87] Damit ist erwiesen, daß die These von der sprachlichen Relativität keine skeptische These ist. Vielmehr gilt: »Die Sprache ist ein offenes System; soweit unsere Erkenntnis je reichen wird, soweit wird dann auch unsere Sprache reichen.«[88]

Viertens besagt die These, »daß die Sprache die Erfahrung bestimmt«, nicht, »daß die Sprache bestimmt, was wir erfahren«. Die Sprache stellt uns Begriffe zur Verfügung, um zu beschreiben, was wir erfahren. Ob diese Begriffe aber auf bestimmte Gegenstände zutreffen, ist eine Frage der Beobachtung.[89] Auch Quine hat der These widersprochen, »Sein sei von der Sprache abhängig.« Er stellt den Sachverhalt mit folgenden Worten klar: »Es geht nicht um Sachverhalte in der Ontologie, sondern um die ontologische Festgelegtheit eines Diskurses. Was es gibt, hängt allgemein nicht vom Sprachgebrauch ab; was allerdings vom Sprachgebrauch abhängt, ist, wovon man *sagt*, daß es es gebe.«[90]

85 Wilhelm von Humboldt, *Über die Verschiedenheit des menschlichen Sprachbaues. Werke* 3, 228 f. Darmstadt 1969.

86 Kutschera, 309.

87 Herbert Schnädelbach, *Vernunft*. Stuttgart 2007. 124.

88 Kutschera, 343.

89 l.c. 339.

90 Quine, *Von einem logischen Standpunkt*, 100.

Schließlich sollte man die Erfahrung nicht vergessen, daß es auch ein nichtsprachliches Verstehen zwischen Menschen gibt. Darauf hat niemand anderes als der Begründer der Sprachphilosophie, Humboldt, hingewiesen, wenn er im Sinne des von ihm vertretenen individualistischen Humanismus auf die gemeinsame Natur aller Menschen hinweist, die die Grundlage allen Verstehens ist:

»Das Gemeinsame liegt auch noch weit mehr in dem Menschen, als in den Sprachen selbst. Daher versteht der Mensch den Menschen leicht auch da, wo, genau untersucht, die Sprache keine Brücke des Verständnisses darbietet.« (l.c. 156)

III. Resümee

Die Erwartung Eliades und Malinowskis, daß die ethnologische Forschung letztlich unser philosophisches Wissen über den Menschen erweitern sollte, ist durchaus begründet, und die Philosophie hat einigen Anlaß, sich mit den Erkenntnissen der empirischen Anthropologie auseinanderzusetzen. Dies gilt zumal für die philosophische Anthropologie, wenn sie sich als Erste Philosophie versteht. Philosophische und empirische Anthropologie unterscheiden sich durch ihre methodologische Einstellung. Während die Ethnologie fremde Kulturen aus der Perspektive des Beobachters objektiv zu beschreiben versucht, fragt die philosophische Anthropologie aus der Perspektive der ersten oder zweiten Person, wie wir uns als Menschen verstehen. Sie kann nicht umhin, die entscheidende Frage zu stellen, ob und wie sich unser Selbstverständnis als Menschen begründen läßt. Daß kulturelle Werte aus der Tradition stammen, ist für sich genommen kein Grund, sie als gültige Werte anzuerkennen; die Geltung kultureller Ansichten und Normen muß vielmehr eigens nachgewiesen werden.

Aus philosophischer Sicht ergibt sich für die empirische Anthropologie, daß sie nicht bei der objektiven Beschreibung anderer Kulturen stehen bleiben kann, sondern diese schließlich auch kritisch beurteilen sollte. Wenn man annimmt, daß alle Menschen philosophieren, und wenn man die hermeneutische Ansicht teilt, daß uns jeder Dialogpartner möglicherweise etwas zu sagen hat, ist es unerläßlich, nach den Wahrheiten zu forschen, die in fremden Kulturen enthalten sind. Man sollte sich im intersubjektiven Forschungsprozeß an der Idee der objektiven Wahrheit orientieren. Dabei kann man aber nicht den Standpunkt eines Kulturrelativismus einnehmen, weil er wie jeder Relativismus einen Selbstwiderspruch enthält.

Ein gangbarer Weg, fremde Kulturen zu erforschen, besteht darin, die Symbolik der anderen Kultur zu beschreiben und zu erklären. Dem widerspricht keineswegs die Einfühlungstheorie des Verstehens, wenn man annimmt, daß damit nur behauptet wird, daß man die elementaren psychophysischen Prädikate nur dann eigentlich verstehen kann, wenn man die Empfindungen und Erlebnisse selbst kennt, die mit den Prädikaten bezeichnet werden.

Wittgenstein hat das ethnologische Paradigma als Modell für seinen Begriff des Sprachspiels übernommen, weil es in radikaler Anschaulichkeit zeigt, daß Sprechen und sprachliches Verstehen aufs engste mit der Lebensform der Sprachteilnehmer verbunden sind. Feyerabend wählte die Ethnologie in polemischer Absicht als Leitwissenschaft, um die Grenzen einer szientistisch verengten Wissenschaftsphilosophie aufzuzeigen. Wenn er behauptet, daß alle Denkformen, auch die Denkformen, die uns als absurd erscheinen, in der wissenschaftlichen Forschung berücksichtigt werden sollten, so übertreibt er ironisch die Annahme des kritischen Rationalismus, daß alle Menschen an der Erforschung der Wahrheit teilnehmen können und daß auch manche wissenschaftliche Voraussetzung nicht besser ist als ein Aberglaube. Zweifellos nimmt er hier einen relativistischen Standpunkt ein, doch hat er später den weltanschaulichen Relativismus ebenso verworfen wie den moralischen Relativismus.

Ein kaum zu überschätzendes Ergebnis für eine Theorie der Weltbilder ist die Erkenntnis, daß es so etwas wie prälogisches Denken nicht gibt und daß es falsch ist, die Magie als eine vorwissenschaftliche Form der Kausalbeziehung zu betrachten. Die magische Einstellung des Menschen gegenüber der Natur ist eine sekundäre Einstellung, da auch die Menschen der primitivsten oder ursprünglichsten Kulturen sich in Dingen der praktischen Lebensnotwendigkeit zweckrational verhalten. Die Kenntnis der Beziehung zwischen Ursache und Wirkung ist keineswegs ein Privileg der technisch-wissenschaftlichen Hochkulturen.

Was die sprachliche Relativität angeht, wonach das Welt-Erleben zutiefst durch die jeweilige Sprache geprägt sei, so ist längst nachgewiesen, daß sie sich in verabsolutierter Form nicht aufrechterhalten läßt. Aus der Tatsache, daß die Sprache eines Volkstammes keine Tempus-Formen kennt, kann man nicht schließen, daß dieser Stamm keine Zeiterfahrung kennt, da die Tempora des Verbs keineswegs immer dazu dienen, zeitliche Verhältnisse anzuzeigen, und da es unbestreitbare anthropologische Phänomene der Zeiterfahrung gibt, die jeder geistbegabte Mensch erleben können muß. Aus der Tatsache, daß in dem Normensystem einer geschlossenen Gesellschaft die Rolle des Menschen oder seine öffentliche Identität ungleich höher bewertet wird als seine persönliche Identität, kann man nicht folgern, daß diese Menschen sich nicht als menschliche Individuen und als Personen verstehen, gleichgültig, ob sie ein Begriffswort kennen, das dem Begriffswort ›Person‹ analog ist.

Es stimmt durchaus, daß die Sprache das Weltverständnis des Menschen weitgehend formt und beeinflußt; es stimmt aber auch, daß der Einzelne seinerseits die Macht hat, die Sprache zu formen und zu verändern. Ein unverächtliches Ideal unserer Bildung schreibt vor, daß jeder Schriftsteller eine eigene Sprache haben sollte, und wir erwarten von jedem Menschen, daß er wenigstens die Phrasen, Klischees und Gemeinplätze der vorgegebenen Sprache vermeidet. Mit Humboldt können wir uns damit trösten, daß es auch ein Verstehen jenseits der Grenzen sprachlichen Verstehens gibt, und mit Humboldt müssen wir uns damit abfinden, daß kein Mensch einen anderen Menschen vollkommen verstehen kann.[91]

91 *Werke* 3, 228.

II. Rezensionen

Marginalien zum *Wörterbuch der philosophischen Begriffe*

(Vollständig neu herausgegeben von Arnim Regenbogen und Uwe Meyer. Felix Meiner Verlag, Hamburg 1998. Lizenzausgabe für die Wissenschaftliche Buchgesellschaft.)

> *Wenn ich nun hinzufügte, daß ich nichts weniger als jenes große Werk zu vermehren suche, sondern bloß nach meinen Kräften die unzähligen Fehler darinne vermindern wolle? Was würden Sie alsdenn sagen?*
>
> G.E. Lessing

Das *Wörterbuch der philosophischen Begriffe* ist ein überaus nützliches und, seit es von der Wissenschaftlichen Buchgesellschaft übernommen wurde, wohl das derzeit am meisten verbreitete Handbuch der Philosophie. Um so mehr erstaunt es, daß es bisher nicht die kritische Aufmerksamkeit gefunden hat, die es verdient hätte. Denn leider wird es seiner Aufgabe in einigen Punkten keineswegs gerecht. Dazu im folgenden einige Randbemerkungen, die nicht aus einer systematischen Überprüfung des fast 900seitigen Werkes resultieren, sondern nur aus wenigen Stichproben. Aber wie anders soll man als vielbeanspruchter Leser ein Lexikon dieser Art beurteilen?

Einer der unverzeihlichsten Fehler eines Lexikons besteht darin, daß der Leser durch nichtssagende Verweise gefoppt wird. Er wird von einem Stichwort zu einem zweiten, dann zu einem dritten geleitet, die alle nicht erklären, was sie versprechen, so daß man am Ende so klug ist als wie zuvor. So gelegentlich auch hier.

Aktualität (22) – Hier wird man auf Potentialität verwiesen und viceversa, informiert wird man aber nur über die Übersetzung der Wörter. Ein wenig mehr erfährt man unter ›Potenz‹, aber längst nicht genug, um den Sinn dieser ontologischen Grundbegriffe der aristotelischen und scholastischen Philosophie verstehen zu können. Überhaupt habe ich, nach einigen Stichproben, den Eindruck, daß die logisch hochdifferenzierte scholastische Philosophie, der wichtige Vermittler platonischer und aristotelischer Philosophie an die Neuzeit, ein wenig stiefmütterlich behandelt wird.

Analytische Philosophie (37) – »In Anlehnung an W. V. O. Quine [...] bezeichnet man den Übergang zur Sprachanalyse in der Philosophie auch als ›semantischen Aufstieg‹«. Das ist nicht verkehrt, aber höchst ergänzungsbedürftig, schreibt doch Quine gerade über den späten

Wittgenstein, eine Leitfigur der analytischen Philosophie, daß er »dem semantischem Aufstieg dadurch aus dem Weg [gehe], daß er sich an die Beispiele hält«. Außerdem erwähnt Quine die vollständige Formalisierung der Logik durch Frege als vorbildliches Muster eines semantischen Aufstiegs. (W. V. O. Quine, *Wort und Gegenstand*. Dt. J. Schulte. Stuttgart 1976. 470f.)

Auch ist bedauerlich, daß die einflußreichsten deutschsprachigen Vertreter der sprachanalytischen Philosophie, Ernst Tugendhat, Peter Bieri und Wolfgang Künne, in dem Wörterbuch nicht genannt werden Und unverständlich ist, warum im Autorenverzeichnis nicht auch die Autoren der Bibliographie zur Begriffsgeschichte erfaßt sind. Frei nach Arno Schmidt: der Wert eines Handbuchs steht und fällt mit der Qualität seiner Register.

argumentum ad hominem (63) – Es fehlt der Gegenbegriff: *argumentum ad rem*.

Artikulation (67) – Nicht erwähnt wird, daß nach W. v. Humboldt die Artikulation das Wesensmerkmal der Sprache ist, durch das die Gedanken ihre Form gewinnen.

Ästhetik (73) – Es fehlt der Hinweis, daß es heute auch eine geschichtsphilosophisch unbelastete, deskriptive oder analytische Ästhetik gibt, z. B. Fr. v. Kutschera, *Ästhetik*. 1989.

Bildung (110) – Der Artikel ist schlechterdings dürftig und enttäuschend, aber wohl symptomatisch für die aktuelle Situation der Bildung, wo alle Reformen fast zwangsläufig mißglücken, die der Rechtschreibung, des Gymnasiums und der Hochschule. Ein Hinweis auf Hegel, den Bildungskritiker Nietzsche und Hans Georg Gadamer, den letzten Philosophen, der zur Sache etwas zu sagen hatte, wäre hilfreich gewesen. Auch E.H. Gombrich sollte erwähnt werden.

Eine Zwischenbemerkung. Bezeichnend ist, daß Manfred Fuhrmanns gelehrte Schrift über die *Bildung* (2002) – sie trägt den anspruchsvollen Untertitel: *Europas kulturelle Identität* – zwar historisch instruktiv ist, in der philosophischen Beschreibung des Bildungsideals aber doch enttäuscht. Allein, daß er die christliche Religion *sans phrase* als Kulturelement und Bildungsgut behandelt, läßt vermuten, daß der eigentliche Sinn des Bildungsideals verfehlt wurde. Ähnliches läßt sich von dem hinreißenden Plädoyer Wilfried Strohs, *Latein ist tot, es lebe Latein! Kleine Geschichte einer großen Sprache* (2007) sagen, wo das Latein eher als Hobby, denn als notwendige Voraussetzung der Bildung empfohlen wird.

Ein Indiz für die Geringschätzung der humanistischen Bildung kann man auch darin sehen, daß in diesem Wörterbuch die zahlreichen griechischen Wörter in lateinischer, statt in griechischer Schrift wiedergegeben werden, wo doch jeder Mathematik-Student und jeder technische Ingenieur das griechische Alphabet mühelos beherrscht. Man kann es spielend in einer Stunde lernen, und ein Handbuch dieser Art sollte doch die Ursprünge der Philosophie soweit achten, daß es die Grundbegriffe in der klassischen Schrift verzeichnet. So gäbe es auch keine Mißverständnisse, was der Akzent und was unbetonte Längen eines Wortes sind.

Dekonstruktion (138) – »Derrida geht so weit, die Verschriftlichung von Texten als grundsätzl. Defizit gegenüber der mündlichen Rede zu bezeichnen.« Diese Behauptung steht in evidentem Widerspruch zu Derridas fundamentaler These, daß letztlich auch die Rede *(parole)* durch die Schrift strukturiert ist. Er konzipiert eine Art Urschrift, die nicht empirisch, sondern logisch der gesprochenen Schrift, der Rede oder *parole*, und der graphischen Schrift im konventionellen Sinn vorausgeht. Cf. J. Derrida, *Grammatologie* (1974); J. Culler, *Dekonstruktion* (1988); J. Habermas, *Der philosophische Diskurs der Moderne* (1985).

Außerdem fehlt der Hinweis auf die eigentümliche Methode der Dekonstruktion, die rhetorische Form eines Textes gegen den thematischen Sinn zu stellen, um den Gegensatz der beiden Perspektiven herauszuarbeiten. Obwohl die modische Welle der Dekonstruktion inzwischen vorbei ist, sollte man als ihr Verdienst anerkennen, daß sie wiederum auf die Bedeutung der rhetorischen Form einer Theorie oder Philosophie aufmerksam gemacht hat.

Demut (139) – Hier hätte man zur Ernüchterung an die alttestamentliche Maxime erinnern können: »Attende ne seductus in stultitiam humilieris. – Hüte dich, vor lauter Demut ein Tor zu werden.« (Jesus Sirach 13,10) Möglicherweise leitet sich von diesem Spruch das Wort Goethes von der Bescheidenheit der Lumpen her.

Ens (183) – Daß ›ens‹ (seiend) auch ›das Wesen‹ bedeuten kann, müßte präzisiert und vor allem belegt werden. Denn ›Wesen‹ kann verschiedenes bedeuten und nicht jede Variante ist mit *ens* synonym. – Überhaupt hapert es in diesem Nachlagewerk an Zitaten und Belegen, die ein Lexikon erst glaubwürdig machen.

Entität (185) – »Heute auch einfach für ›Objekt‹, ›Ding‹.« Eine problematische Erläuterung, die den Gebrauch in neueren philosophischen Texten nicht richtig beschreibt; man kann abstrakte Gegenstände wohl ›Entitäten‹ oder ›Objekte‹, aber doch nicht ›Dinge‹ nennen, obwohl sie psychologisch bisweilen als Dinge empfunden werden. C.F. v. Weizsäcker hat darauf aufmerksam gemacht, daß ›Entität‹ gelegentlich auch als Synonym für ›Substanz‹ verwendet wird.

›Entität‹ ist einer der verwirrendsten und rätselhaftesten Begriffe im gegenwärtigen philosophischen Diskurs, und leider steht eine befriedigende Erklärung des Begriffs noch aus.

Der Begriff des **Ereignisses** wird nicht erklärt, ebenso wenig **Ethologie, Situation** oder **Zustand.**

Essentialismus (203) – Daß Popper »eher für eine nominalistische Position« plädiert, wäre in der Weise zu präzisieren, daß er dies methodologisch, nicht ontologisch versteht. Die von ihm angenommene Welt 3 (der Bereich abstrakter Theorien) ist alles andere als eine nominalistische Position.

Evidenz (207) – Man vermißt den Hinweis, daß Evidenz, von evidence (engl.) abgeleitet, auch empirischer Beweis, Befund bedeuten kann.

Fiktiv (222) – Es fehlt der Hinweis auf ›fiktional‹ und deshalb auch die Erklärung, was die beiden Ausdrücke unterscheidet.

Frankfurter Schule (226) – Über das Institut für Sozialforschung: »Zu dessen Gründern gehörten außerdem R. Sorge, K.A. Wittfogel und Th. W. Adorno.« Adorno war nicht Gründer, sondern nur Mitglied des Instituts, und zwar erst seit den späten dreißiger Jahren. – Außerdem wäre der Hinweis angebracht, daß der Ausdruck »Kritische Theorie« eine politisch motivierte tarnende Bezeichnung für »Marxismus« war – so Walter Benjamin zu Gershom Scholem. G. Scholem, *Walter Benjamin, die Geschichte einer Freundschaft* (1975).

Gegenstand (241) – »... in der Logik Begr. für ein beliebiges singuläres Objekt.« Natürlich können damit auch generelle Objekte bezeichnet werden.

Geschichtsphilosophie (255) – Der Überblick zum Thema endet mit N. Hartmann. Daß es auch nach N. Hartmann bis in die Gegenwart lebhafte und fruchtbare Diskussionen über die Geschichtsphilosophie gibt, scheint dem Verfasser der Passage entgangen zu sein. Zum Beispiel K. Löwith, K. Popper, A. Danto.

Hermeneutik (287) – Erwähnt wird die philosophische Hermeneutik von H.-G. Gadamer, der sein Hauptwerk *Wahrheit und Methode* als *Grundzüge einer philosophischen Hermeneutik* bezeichnet hat. Nicht erwähnt wird, daß Gadamer später seine Position treffender als hermeneutische Philosophie bezeichnet hat. Hätte er diesen Begriff von vornherein gebraucht, hätte er sich und uns viele unnütze Diskussionen über seine Auffassung ersparen können.

Historismus (292) – Es fehlt leider die Erwähnung des ›Historizismus‹ (K. Popper) und infolgedessen auch die Unterscheidung der beiden Begriffe.

Identität (304) – Es wird nur der logische Gebrauch des Begriffs erklärt, nicht aber der sozialpsychologische Gebrauch, der zur Mode geworden ist und die öffentliche Rede inflationär beherrscht, ohne daß die Redenden immer genau wissen, wovon sie reden: Identität im Sinne von Selbstverständnis, als qualitative Identität im Gegensatz zu numerischer Identität. Cf. den Untertitel des oben erwähnten Buches von Fuhrmann.

Illusion, lat., ›Täuschung‹ (307) – *illusio* heißt nicht einfach Täuschung, sondern ursprünglich Ironie und davon abgeleitet ›ironische Täuschung‹, d. i. eine Täuschung, die als Täuschung erkannt sein muß, wenn sie verstanden werden soll. Die Vorsilbe ist keine Negationspartikel wie bei illegal (ungesetzlich), sondern die angeglichene Präposition ›in‹. Das Wort wäre also als ›Eintritt ins Spiel‹ zu übersetzen. Cf. W. Iser, *Das Fiktive und das Imaginäre* (1991).

In abstracto, lat. ›im allgemeinen‹ (311) – Wenn ›abstrakt‹ ohne weiteres mit ›allgemein‹ übersetzt wird, kann man nicht mehr sinnvoll von ›abstrakten generellen Termini‹ vs. ›abstrakten singulären Termini‹ sprechen, wie es in der logischen Semantik unerläßlich ist. ›Abstrakt‹ ist ein Fremdwort, das wir nicht wörtlich übersetzen, sondern nur umschreiben können und keine der Paraphrasen – ›in rein begrifflicher oder ideeller Hinsicht‹ – trifft den genauen Sinn. Aus diesem Grunde verzichten auch Quine & Nachfolger auf eine Definition des Begriffs, sie begnügen sich mit kontrastierenden Beispielen wie ›Zahlen‹ versus ›Tische‹.

Daß man zwischen ›abstrakt‹ und ›allgemein‹ unterscheiden muß, ist eine der wichtigsten philosophischen Einsichten: »Der erste Denker, welcher nicht von vornherein die abstrakten Wesenheiten mit allgemeinen Gegenständen identifizierte, scheint Duns Scotus gewesen zu sein.« (W. Stegmüller, *Das Universalienproblem einst und jetzt.* 1965. 67.)

Innerlichkeit (317) – Hier wäre der Bezug auf Kierkegaard aufschlußreich (cf. Michael Theunissen, Produktive Innerlichkeit. *Frankfurter Hefte* 39. 1984). Der existenzphilosophische Begriff steht in krassem Gegensatz zu dem Verständnis der Innerlichkeit bei Thomas Mann, einem Autor, der sich nicht als Denker einen Namen gemacht hat. Es kennzeichnet die kulturhistorische Diskussion, daß sie seine Auffassung vielfach übernommen hat. Unter ›Innerlichkeit‹ versteht er nichts anderes als ›unpolitische Privatheit‹.

Intuition (325) – Man vermißt den expliziten Hinweis auf den alltagssprachlichen Gebrauch des Wortes ›intuitiv‹: was wir intuitiv annehmen, ist das, was wir spontan oder nach unserem ungeprüften Vorverständnis von einer Sache als richtig annehmen. Ohne diese Art intuitiven Verständnisses, die nichts mit intellektueller Anschauung u.ä. zu tun hat, läßt sich keine Philosophie, nicht mal Formale Logik betreiben. Es versteht sich, daß unser intuitives Vorverständnis falsch sein kann und deshalb überprüft werden muß. Wir können aber nicht alle unsere Annahmen begründen und wir können nicht alle Begriffe, die wir verwenden, definieren; sonst gelangen wir in einen unendlichen Regreß.

Warum hat man dem **Katholizismus** einen Artikel gewidmet, dem Protestantismus aber nicht?

Konditionalsatzlogik (353) – »›Zucker ist wasserlöslich‹ scheint dasselbe zu bedeuten wie ›Wenn man Zucker in Wasser gibt, dann löst es sich auf‹«. Es müßte heißen: »dann löst er sich auf«. Außerdem fragt man, wieso es nur »scheint«! Hier äußert sich der übervorsichtige Philosoph, der eine Bedeutungsgleichheit behauptet, aber fürchtet, daß er korrigiert werden könnte.

Krausismus (366) – Der Eintrag ist eine Karteileiche, da er nur erklärt, daß der Krausismus eine »Richtung des spanischen Geisteslebens« sei, die auf Fr. Krause zurückgehe. Was damit gemeint ist, erfährt man aber nicht.

Leerformel (375) – Zu ergänzen wäre, daß der Begriff bei uns durch Ernst Topitsch eingebürgert wurde – und ähnlich wie der Begriff ›sinnloser Satz‹ sich vorzüglich dazu eignet, unangenehme Einwände abzuservieren.

Materia prima (399) – Der scholastische Begriff wird allzu knapp paraphrasiert, dagegen der alchemistische Begriff der *materia prima* ein wenig ausführlicher. Sollte es ein Zeichen der Zeit sein, daß die Esoterik für wichtiger gehalten wird als die Philosophie?

Menschenverstand, gesunder (408) – Nicht nur der Laie beruft sich gegenüber dem Fachmann auf den gesunden Menschenverstand, sondern viele Philosophen berufen sich auf den gesunden Menschenverstand gegen abstruse philosophische Theorien: »Denn der gesunde Menschenverstand ist trotz hochmütiger Philosophen der potenteste Kritiker über die Wahrheit philosophischer Systeme.« (Th. Haecker)

Selbst ein Autor wie Adorno, der sich über den gesunden Menschenverstand notorisch lustig macht, behauptet doch von sich selbst: »Wer in der Kritik des common sense so weit geht wie ich, muß die einfache Forderung erfüllen, daß er common sense hat.« Die heikle Pointe dieser Behauptung ist, daß sie das dialektische Denken rechtfertigen soll, den erklärten Widerpart des gesunden Menschenverstands.

Es gibt viele Leute, die vernünftige Ansichten haben, aber nur wenige, die auch gut schreiben können. Eine dieser Ausnahmen war G.K.

Chesterton, der denn auch seine philosophische Wahl mit den Worten erklärt: »Daß der Thomismus die Philosophie des gesunden Menschenverstandes darstellt, ist selbst wiederum für den gesunden Menschenverstand eine greifbare Tatsache.« Er hat das Kunststück fertiggebracht, ein allgemein verständliches Buch zu schreiben, das die Grundlinien der Philosophie des Thomas ohne Abstriche wiedergibt, so daß der namhafte Mediävist Étienne Gilson einräumen mußte: »Ich habe Thomas mein Leben lang studiert und hätte nie solch ein Buch schreiben können. – Chesterton hat alles gesagt, was sie [die Thomisten] mehr oder weniger unbeholfen in akademischen Formulierungen auszudrücken suchten.«

Montage (429) – Als philosophische Kronzeugen, die die Bedeutung der Montage für die Kunst der Moderne erkannt hätten, werden W. Benjamin und Th. W. Adorno angeführt. Nicht erwähnt wird, daß sowohl Benjamin als auch Adorno den Begriff der filmischen Montage mit dem Begriff der graphischen Collage vermengen. Beide Autoren verstehen unter Montage vor allem die Kontrastmontage mit ihrer Schockwirkung, die sie aus ideologiekritischen Gründen auszeichnen. Sie geben keine genaue formale Beschreibung der Montage, ebenso wenig tut dies der Verfasser des Eintrags. Weder Benjamin noch Adorno, noch der Verfasser dieses Eintrags, haben erkannt, daß die Art der filmischen Montage ein allgemeines Prinzip des Erzählens ist und, wie K. Bühler als erster nachgewiesen hat, schon bei Homer vorkommt. Cf. K. Bühler, *Sprachtheorie* (1934). Der erste Roman der Weltliteratur, der systematisch zur Gänze nach dem Modell der filmischen Montage aufgebaut ist, war übrigens A. Döblins *Wallenstein* (1920).

Partikularismus (484) – Es fehlt der Hinweis, daß damit auch jene gegen den Platonismus gerichtete Auffassung gemeint sein kann, die nur die Existenz konkreter Gegenstände anerkennt. Cf. W. Künne, *Abstrakte Gegenstände* (2007).

Postmoderne (510) – Dieser inzwischen abgeschiedenen Modebewegung ist ein zweispaltiger Artikel gewidmet. Ein Artikel über die Moderne fehlt jedoch. Das erinnert an jene ideologisch verblendeten, angeblich progressiven Deutschlehrer der siebziger Jahre, die ihren Schülern einbleuten, was nicht-aristotelisches Theater ist, ihnen aber nicht sagten, was aristotelisches Theater ist.

An und für sich ist es sympathisch, wenn ein philosophisches Wörterbuch die jeweils neue Zeit ignoriert, da doch die Philosophie sich dem verschrieben hat, was immer wahr ist. Wenn jedoch die Postmoderne als Übersteigerung der Moderne beachtet wird, müßte auch ihr nächster Ursprung berücksichtigt werden. Auch in einigen ästhetischen Artikeln wird auf die Moderne Bezug genommen, es wird ihr eine geschichtsphilosophische oder ideologiekritische Bedeutung unterstellt, ohne daß diese überaus fragwürdige normative Implikation erklärt würde. – Heute spricht man in Analogie zu Spätantike oft von Spätmoderne. Dagegen ist nichts einzuwenden, besonders dann nicht, wenn man sich daran erinnert, daß die Spätantike fast achthundert Jahre gedauert hat.

principiis obsta (522) – Der Eintrag gibt das Zitat von Ovid nur in verstümmelter Form wieder: »Principiis obsta sero medicina paratur (Tritt ihr [der Liebe] in den Anfängen entgegen, sonst kommt das Heilmittel zu spät)«. Die Begründung dieser Mahnung wurde weggelassen: si mala per longas convaluere moras (Widerstehe den Anfängen! Die Arznei wird zu spät angewandt, wenn die Übel über lange Zeit erstarkt sind).

Psychoanalyse (532) – Der Verfasser des Eintrags hat anscheinend noch nichts davon gehört, daß es seit Wittgenstein und Popper eine vernichtende Kritik gibt, die der Psychoanalyse jede Wissenschaftlichkeit abspricht.

Quantentheorie (539) – Die Quantentheorie wird hier im wesentlichen als Erklärung des Planckschen Wirkungsquantums verstanden. Dieser Begriff ist viel zu eng gefaßt; damit wird die prinzipielle und philosophische Bedeutung der Quantentheorie völlig verkannt. Die Quantentheorie, bei der man mit Weizsäcker einen abstrakten und einen konkreten Teil unterscheiden kann, ist vielmehr die allgemeine Grundlagentheorie der heutigen, nichtklassischen Physik, sie beansprucht im Prinzip die gesamte Natur beschreiben zu können. Sie enthält neben dem Postulat des Indeterminismus ein Postulat, das die Bedingungen angibt, die gegeben sein müssen, um von physikalischer Erfahrung und physikalischen Objekten sprechen zu können, und sie enthält die allgemeinen Gesetze, die im Bereich der Physik gelten. In kritischer Hinsicht besagt die Quantentheorie, daß die klassische Physik sich nicht semantisch konsistent beschreiben läßt. Die Begründer der Quantentheorie waren neben Planck: Einstein, Bohr, Heisenberg, Schrödinger. Cf. C.F. v. Weizsäcker, *Aufbau der Physik* (1986).

Referenz (558) – Der sprachphilosophische Ausdruck »Referenz« geht wortgeschichtlich nicht direkt auf das lateinische ›referre‹ zurück, sondern auf das englische Wort ›refer‹.

Dazu die plausible, gut begründete Kritik von Joachim Schulte, in W.V.O. Quine, *Wort und Gegenstand* (1980): »Zur Übersetzung dieses Ausdrucks hat man sich in letzter Zeit des Neologismus ›referieren‹ (auf? zu? über?) bzw. ›Referenz‹ (von? über? zu? auf?) bedient. Warum? Wir wissen es nicht. ›Refer‹ heißt nämlich schlicht ›bezeichnen‹ und manchmal spezifischer ›sich beziehen auf‹ bzw. ›Bezug nehmen auf‹. Die Übersetzung durch die genannte Neuprägung ist aber nicht nur unschön, sondern auch irreführend: zum einen, weil sie Homonyme zu (zwei verschiedenen!) gebräuchlichen Ausdrücken einführt, zum andern, weil sie den Eindruck erweckt, es handle sich bei ›refer‹ um einen – womöglich klar definierten – Ausdruck der philosophischen oder linguistischen Fachsprache. Das ist nicht der Fall – und deshalb ist die Übersetzung mit ›referieren‹, ›Referenz‹ usw. irreführend, ja falsch, und wir hoffen, daß sie bald wieder aus dem wissenschaftlichen Sprachgebrauch verschwindet.«

Das heißt ja nun nichts anderes, als daß es mit den Englischkenntnissen einiger Philosophen hierzulande nicht weit her ist. Man hat aber einen fremdsprachlichen Text erst dann verstanden, wenn man ihn sinngetreu übersetzen kann. Also, »sprechen Sie deutsch with me, maybe, vielleicht versteh ich Sie«.

Die uninspirierte, trockene Übersetzung von Quines einflußreichen logisch-philosophischen Essays *Von einem logischen Standpunkt* (Dt. Peter Bosch, 1979) bringt leider auch ›Referenz‹ als Fachterminus. Zudem findet man hier so ungeschickte Fremdwörter wie ›Reifizierung‹ – Verdinglichung auf gut deutsch. Daß Quine ein vorzüglicher, eleganter und witziger Stilist war, geht aus dieser sperrigen Verdeutschung nicht hervor.

Akademische Philosophen scheinen, wenn sie schon keine neuen Gedanken haben, mit Vorliebe neue Fachbegriffe zu produzieren. »Man brauche gewöhnliche Worte und sage ungewöhnliche Dinge«, rät Schopenhauer. So auch sein Verehrer Wittgenstein und dessen Schule, die Fachausdrücke meiden und sich an die normale Sprache halten.

Religion (567) – Statt »Origines« müßte es »Origenes« heißen.

Republik (568) – Es fehlt die alte, aber schöne und genau treffende Übersetzung ›Freistaat‹!

Schein (580) – »Kunst ist Sch. im Sinne der Illusion (Täuschung), indem sie nicht Wirklichkeit, sondern Möglichkeit sein könnte (Aristoteles, *Poetik* 1451 a/b).« Diese Deutung ist falsch, bei Aristoteles findet sich kein Wort über Kunst als Illusion und Täuschung. An der angegebenen Stelle erklärt er vielmehr, daß die Dichtung philosophischer und ernsthafter sei als die Geschichtsschreibung, weil sie mitteilt, was geschehen könnte.

Semiotisches Dreieck (600) – Eine Diagrammbeschriftung lautet: »geistige Vorstellung – bezieht sich auf – Referent«. Das ist zwar richtig, aber nicht besonders informativ, sondern einfach tautologisch. Ähnlich: das Bezeichnende bezeichnet das Bezeichnete.

Sensualismus (601) – »Nihil est in intellectu, quod non fuerit in sensu (Nichts ist im Verstande, was nicht im Sinne wäre).«

›Fuerit‹ ist Perfekt Konjunktiv, also: ›gewesen sei‹. Sinngemäß müßte es heißen: ›Nichts ist im Verstand, was nicht zuvor in den Sinnen gewesen ist‹. S. 455 ist das Axiom richtig übersetzt; dort erfährt man auch, daß der Satz nicht nur eine Formel Lockes war, sondern einen Grundgedanken des Aristoteles und des Thomas von Aquin wiedergibt. Nicht gesagt wird, daß die beiden aber keine Sensualisten im eigentlichen Sinne waren.

Sprachwissenschaft (627) – »Die Auffassung von Sprache als eines ›Organons‹ [...] wurde in unserem Jahrhundert u.a. von K. Bühler weiterentwickelt.«

Hier hätte hinzugefügt werden müssen, daß Bühler drei grundlegende Funktionen der Sprache unterscheidet: Ausdruck, Appell und Darstellung. Seine Sprachtheorie, die Quine kannte, die K. Popper und R. Jakobson aufgegriffen und ergänzt haben, war mindestens so folgenreich wie die Sprechakttheorie Austins und Searles. Übrigens kommen die Begriffe ›Sprechhandlung‹ und ›Sprechakt‹ schon bei Bühler vor. Daß ein entscheidender Aspekt der Sprechakttheorie, der Begriff ›Kraft‹, der auf seiner Wanderung über den Atlantik und zurück nach Europa zu dem Begriff ›Rolle‹ geworden ist, von G. Frege stammt, hätte hier auch vermerkt werden müssen.

Subjekt-Objekt-Problem (638) – Es fehlt die entscheidende Kritik, daß Wissen und Erkennen nicht nach der Subjekt-Objekt-Beziehung des Wahrnehmens aufzufassen sind; Erkennen und Wissen haben vielmehr eine propositionale Struktur. Cf. E. Tugendhat, *Selbstbewußtsein und Selbstbestimmung* (1979).

Theologie (662) – Nicht erwähnt wird, daß es seit Descartes auch eine rationale Theologie gibt, die von der natürlichen Theologie zu unterscheiden ist. Cf. H. Schnädelbach, *Vernunft* (2007).

Thomismus (664) – Ist der Thomismus wirklich ein »rationalistisches System«, wo doch Thomas von Aquin nicht müde wird, die Grenzen der natürlichen Vernunfterkenntnis und die Notwendigkeit der Offenbarung zu betonen? Kann man ein philosophisch-theologisches System rationalistisch nennen, dessen Autor erklärt: »Wir können von Gott nicht erfassen, was er ist, sondern bloß, was er nicht ist und wie sich die anderen Wesen auf ihn beziehen«? (*Summa contra gentiles* 1,30) Offensichtlich versteht der Lexikograph unter ›rationalistisch‹ im Sinne M. Webers die Eigenart einer methodisch geordneten, logisch begründeten Darstellung einer Sache. Doch ist dies keineswegs der gewöhnliche Sinn von ›rationalistisch‹.

Uneigentlichkeit (685) – Über Sartre: »wobei er Authentizität und das, was er mauvaise foi nennt [...] unterscheidet«. In *L'Etre et le Néant* stellt Sartre aber ›mauvaise foi‹ und ›sincérité‹, nicht Authentizität gegenüber. Dem Begriff der Eigentlichkeit ist nur ein Verweis auf ›Uneigentlichkeit‹, kein ausführlicher Artikel gewidmet – und aus keinem dieser Artikel erfährt man genau, was Heidegger unter Eigentlichkeit eigentlich versteht. Hier wird lediglich ein Synonym angeführt: »Nicht-Authentizität im ›Selbstsein‹«.

Es ist offensichtlich, daß Heidegger sich bei seiner Begriffswahl an der rhetorischen Kategorie der »eigentlichen« Bedeutung oder des »eigentlichen« Gebrauchs eines Wortes orientierte: *proprie* vs. *improprie, figurative dicitur*; *nomen proprium*: der eigentliche Name, Eigenname. Was sich von dem semantischen Begriff des Sinns sagen läßt, hat er nun auf den existentiellen Begriff des Sinns übertragen.

Weniger offensichtlich, aber sehr aufschlußreich ist, daß er in seiner Terminologie drei Bedeutungen von »eigen« vermischt hat, wie Tugendhat erklärt: »Die erste ist in der Rede von Eigenständigkeit gegeben. Nur sie steht im Gegensatz zum ›Man‹. Die zweite ist gemeint, wenn gesagt wird, es ist in diesem Fall das eigene Leben, zu dem ich mich eigenständig oder konventionell verhalten kann (mein Leben im Unterschied zu speziellen Tätigkeiten, nicht im Unterschied zu den anderen). [...] Drittens verband Heidegger die Rede vom eigenen Leben oder Sein mit der Vorstellung, damit sei nicht einfach mein Sein oder Leben gemeint – im Gegensatz zu anderen Tätigkeiten von mir –, sondern mein Bezug zu mir im Gegensatz zu meinem Bezug zu anderen Menschen und anderen Dingen.« E. Tugendhat, »Wir sind nicht fest verdrahtet«: Heideggers »Man« und die Tiefendimension der Gründe. In: *Aufsätze, 1992-2000* (2001).

Verdienst (700) – Verdienst ist nicht ein Wort mit zwei Bedeutungen. Das Verdienst und der Verdienst sind vielmehr zwei Wörter mit einer je eigenen Bedeutung.

Wahrheit (716) – Die Korrespondenztheorie der Wahrheit wird richtig als »Korrespondenzbeziehung zwischen Satz (Vorstellung, Urteil) und Welt« beschrieben. Fragwürdig ist aber die Behauptung, daß sie »im Kern der Auffassung des Aristoteles« entspreche. Dies ist zwar *opinio communis* der Tradition, aber dennoch nicht exakt zutreffend. Denn wie das Zitat des Aristoteles zeigt, enthält seine Wahrheitserklärung keinen Relationsbegriff. Cf. W. Künne, *Conceptions of Truth* (2003).

Welt (723f.) – Nicht erklärt wird der überaus einflußreiche christliche Weltbegriff. Neben Wittgensteins Begriff, der die Welt als Gesamtheit der Tatsachen auffaßt, hätte auch der weitaus geläufigere Begriff, Welt als Gesamtheit der Dinge und Ereignisse, erklärt werden müssen, desgleichen Poppers Dreiteilung in die Welt der physischen Dinge und Ereignisse, die Welt der psychischen Zustände und die Welt der abstrakten Gegenstände.

Zahl (746) – »urspr. eine Abstraktion aus der Gesamtgestalt einer Menge oder Gruppe von Gegenständen«. Bei dieser Definition wird vorausgesetzt, daß wir schon wissen, was eine Zahl ist. Auch bleibt völlig unklar, was die Griechen unter dem Gestaltcharakter der Zahl verstanden haben, den sie »von der kontinuierlichen Größe und deren Verhältnissen« unterschieden haben. Kein Wort über die bis heute andauernde Diskussion, ob die Zahlen zu den abstrakten Gegenständen zu rechnen sind. – Für die verschiedenen Zahltypen fehlen die Beispiele.

Der Lexikograph hätte ein Zitat der folgenden Art bringen und daraufhin versuchen können, Zahl zu definieren: »Bemerkenswert ist, daß vor Frege jede vorgeschlagene Definition der Zahl elementare logische Fehler aufwies. Es war üblich, ›Zahl‹ mit ›Anzahl‹ zu identifizieren. Aber ein Beispiel für ›Zahl‹ ist eine bestimmte Zahl, etwa 3, und ein Beispiel für 3 ist eine bestimmte Dreiheit. Eine Dreiheit ist eine Anzahl, aber die Gattung der Dreiheiten – welche Frege mit der Zahl 3 identifizierte – ist eine Anzahl von Anzahlen; und die Zahl im allgemeinen, für die 3 ein Beispiel darstellt, ist eine Anzahl von Anzahlen von Anzahlen. Der elementare Fehler, diese mit der einfachen Anzahl einer gegebenen Dreiheit zu verwechseln, machte die ganze Philosophie der Zahl vor Frege zu einem Konglomerat von ›Unsinn‹ in des Wortes strengster Bedeutung.« (Bertrand Russell, *Philosophie des Abendlandes* (1945)).

Von der interkulturellen Philosophie, einer neuen Denkrichtung oder Denkschule, hat das Wörterbuch noch keine Notiz genommen. Das ist aber kein Mangel, da die Anhänger dieser Strömung sich bisher vor allem durch gutgemeinte, immer politisch korrekte programmatische Äußerungen und weniger durch überragende Leistungen hervorgetan haben.

Ein Plädoyer für den Platonismus

(Wolfgang Künne, *Abstrakte Gegenstände. Semantik und Ontologie.* 2., um einen Anhang erweiterte Auflage. Frankfurt am Main: Vittorio Klostermann 2007.)

> *Der Untergang eines Reiches ist nichts Wirkliches. Wirklich ist der Brand eines Bauernhofes.*
>
> J.W. GOETHE
>
> *Das Britische Weltreich ist für mich etwas Unwirkliches. – Ich weiß, daß gewichtige Leute es sehr ernst nehmen, aber mir erscheint das alles so unbedeutend im Vergleich zu den ewigen Tatsachen.*
>
> B. RUSSELL
>
> *Ja, so muß man seine Zeit zwischen der Politik und unseren Gleichungen teilen. Aber unsere Gleichungen sind mir doch viel wichtiger, denn die Politik ist für die Gegenwart, aber solch eine Gleichung ist für die Ewigkeit.*
>
> A. EINSTEIN
>
> *Und wenn man dem Plato endlich nachgewiesen haben wird, daß er nur zu seiner Zeit so denken konnte, wie er zu ihr denken mußte, so wird er für diese Frechheit sich dadurch gerächt haben, daß er kraft seiner Existenz in dieser unserer Zeit die Herren verhindert haben wird, so gedacht zu haben, wie sie zu ihrer Zeit zwar nicht gemußt, aber immerhin gekonnt hätten.*
>
> H. BLÜCHER
>
> *Es ist seltsam, wie beruhigend eine Unterhaltung ist, besonders eine über abstrakte Gegenstände.*
>
> G. GREENE

Unter Kennern hat es sich längst herumgesprochen, daß Künnes Buch über abstrakte Gegenstände (1983) zu den bedeutendsten philosophischen Arbeiten der letzten Jahrzehnte gehört. Seinem Rang nach kann man es etwa mit H..-G. Gadamers *Wahrheit und Methode* (1960) oder E. Tugendhats *Einführung in die sprachanalytische Philosophie* (1976) vergleichen. Übrigens hat die Arbeit mit den genannten Werken die seltene Eigenschaft gemeinsam, daß man mit ihr philosophieren lernen kann.

Wer sich darüber wundert, daß eine derart wichtige Schrift erst vor fünf Jahren wieder aufgelegt wurde, hängt einigen Illusionen über Buchmarkt und Medienwirklichkeit nach – als ob das, was gerade öffentliche Mode ist oder zur Kenntnis genommen wird, ein Maßstab für geistige Relevanz sei. Wie lange hat es gedauert, bis die bahnbrechenden Aufsätze Freges nachgedruckt wurden? Über fünfzig Jahre, was in der Geschichte der *philosophia perennis* nur ein Augenblick ist; in den Maßen eines Menschenlebens sind es aber fast zwei Generationen.

Dabei ist Künne in der akademischen Welt kein Unbekannter. Er hat zu dem weitverbreiteten *Grundkurs Philosophie* (1985 u.ö.), den E. Martens und H. Schnädelbach herausgegeben haben, das wichtige Kapitel über Wahrheit beigesteuert – eine Skizze, die er inzwischen zu einem Buch ausgearbeitet hat: *Conceptions of truth* (2003). Man kann nur wünschen, daß dieses Buch, ein Standardwerk des Fachs, auch auf deutsch erscheint – daß Künne also wenigstens in diesem Punkt dem von ihm kritisierten Popper nacheifert, der immer größten Wert darauf gelegt hat, daß seine Schriften auch ins Deutsche übersetzt werden. Selbst Übersetzer, kannte Popper nämlich die Problematik und die Bedeutung von Übersetzungen sehr gut. Er wußte, daß nicht wenige philosophische Mißverständnisse auf fehlerhafte Übertragungen zurückgehen. Künne hat, besonders in seiner *Philosophischen Logik Gottlob Freges* (2010), einem Werk, mit dem er die philosophische Gattung des Kommentars vorbildlich erneuert hat, selbst darauf aufmerksam gemacht, daß viele Schlüsselbegriffe Freges in der angelsächsischen Rezeption falsch übersetzt wurden.

Die Vorzüge der Arbeit von Künne brauchen hier nicht umständlich aufgeführt zu werden. Erwähnt sei nur, daß er sich sprachlich um äußerste Klarheit bemüht und den sonst so beliebten Fachjargon möglichst vermeidet. Wenn er Fachbegriffe verwendet, gibt er immer plausible Gründe an, und wenn er einmal ein terminologisches Ungetüm erwähnt wie »die These von der Differenz zwischen singulären und generellen Termen hinsichtlich der semantischen Exklusivität«, dann setzt er das sprachliche Monstrum in ironische Klammern.

Daß seine Arbeit so außergewöhnlich fruchtbar ist, beruht nicht zum geringsten Teil darauf, daß Künne – anders als die Mehrzahl seiner zeitgenössischen Kollegen – philosophisch mehrsprachig ist. Er beherrscht nicht nur den Denkstil der Sprachanalyse, sondern auch den der Phänomenologie und den der aristotelisch-thomistischen Tradition, von Platons Denkmethode nicht zu reden. Anders gesagt, er verfügt über eine ungewöhnlich breite philosophische Bildung.

Schließlich ist die Schrift, die den altehrwürdigen Universalienstreit aufgreift und weiterführt, deshalb so informativ und anregend, weil er anders als Quine, der vor Jahrzehnten das alte Problem neu formuliert und damit wieder diskussionswürdig gemacht hat, als abstrakte Gegenstände nicht nur Zahlen, Klassen und ähnliche Kandidaten aus der mathematischen Sphäre bespricht, sondern auch ethische Ideale wie Gerechtigkeit und Tapferkeit.

Ich habe nun nicht die Absicht, eine Zusammenfassung der Antworten zu geben, die Künne zu den Fragen des Universalienproblems mit außerordentlichem Scharfsinn formuliert. Ich werde vielmehr auf drei Punkte hinweisen, die offene Fragen zu enthalten scheinen: den Sprachgebrauch oder die Begriffswahl, das Problem, ob abstrakte Gegenstände wirklich sind, und seine Erklärung der fiktionalen Rede.

(1) In theoretischen Texten lassen sich, was den Sprachgebrauch angeht, zwei Aspekte unterscheiden: den rhetorischen und den logische Aspekt. Es gibt Wörter und Ausdrucksweisen, die lediglich stilistische Varianten sind. Ob man diesen oder jenen Ausdruck wählt, ist Geschmackssache und für die Argumentation nicht von Belang. So ist es zum Beispiel nur ein Schönheitsfehler, daß Künne Anglizismen gebraucht wie ›Phrase‹ – im Sinn von ›sprachliche Wendung‹, nicht im Sinn von ›klischeehafter Ausdruck‹. Ähnlich wäre auch seine Entscheidung zu bewerten, daß er von singulären oder generellen ›Termen‹ spricht, anstatt von ›Termini‹. Er meint mit ›Terminus‹ sei die Assoziation »definitorisch festgelegter Fachausdruck« verbunden (23). Daß dies aber gewöhnlich nicht der Fall ist, zeigt sich darin, daß wir, wenn der Begriff eines Spezialgebiets gemeint ist, ausdrücklich von ›Fachterminus‹ sprechen. Doch ist er darin nicht allzu dogmatisch, gelegentlich verwendet er auch den Ausdruck ›Terminus‹ im üblichen Sinn.

Sachlich begründet ist dagegen, daß er in einem wichtigen Punkt seine Terminologie inzwischen geändert hat. In der Erstauflage nennt er die Gegner des Platonismus, dem eingebürgerten Sprachgebrauch folgend, Nominalisten. Im Postskript zur Neuauflage, in dem er einige seiner Thesen revidiert, bezeichnet er die Gegenposition zum Platonismus als Partikularismus; unter ›Nominalismus‹ versteht er nur noch eine bestimmte Variante des Partikularismus, der noch andere Auffassungen umfaßt, die gegen die platonistische Position im Universalienstreit gerichtet sind. Der Ausdruck ›Partikularismus‹ leitet sich von dem englischen Wort für konkrete Einzeldinge, ›particulars‹ her, das wiederum auf den scholastischen Begriff ›particulares‹ zurückgeht, so in dem folgenden Zitat: »Et hoc est abstrahere universale a particulari« (Thomas Aqu., S. th. I, 85, 1).

Wer die neue Bezeichnung ein wenig verwirrend findet, kann sich daran halten, daß sie für den Nominalismus im weiteren Sinn steht, von dem der Nominalismus im engeren oder wörtlichen Sinn zu unterscheiden ist.

Was er zum Titelbegriff seines Traktats ausführt, klingt zunächst recht plausibel. Er nennt das, worauf sich abstrakte Termini beziehen, ›abstrakte Gegenstände‹, und ›Gegenstand‹ will er in einem weiten Sinn verstanden wissen: »als etwas, worauf man Bezug nehmen und was man charakterisieren kann« (44). Für seine Begriffswahl beruft er sich auch auf den umgangssprachlichen Gebrauch des Wortes, insofern man von dem ›Gegenstand einer Diskussion‹ reden kann. ›Gegenstand‹ bedeutet hier dasselbe wie ›Thema‹.

Künne hat natürlich recht, wenn er gelegentlich davor warnt, Ungegenständliches zu vergegenständlichen. Aber wird man bei der Verwendung des Ausdrucks jemals ganz davon absehen können, daß heute als primäre Bedeutung des Wortes ›körperliches Einzelding‹ betrachtet und empfunden wird? Könnte es nicht sein, daß darin gerade ein Vorzug der davon abgeleiteten Begriffswahl ›abstrakter Gegenstand‹ liegt? Wenn man Berichte von Zahltheoretikern liest, gewinnt man bisweilen jedenfalls den Eindruck, daß sie Zahlen wie Dinge behandeln und daß diese logisch tadelnswerte Einstellung vielleicht gerade ein Moment ihrer Begabung ausmacht und ein Grund ihres Erfolgs ist. Sein philosophischer Gegenspieler, Popper, kommt in dieser Hinsicht der Erfahrung weitaus näher. Er erinnert daran, daß wir am Beispiel materieller Dinge lernen, was Dauer ist, und abstrakte Gegenstände haben Dauerhaftigkeit mit materiellen Dingen gemeinsam, mehr noch: Dauerhaftigkeit ist gerade ein auszeichnendes Merkmal abstrakter Gegenstände. – Wohlgemerkt, er behauptet, daß wir abstrakte Gegenstände manchmal wie Dinge behandeln, nicht daß sie Dinge sind.

Bemerkenswert ist, daß Künne nicht erwähnt, daß ›Gegenstand‹ als deutsche Entsprechung für ›Objekt‹ eingeführt wurde (Cf. M. Heidegger, Kants These über das Sein. In: *Wegmarken* 1978. 456). Möglicherweise wollte er die Diskussion über die Schwierigkeiten vermeiden, die sich daraus ergeben, daß ›Objekt‹ sowohl als grammatische wie als logische Kategorie verwendet wird.

Statt ›Gegenstand‹ sagt Künne in der Nachfolge von Carnap und Quine manchmal auch ›Entität‹, während er den Ausdruck ›Seiendes‹ als Synonym für ›Gegenstand‹ vermeidet. Diese Entscheidung kann man nur zum Teil billigen, da man wohl kaum jemals vergessen kann, daß der philosophische Verlegenheitsausdruck ›Entität‹ sich über ›entitas‹, eine Prägung des nichtklassischen Lateins, von ›ens‹ herleitet.

Bei den Erläuterungen einiger Wörterbücher kann man fragen, wer von wem abgeschrieben hat. Im *Philosophischen Wörterbuch* von G. Schischkoff (17. Aufl. 1965) heißt es: »Entität (vom lat. ens, ›seiend‹), Seinshaftigkeit von etwas (mit dem Nebensinn, ›daß‹ etwas ist, im

Unterschied davon ›was‹ es ist; siehe Quidditas).« Im *Wörterbuch der philosophischen Begriffe* (1998) wird mit ein wenig anderen Worten dasselbe gesagt; es folgt aber ein Zusatz, der die ganze Fragwürdigkeit des Verlegenheitswortes offenbart: »Heute auch einfach für ›Objekt‹, ›Ding‹.« Daß abstrakte Gegenstände manchmal psychologisch wie Dinge behandelt werden, heißt ja nicht, daß sie Dinge sind. Demgegenüber ist die Erläuterung des Rechtschreibungs-Duden (1980, 2008), ›Entität‹ bedeute soviel wie »Dasein im Unterschied zum Wesen eines Dinges« unbefriedigend, weil sie allzu mager ist. In unserem Zusammenhang ist sie einfach unbrauchbar, und die anderen Erklärungen führen uns auch nicht zum Ziel.

Wie dem aber sei, es wäre überaus nützlich gewesen, wenn Künne den Begriff genauer erklärt hätte, gehört ›Entität‹ doch zu den verwirrendsten und rätselhaftesten Grundwörtern der neueren Philosophie, die sich sonst soviel darauf zugute tut, metaphysische Dunkelheiten zu vermeiden. Ohne metaphysische Restbestände kommt auch die skeptischste Philosophie nicht aus. Um ein Wort, das Horaz über die Natur schrieb, umzudeuten: Metaphysicam expelles furca, tamen usque recurret.

Ein beachtlicher ontologischer Ertrag von Künnes Schrift stellt der erhellende Nachweis dar, daß es sowohl ein prädikatives wie ein veritatives Sein gibt, »das nicht das Sein von Gegenständen ist« (44). Daraus leitet sich eine Folgerung ab, die gegen Quines ontologische Grundthese gerichtet ist, die impliziert, daß die Werte einer Variablen immer Gegenstände sind: »Also heißt ›sein‹ nicht soviel wie ›Wert einer Variablen sein‹«. Zudem gibt Künne den außerordentlich nützlichen begriffsgeschichtlichen Hinweis, daß das veritative Sein – ›es ist wahr, daß ...‹ – im Neukantianismus »Geltung« heißt (125).

(2) Sind abstrakte Gegenstände, wie zum Beispiel objektive Gedanken, in dem Sinne wirklich, daß sie eine Wirkung ausüben können? G. Frege hat diese Frage zunächst verneint, später hat er sie, wie auch K. Popper, bejaht. Künne verneint sie. Er weist zunächst darauf hin, daß Wahrnehmen ein kausales Moment enthält, und fragt dann, ob auch das Erfassen von Gedanken (Propositionen) ein Analogon enthält, das man als kausales Moment verstehen könnte, wie Frege und Popper annehmen. Er untersucht die Argumente von Frege und Popper und kommt zu dem Ergebnis, daß diese Frage zu verneinen ist.

Das Beispiel, das er gegen Freges Formulierung anführt, scheint mir allerdings nicht ganz überzeugend zu sein: »Wenn ein Autofahrer das mit einem Satz ›p‹ Gesagte erwägt, so mag das seine Aufmerksamkeit im Straßenverkehr beeinträchtigen, wodurch es schließlich zu einer

Massenkarambolage kommen kann.« Daraus schließt er, daß diese Tatsache allein kein »Beweis der Wirksamkeit der Proposition, daß p« sei (142). Es ist nicht einfach, diesen Gedankengang nachzuvollziehen. Näher liegt das folgende Beispiel, daß ein Fahrer zufällig durch ein Dorf kommt und sich erinnert, daß hier sein alter Schulfreund wohnt, den er lange nicht gesehen hat. Also beschließt er, ihn zu besuchen. Gewiß ist auch die Erinnerung (die Proposition), daß der Freund hier wohnt, allein kein Beweis für die Wirksamkeit der Proposition, wenn man darunter versteht, daß er ihn dann auch besucht; schließlich hätte er sich auch erinnern können, ohne sich zu entschließen, ihn zu besuchen. Doch hat die Erinnerung zu der Überlegung geführt, ob er ihn besuchen soll. Und wenn er ihn besucht, ist es dann unsinnig zu sagen, dies sei eine Wirkung jener Erinnerung?

Einige Einwände gegen Poppers Konzeption der Welt 3, der Welt der Theorien, Probleme, Kunstwerke, sind dagegen überzeugend, vor allem die Kritik, daß Popper in seiner polemischen Aversion gegen jede Sprachanalyse es versäumt hat, in einem wichtigen Argument den Sinn-Begriff zu erklären.

So plausibel aber Künnes Argumente sind, so scheint mir doch, daß er weder Poppers Intention noch unserer gewöhnlichen Erfahrung ganz gerecht wird. Dies mag unter anderem daran liegen, daß er in seiner Theorie des sechsstufigen Verstehens einen wichtigen Aspekt der traditionellen Verstehenstheorie nicht berücksichtigt hat, den Aspekt der Anwendung (*applicatio*).

Dagegen sind Poppers Beispiele für die Wirksamkeit und damit für die Wirklichkeit von Gegenständen der Welt 3 durchaus einleuchtend: »Man kann nicht ernsthaft leugnen, daß die Welt 3 der mathematischen und empirisch-wissenschaftlichen Theorien einen ungeheuren Einfluß auf die Welt 1 (die Welt der materiellen Dinge) ausübt. Das tut sie vermittels der Tätigkeit von Technikern, die Änderungen in der Welt 1 bewirken, indem sie bestimmte Folgerungen aus diesen Theorien anwenden.« (*Objektive Erkenntnis* 1995. 161) Ebenso klar ist der Fall eines Bildhauers, der durch ein neues Werk andere Bildhauer anregt, Ähnliches zu produzieren: »Sein Werk – nicht so sehr als materielles Gebilde, sondern als neugeschaffene Form – kann sie, durch ihre der Welt 2 (psychische Zustände) zugehörenden Erlebnisse und indirekt durch den neuen Gegenstand der Welt 1, beeinflussen.« (*Das Ich und sein Gehirn* 1991. 64)

Mehrfach erwähnt er auch den Fall, daß Probleme, die wir erkennen, uns anregen, nach einer Lösung zu suchen. ›Beeinflussen‹, ›anregen‹ sind aber Wörter, die eine kausale Beziehung beschreiben.

Hier wäre anzumerken, daß Popper nicht ohne Grund auf die Problematik des Kausalitätsbegriffs hingewiesen hat, der in der Neuzeit ursprünglich mechanistisch verstanden wurde, aber mehrfach so erweitert werden mußte, daß er auf neu entdeckte physikalische Phänomene paßte, beispielsweise auf die prima vista gänzlich unverständliche und deshalb verdächtige Fernwirkung der Gravitation. Er will damit zu verstehen geben, daß in Fragen kausaler Beziehungen auf dem Gebiet der Physik längst nicht alles geklärt ist.

Aus der gewöhnlichen Erfahrung ist bekannt, daß Kunstwerke den Betrachter beeindrucken können, daß literarische Werke Wirkungen ausüben, daß Theorien neue Gedanken hervorrufen können. Verwenden wir in diesen Fällen nur irreführende Metaphern oder gebrauchen wir nur mißverständliche sprachliche Abkürzungen, die so aufgeklärt werden müßten, daß daraus das mit ihnen gegebene kausale Moment eliminiert wird? Sind diese Beschreibungen unserer Erfahrung alle falsch oder ist unsere Erfahrung in dieser Hinsicht schlicht eine Illusion?

Popper behauptet, obwohl die Welt der Theorien von Menschen hervorgebracht wurde, gebe es in ihr doch viele Theorien, die niemals von Menschen aufgestellt würden. Künne fragt, ob das nicht widersprüchlich sei: »Oder will Popper sagen, daß einige ›Theorien an sich‹ von Menschen hergestellt werden, andere nicht? In welche ›Welt‹ gehören dann die letzteren?« (143) Des Rätsels Lösung besteht darin, daß Popper annimmt, daß jene Theorien, die vielleicht niemals von Menschen gefunden oder aufgestellt werden, unbeabsichtigte und unvorhergesehene Nebenfolgen jener Theorien sind, die wir aufgestellt haben. Alle Arten von Theorien gehören also zur Welt 3. Die weitere Frage ist hier jedoch, wie man sich den Begriff der Nebenfolge zu denken hat. Ein Beispiel wäre, daß wir zwar die Zahlen erfunden haben, daß die Primzahlen mit ihren Gesetzmäßigkeiten jedoch eine Nebenfolge unserer Erfindung sind. Popper wählt ein ähnliches Beispiel: »Die (potentielle) Unendlichkeit der Folge der natürlichen Zahlen ist, so könnte man sagen, keine Erfindung, sondern eine Entdeckung. Wir entdecken sie als eine Möglichkeit; als eine nicht intendierte Eigenschaft der von uns erfundenen Folge.« (*Auf der Suche nach einer besseren Welt.* 1995. 33) Man sieht, daß dieser Erklärungsansatz selbst eine Menge weiterer Probleme enthält, die bis heute ungelöst sind.

Sei dem, wie es sei, Künne verneint entschieden die These, daß abstrakte Gegenstände in dem beschriebenen Sinne wirklich sind. Wir erfahren aber nicht, wie wir die genannten Phänomene unserer Erfahrung mit abstrakten Gegenständen in seinem Sinne richtig zu verstehen hätten.

(3) Wenig zufriedenstellend sind einige Erklärungen Künnes zur fiktionalen Rede. Er spricht da von ›Quasi-Behauptung‹, von ›Quasi-Referenz‹ und von einem ›Tun als ob‹ (279 ff.). Zu Beginn seines Traktats stellt er mit Recht eindeutig klar: »Bezugnahme setzt nicht die Existenz eines Gegenstandes voraus, auf den Bezug genommen wird.« (26) Warum spricht er nun im Fall der fiktionalen Rede, wo *per definitionem* klar ist, daß von nichtexistierenden Gegenständen erzählt wird, von ›Quasi-Referenz‹? Wenn der Erzähler von Franz Biberkopf spricht, tut er aber nicht so, als spreche er von ihm, er bezieht sich vielmehr tatsächlich auf ihn. Erzählen heißt eine Folge von Ereignissen beschreiben; dabei ist offen, ob die Ereignisse tatsächlich stattgefunden haben oder erdichtet sind. Ein Erzähler des Romans tut nicht so, als erzähle er, er erzählt tatsächlich und zwar eine erfundene Geschichte; daß diese Geschichte auch historische Tatsachen enthalten kann, ist hier nebensächlich.

Mit seiner Wahl der ›Quasi‹-Formulierungen und des ›Als-Ob‹ reiht sich Künne in eine wenig rühmliche Tradition der Fiktionstheorie ein. Vertreter der Tradition sind etwa K. Hamburger, W. Iser, J. Searle, P. Ricœur, U. Eco oder G. Genette. Diese Theorien, so erhellend sie in vielerlei Hinsichten sein mögen, leiden alle darunter, daß sie für das zu beschreibende Phänomen der erfundenen dichterischen Geschichte nur pejorative Begriffe zur Verfügung haben wie den Ausdruck ›Fiktion‹, einen von der angelsächsischen Literaturtheorie favorisierten und inflationär gebrauchten Term. Damit wird suggeriert, daß der in Frage stehende Fall von dichterischer Mimesis eine Täuschung sei.

Alfred Döblin hat wohl als einer der ersten erkannt, daß alle Erklärungen, die die Dichtung als Imitation, Illusion, Schein oder Als-Ob auffassen, unbefriedigend oder falsch sind, weil sie unserer Erfahrung, dem intuitiven Begriff von Dichtung eklatant widersprechen. (Cf. *Der Bau des epischen Werks*. 1928). Ähnliches hat H.G. Gadamer im Sinn, wenn er darauf aufmerksam macht, daß die durch die Dichtung mitgeteilte Wahrheit nicht durch die Wirklichkeit enttäuscht werden könne (*Wahrheit und Methode* 1965. 79 f.).

Was Künne sonst zum Thema ausführt, ist aber des Nachdenkens wert. Besonders sein Hinweis auf die These Meinongs, daß fiktive Gegenstände »unvollständig bestimmte Gegenstände« seien (304). Der Gedanke hat sich in der Erklärung der Romangattung als überaus nützlich und folgenreich erwiesen. Auch U. Eco hat, wie fast alles, was gut und schön ist, diesen Gedanken in seine Romanpoetik übernommen (*Die Grenzen der Interpretation* 1990. 269).

Egon Friedell hat Hegel einmal mit einem grämlichen Schulmeister verglichen, der sich gelegentlich einen Scherz erlaubt, seinen Zuhörern aber verbietet, darüber zu lachen. Manche sprachanalytische Philosophen streuen gern wortspielerische Bonmots in den Vortrag ein; doch kann man selten darüber lachen, obwohl sie es gerne hätten. Ganz anders Wolfgang Künne. Er erzählt einen der geistreichsten Witze, die man je gehört hat – was einiges heißen will, da es bekanntlich kaum mehr als zwei Dutzend Witze gibt, die den Namen verdienen. Wie Figura zeigt, hat die Menschheit wenig Humor, d.h. sie hat wenig zu lachen, vielleicht auch deshalb, weil es so wenige Freunde der Ideen gibt.

Über Künnes Anekdote, die wiederzugeben ich mich natürlich hüten werde, aber kann man tatsächlich lachen. Ist dieses Lachen aber nicht die Wirkung eines abstrakten Gegenstandes? Nämlich des geistigen Gehalts der Anekdote oder der Idee, nach der die kleine Erzählung konzipiert ist? Wie Alfred Polgar zu bedenken gab, wirken echte Witze durch sich selbst, der Erzähler muß nicht noch die Hörer zusätzlich kitzeln, damit sie lachen. Also sind abstrakte Gegenstände wirklich. Quod erat demonstrandum.

Eine kurze Geschichte des Vernunftbegriffs

(Herbert Schnädelbach, *Grundwissen Philosophie: Vernunft*. Stuttgart 2007.)

Bekanntlich ist Philosophie heute vor allem philosophische Forschung, und das heißt: hochgradige Spezialisierung, Konzentration auf die subtile Behandlung von Einzelproblemen systematischer oder historischer Art. Die weitere, meist schwierigere Arbeit bleibt dann dem Leser überlassen, der versuchen muß, die Grundlagen aufzufinden, auf die die Einzelprobleme bezogen sind. Es bleibt meist ihm überlassen, sich ein Bild vom Ganzen, von dem größeren Kontext zu machen, in dem die Spezialfragen erst verständlich werden. Dies aber war ehedem die vornehmste Aufgabe der Philosophie. Die Folge der Spezialisierung ist, daß Sammelbände mit Beiträgen diverser Fachleute die akademische Öffentlichkeit weithin beherrschen. Selten geworden sind Philosophen, die das gesamte Themengebiet, das in der Tradition die Philosophie ausmachte, systematisch behandeln. Eine Ausnahme bildet Franz von Kutschera, der fast alle philosophischen Disziplinen systematisch dargestellt hat: Logik, Semantik, Erkenntnistheorie, Ethik, Ästhetik und Religionsphilosophie.

Selten geworden sind auch Darstellungen der Philosophiegeschichte aus einer Hand, und doch kann man auf sie nicht verzichten, weil sie einen Vorteil haben, der auf keine andere Art zu gewinnen ist. Darauf hat Bertrand Russell, selbst Verfasser einer Philosophiegeschichte, hingewiesen, als er sein Vorhaben rechtfertigte: »Der Zusammenarbeit vieler Autoren haftet [...] ein Mangel an. Geht man von irgendeiner einheitlichen geschichtlichen Entwicklung, einem inneren Zusammenhang zwischen dem Vorangegangenen und dem Nachfolgenden aus, so läßt sich das unbedingt nur darstellen, wenn sich die Synthese der früheren und späteren Perioden in einem einzigen Kopf vollzieht.« Sachliche Beziehungen zwischen Philosophen verschiedener Epochen, so seine plausible These, lassen sich nur in einem »großen Überblick« aufzeigen.[1]

Was das Verständnis des Vernunftbegriffs im Lauf der Zeit angeht, so hat H. Schnädelbach einen derartigen Überblick gegeben, indem er die Hauptlinien der Entwicklung des Vernunftbegriffs, von seiner Entstehung bei den vorsokratischen Naturphilosophen bis zur Gegenwart, vom Begriff des Logos bis zu den verschiedenen Theorien der Ratio-

1 B. Russell, *Philosophie des Abendlandes*. Dt. E. Fischer-Wernecke u. a., München, Wien 1999. 9.

nalität, nachzeichnet, die derzeit diskutiert werden. Abgesehen davon, was der kleine Band im einzelnen an begrifflichen Durchblicken und Klärungen bietet – er ist zuerst ein Plädoyer für das Studium der Philosophiegeschichte, eine Aufforderung, sich nicht mit den Auskünften der gerade aktuellen Strömung in der Philosophie zufriedenzugeben, sondern sich einen Überblick über ihre Geschichte zu verschaffen und zumindest einige der großen Denker der Vergangenheit selbst zu lesen und eingehend zu studieren. Anders ist philosophische Bildung nun mal nicht zu haben.

Der Gedankengang des Buches ist übersichtlich und folgerichtig. Schnädelbach beschreibt, wie es bei den Griechen zu dem Begriff dessen kam, was in der Neuzeit spekulative Vernunft genannt wird. Dann zeigt er auf, daß diese Konzeption unhaltbar ist, weil sie vier fundamentale Schwierigkeiten, Aporien, in sich enthält, die die Grenzen dieser Theorie offenbaren. Hier zeigt sich übrigens, daß der Held dieser philosophiegeschichtlichen Erzählung Kant ist. Auch orientiert sich Schnädelbach in seiner Methode der Explikation von Begriffen an diesem Vorbild, und es ist nur wenig übertrieben, wenn man behauptet, daß er auf seine Weise den Plan ausgeführt hat, den Kant gegen Ende der *Kritik der reinen Vernunft* skizziert: eine Geschichte der kritischen Vernunft zu schreiben.

Die von Platon ausgearbeitete Konzeption der spekulativen Vernunft besagt, daß sie ein »Vermögen [ist], in der Erkenntnis die Grenzen der Alltagsvernunft hinter sich zu lassen und im reinen Denken das wahre Wesen der Welt zu erfassen« (33). Es stellt sich im weiteren Verlauf des philosophischen Nachdenkens heraus, daß dieses Konzept in vier Bereichen auf Probleme stößt, die mit den Annahmen dieser Theorie nicht gelöst werden können. Mit Hilfe der spekulativen Vernunft können die fundamentalen Anforderungen des praktisch-politischen Handelns nicht bewältigt werden. Das gleiche Ergebnis stellt sich heraus auf dem Gebiet der technisch-wissenschaftlichen Anwendung des spekulativen Wissens, auf dem Gebiet des religiösen Glaubens und schließlich auch auf dem Gebiet der Erkenntnis. Dies führt dazu, die Idee der objektiven Vernunft aufzugeben und damit den Rationalismus der platonisch-aristotelischen Metaphysik, der besagt, daß wir mittels der spekulativen Vernunft erfassen können, daß die Natur oder die Schöpfung in einem objektiven Sinne vernünftig oder teleologisch strukturiert sei (71).

Auf diese Krise antwortet Descartes mit einer Neubegründung der rationalen Metaphysik, die allen skeptischen Argumenten standhalten können sollte. Kant weist dann die Grenzen jeder rationalen Metaphysik auf und begründet die Idee der sich ihrer beschränkten Erkenntnismöglichkeiten bewußten, endlichen Vernunft, die er kritisch nennt. Dem opponieren zwei Gegenbewegungen: Hegel mit dem Versuch, Kants Einwände zu respektieren und die Idee der spekulativen Vernunft nicht nur zu retten, sondern zu verabsolutieren. Er betrachtet die Widersprüche, die der spekulativen Vernunft immanent sind, nicht als destruierende, sondern als produktive oder dynamische Elemente der sich ihrer selbst bewußt werdenden absoluten Vernunft. Die zweite Gegenbewegung, die sich in der Philosophie dann weitgehend durchsetzte, war die von Schopenhauer inaugurierte »Dezentrierung der Vernunft«, die Verabschiedung der Idee der objektiven Vernunft und des metaphysischen Rationalismus: »Das Resultat der Dezentrierung der Vernunft ist das Konzept funktionaler Vernunft; ihm zufolge ist die Vernunft eine Funktion von etwas, was nicht selbst schon Vernunft, aber das wahre Zentrum ist.« (116)

Im weiteren philosophischen Denken wurden verschiedene Aspekte des Vernunftbegriffs in aller Schärfe, gelegentlich auch in überspitzter Einseitigkeit herausgearbeitet, die vordem mehr oder weniger übersehen worden waren: die gesellschaftlichen und anthropologischen Voraussetzungen der Vernunft, ihre historisch-hermeneutischen Bedingungen, der alles durchdringende sprachliche Aspekt vernünftigen Denkens und schließlich die verschiedenen Spielarten der instrumentellen Vernunft, die Vielzahl rationaler Einstellungen, die eine Vielzahl von Theorien der Rationalität zu beschreiben versucht.

Unterscheidungen

So klar und einleuchtend der Abriß der Geschichte des Vernunftbegriffs ist, so bestimmt und eindeutig sind die Urteile, die Schnädelbach über die philosophischen Richtungen, kulturgeschichtlichen Epochen und Epochenzäsuren abgibt. Zudem klärt er einige zentrale Begriffe der Vernunftgeschichte, die bis heute oft genug mißverstanden wurden, und nicht zuletzt weist der Traktat auf einige Probleme hin, die zum Weiterdenken herausfordern. Ich werde nicht alle diese Fragen erwähnen, sondern nur auf einige Punkte hinweisen, die meines Erachtens besonders wichtig sind.

Zunächst stellt Schnädelbach, die derzeitige interkulturelle Mode im akademischen Denkgeschäft zwar meinend, sie aber nicht nennend, schlicht fest, daß die rationalistische oder logozentrische Philosophietradition, die in der griechischen Antike begründet wurde und seither das europäische Denken fast durchgehend beherrscht, »keine Parallele in anderen Hochkulturen« hat (22). Es gibt aber eine wesentliche Differenz zwischen der antiken Vernunftauffassung und dem neuzeitlichen Vernunftbegriff. Es ist die Differenz zwischen objektiver und subjektiver Weltauffassung. In der Antike und im Mittelalter gilt der oberste Grundsatz: »Was mit menschlichem Denken gemeint sein kann, ist immer vom Objekt her bestimmt: das, was nur denkend erfaßt werden kann, legt fest, was Denken ist.« Die Welt wurde als objektiv vernünftig aufgefaßt. Demgegenüber herrscht in der Neuzeit die Auffassung vor, daß »unser Denken [darüber bestimmt], was überhaupt denkend erfaßt werden kann« (23). Mit Schopenhauer und der von ihm artikulierten »Dezentrierung der Vernunft« kommt eine »Metaphysik des Irrationalen« zur Geltung, von der Schnädelbach vorsichtig sagt, daß sie »die Metaphysik der Moderne schlechthin« zu sein scheine (114).

Daß er die kaum zu überschätzende Bedeutung Schopenhauers für die Vernunftgeschichte so stark betont, ist keineswegs selbstverständlich, wurde Schopenhauer doch sonst in den philosophischen Seminaren und in den Darstellungen der Philosophiegeschichte meist stiefmütterlich behandelt und allenfalls als schöngeistige Kuriosität betrachtet. Eine Ausnahme macht hier B. Russell, der seine Philosophie sehr distanziert beurteilt, aber anerkennen muß, daß seine Lehre vom Primat des Willens sich in der modernen Philosophie vielfach durchgesetzt hat: »Nach meiner Überzeugung ist das die größte Wandlung, die der Charakter der Philosophie in unserer Zeit durchgemacht hat.«[2]

Des weiteren verdient Beachtung, daß Schnädelbach nicht, wie in der gegenwärtigen Philosophie meist üblich, das christliche Denken des Mittelalters ausblendet; vielmehr arbeitet er so deutlich wie möglich heraus, daß theologische Ideen auf die Geschichte des Vernunftbegriffs in zentralen Punkten eingewirkt haben. Er macht plausibel, daß die gegen die Weisheit der Griechen gerichtete Glaubenslehre des Apostels Paulus und der voluntaristische Gottesbegriff den religiösen Anspruch der spekulativen Vernunft nachhaltig erschütterten. Der Voluntarismus der Gottesidee widersprach auch der klassischen Theorie eines metaphysischen Rationalismus und verstärkte die kognitive Aporie der spekulativen Vernunft. In diesem Zusammenhang überrascht auch zu erfahren, daß selbst der »Empirismus als dominierende Erkenntnistheorie der neuzeitlichen Aufklärung eine theologische Wurzel« hat (73). Außerdem beseitigt Schnädelbach das gängige Vorurteil, das dem von Luther begründeten Protestantismus undifferenziert eine allgemeine Vernunftfeindschaft zuschreibt. Luthers Skepsis gegenüber der natürlichen

2 B. Russell, *Philosophie des Abendlandes* 766.

Vernunft betrifft nur den Vernunftgebrauch in Dingen des religiösen Glaubens, aber keineswegs das vernünftige Denken in profanen Angelegenheiten des Wissens, im säkularen Bereich, der durch diese Differenzierung erst seine Autonomie erlangte. Schließlich macht Schnädelbach darauf aufmerksam, daß man die natürliche Theologie nicht mit der rationalen Theologie verwechseln sollte, die eine innerphilosophische Disziplin ist und aus systemimmanenten Gründen konzipiert wurde.

Gegen die verbreitete Ansicht, daß Kant mit seiner Vernunftkritik die Metaphysik prinzipiell verabschiedet habe, eine Auffassung, die bekanntlich vor allem von Jürgen Habermas vertreten wird, der gewöhnlich von einer nachmetaphysischen Philosophie spricht, stellt er klar, daß Kant die Metaphysik nicht abschaffen, sondern als Wissenschaft neu begründen wollte, indem er die unüberschreitbaren Grenzen des spekulativen Vernunftbegriffs aufzeigte. Auch besteht Schnädelbach mit einleuchtenden Gründen darauf, daß man Kant nicht zu jener philosophischen Richtung zählen kann, die deutscher Idealismus genannt wird. Der deutsche Idealismus wurde vielmehr erst von Fichte begründet und ist als der Versuch aufzufassen, »die ›Intelligenz‹ oder das Ich zum ersten und alleinigen Grund der Welt und ihrer Erkenntnis zu erheben« (101).

Vor allem aber legt Schnädelbach großen Wert darauf, Kants umstrittenste und folgenreichste Unterscheidung, den Unterschied zwischen den Dingen an sich und den Dingen, wie wir sie unter den Voraussetzungen unserer Erkenntnisfähigkeiten wahrnehmen, den Erscheinungen, möglichst genau zu bestimmen. Das Problem ist hier, daß Kant das Ding an sich als »nichtsinnliche Ursache der Erscheinungen« beschreibt (99, *KrV* B 334). Andererseits gilt nach seiner Erkenntnistheorie, daß die Kategorie der Kausalität nur auf das Gebiet der Erfahrung, auf den Zusammenhang der Erscheinungen, anzuwenden ist. In dem Zitat verwendet er diese Kategorie aber in einer Weise, die über die Erfahrung hinausgeht. Schnädelbach löst dieses Problem einer »pseudokausalen Redeweise von einer Ursache der Erscheinungen«, indem er auf die sinnlichen Voraussetzungen des rezeptiven Bewußtseins verweist. Kant meint damit die sinnliche Art und Weise, »wie wir von Gegenständen affiziert werden« (100, *KrV* B 33).

Ist mit diesem Hinweis das Problem der »pseudokausalen Redeweise« gelöst? ›Affizieren‹ geht auf das lateinische *afficere* zurück, dessen Grundbedeutung ›behaften mit‹ ist; eine gute, wörtliche Übersetzung wäre auch der Ausdruck aus dem Jugendjargon ›anmachen‹. ›Affizieren‹ bedeutet heute meist ›reizen‹, ›befallen‹. Man sieht, daß mit dem Prädikat in allen Bedeutungsnuancen eine kausale Beziehung beschrieben wird. Ich glaube, man wird der Intention Kants am ehesten gerecht, wenn man sagt, daß Kant eine sekundäre oder analogische Redeweise verwendet,[3] wenn er von der »nichtsinnlichen Ursache« unserer Vorstellungen oder der »bloß intelligiblen Ursache der Erscheinungen« spricht (*KrV* B 422). Kant war der analogische Gebrauch von Begriffen durchaus vertraut. Er behandelt die »Analogien der Erfahrung« und in dem Kapitel über die »Kritik aller spekulativen Theologie« rechtfertigt er ausdrücklich die philosophische Tradition, in der Form von Analogien empirischer Begriff sich den Urheber der Welt als weise und allmächtig zu denken. Er greift auf die »Analogie einer Kausalbestimmung der Erscheinungen« zurück, um die Idee zu erläutern, daß die Natur eine zweckmäßige und systematische Einheit besitzt (*KrV* B 727 f.). Übrigens sollte es im Hinblick auf das theologische Konzept der Vernunftkritik zu denken geben, daß Kant in diesem Zusammenhang, wenn er von der zweckmäßigen Ordnung der Natur spricht, sich der Begriffswahl Spinozas bedient: »Gott hat es weislich so gewollt, oder die Natur hat es also weislich geordnet«. Freilich wäre immer noch die Frage zu beantworten, warum Kant die Beziehung von Dingen an sich und Erscheinungen nicht selbst explizit eine kausale Beziehung in einem analogischen Sinn genannt hat.

Folgerungen

Für eine Geschichte des Vernunftverständnisses, die Begriffe griechischer, lateinischer, französischer, englischer und deutscher Herkunft verwendet, ist die Frage der Übersetzung alles andere als nebensächlich. So wird hier aus einer Aristoteles-Übersetzung zitiert, in der merkwürdigerweise sowohl *physis* als auch *ousía* mit ›Substanz‹ wiedergegeben werden, obwohl es für *physis* (Natur) und *ousía* (Wesen) genaue Entsprechungen im Deutschen gibt. Man fragt sich, warum der Übersetzer die Sache, die an sich schon schwierig genug ist, dadurch noch erheblich erschwert hat, daß er die beiden Wörter durch einen weiteren Fachbegriff wiedergegeben hat, durch ›Substanz‹, das von dem lateinischen Wort für *hypokeímenon* abgeleitet ist und heute vielfach mißtrauisch betrachtet wird.

Im Mittelpunkt dieses philosophischen Abrisses steht aber der Bedeutungswandel, den der Begriff der Theorie zu Beginn der Neuzeit

3 Cf. zur Terminologie: Wolfgang Künne, *Abstrakte Gegenstände*. Frankfurt 2007. 43

durchgemacht hat. In der Antike sah der musische Mensch das höchste Glück im *bíos theoretikós*, in der Beschäftigung mit philosophischem, geistigem Wissen. Die Theorie im griechischen Verständnis wurde während des Mittelalters zu einem analogisch aufgefaßten Modell für die *visio beatifica* in der christlichen Glaubenslehre umgedeutet. Den tiefgreifenden Bedeutungswandel dieser Ansicht faßt Schnädelbach in die großartig pointierten Worte: »So erscheint uns die *visio beatifica* als unendlich langweilig, und wer wird schon in der Theorie glücklich?« (55) Der rhetorischen Frage liegt das moderne Verständnis zugrunde, wonach der Wert theoretischer Kenntnisse danach beurteilt wird, ob sie einen praktischen Nutzen haben, und diese Norm gilt heute selbst für die Beurteilung der Philosophie.

Daß dies einmal völlig anders war, sieht man daran, daß Ludwig Marcuse mit vollem Recht von Spinoza sagen konnte, er denke, um glücklich zu werden.[4] Und Schopenhauer gibt seine durch die Erfahrung der Realität bestätigte Ansicht mit den Worten Ausdruck: »Ich erinnere daran, daß das Hören und Lesen der Philosophen in den Plan eines glückseligen Lebens einzubegreifen ist.«.[5] Allerdings ist die Überzeugung der klassischen Philosophie, daß man in der Theorie oder mittels der theoretischen Einstellung zur Welt, wobei der Begriff der Theorie im weiteren Sinn zu verstehen ist, höchste Zufriedenheit und unverächtliches Glück erlangen kann, in der Neuzeit und in der Moderne doch nicht gänzlich verschwunden oder obsolet geworden. Dies zeigt sich auf dem weiten Feld der ästhetischen Erfahrung.

Kunstwerke bedeuten etwas, sie haben wie die Sprache eine ideelle Komponente. Sie sind der sinnliche Ausdruck abstrakter Gegenstände, sie sind ideale Gegenstände in anschaulicher oder lautlicher Gestalt. Die Rezeption großer Kunst, die Betrachtung ästhetischer Gebilde, gewährt eine Freude und ein Vergnügen, die auf keine andere Art zu haben sind und durch kein anderes Vergnügen ersetzt werden können. Hier im psychoanalytischen Sinn von Sublimation oder Kompensation zu sprechen, zeugt von der »Banausie kunstsinniger Ärzte«, um eine Wendung von Adorno aufzunehmen.[6] Die Rezeption künstlerischer Gebilde ist zweifellos eine theoretische oder kontemplative Angelegenheit, mit der keine praktischen Zwecke verbunden sind – man sieht das daran, daß wohl der Preis, nicht aber der Wert von Kunstwerken über den Markt bestimmt werden kann, und Kunstschaffende ein Honorar, aber keinen

4 *Philosophie des Glücks*. Zürich 1972. 167.

5 *Die Welt als Wille und Vorstellung*. Werke 2, 195. Darmstadt 1968.

6 Th.W. Adorno, *Ästhetische Theorie*. Frankfurt 1970. 19.

Lohn für ihre Werke bekommen. Daß es sich bei der Wahrnehmung von Kunst oder bei der Vertiefung in Kunstwerke um eine theoretische Angelegenheit handelt, heißt übrigens keineswegs, daß der rezeptive Akt des Lesens, des Musikhörens oder der Bildbetrachtung ein passiver Vorgang sei. Man kann also durchaus sagen, daß hier der Fall vorliegt, daß man in der Theorie, im Erleben theoretischer Gebilde, glücklich werden kann.

Die Erfahrung der Kunst führt zu einem Gedanken, der aufs engste mit dem klassischen Begriff der Kunst verbunden ist. Es gibt wohl kein bedeutendes Kunstwerk, das seine Entstehung nicht einer Intuition, einer Inspiration oder, umgangssprachlich ausgedrückt, einem Geistesblitz, einem genialen Einfall verdankt. Wir können hinzufügen, daß es wahrscheinlich auch keine wissenschaftliche Entdeckung oder keine technische Erfindung ohne das Moment der Intuition gibt. Dieses Moment, ohne das sich keine wahrhaft schöpferische Tätigkeit denken läßt, war aber ein Wesensmerkmal des traditionellen Vernunftbegriffs. Kant hat nun jede intuitive Komponente, die er intellektuelle Anschauung nannte, aus dem Vernunftbegriff ausgeschieden; er läßt nur die sinnliche Wahrnehmung oder Anschauung gelten. Nebenbei bemerkt, hat Russell auf ein folgenreiches Mißverständnis in englischen Texten hingewiesen, wo Kants allgemein zu verstehender Grundbegriff der Anschauung gewöhnlich mit ›intuition‹ übersetzt wird – damit wird natürlich der Sinn des Kantischen Denkens verfehlt.[7] Die genannten Beispiele aus Kunst und Wissenschaft zeigen überdeutlich, daß mit Kants Begriff der Vernunft etwas nicht stimmen kann. Dieser Mangel wird dort evident, wo er vom Genie spricht. Da er den Vernunftbegriff von jedem intuitiven Merkmal gereinigt hat, ist er gezwungen, Newton, dessen physikalische Theorie eine der größten Leistungen des menschlichen Geistes ist und in der Wissenschaftsgeschichte wahrlich Epoche machte, jedes Genie abzusprechen, obwohl er von der Wahrheit der Newtonschen Theorie so sehr überzeugt war, daß er den Grundgedanken seines kritischen Systems daran orientierte. Genialität läßt er nur auf dem Gebiet der Kunst gelten, z.B. bei Wieland (*KdU* B 184).

Wir haben heute ein völlig anderes Verständnis von Genialität, es orientiert sich gerade an den höchsten wissenschaftlichen Leistungen. Für uns ist Albert Einstein, der mit seiner Relativitätstheorie das Weltbild der alltäglichen Einstellung, unsere Vorstellung von Raum und Zeit, die wir für natürlich hielten, gründlich geändert hat, das Genie schlechthin, und wir zögern, selbst die größten Dichter, Musiker oder Maler

7 *Philosophie des Abendlandes*, 716.

der Moderne Genies zu nennen. Der Grund für diesen Wandel des Geniebegriffs ist offensichtlich: Wir sind uns bewußt, daß wir in einem wissenschaftlichen Zeitalter leben, die Wissenschaft und ihre technische Folgen bestimmen unser Alltagsleben bis in die letzten Winkel. Die gegenwärtige Kunst hat uns kaum noch etwas zu sagen.

Schnädelbach lenkt unsere Aufmerksamkeit auf das kulturgeschichtlich bedeutsame Phänomen, daß nach Hegels Tod die akademische Philosophie in Deutschland rapid und nachhaltig an Ansehen verloren hat und »die wahren philosophischen Revolutionäre« nicht mehr professionelle Philosophen waren, sondern Denker wie »Feuerbach, Marx, Freud und später Albert Einstein« (120). Dieser Situationsbeschreibung kann man gewiß zustimmen – bis auf den Punkt, daß in die Reihe dieser erlauchten Namen auch Freud aufgenommen wurde. Nachdem die Wissenschaftlichkeit seiner Theorien, darunter die verdinglichte Ich-Theorie, vor allem von Wittgenstein, Popper und Tugendhat, als höchst fragwürdig erwiesen wurde, kann man Freud wohl nicht mehr auf die gleiche Stufe mit Einstein stellen.

Ich glaube, daß man Freuds Ansehen auch dann nicht reparieren kann, wenn man berücksichtigt, daß Wissenschaftshistoriker wie Thomas S. Kuhn und Paul Feyerabend nachgewiesen haben, daß die Geschichte der exakten Naturwissenschaften keineswegs so rational verlaufen ist, wie es die Wissenschaftstheorie und der Kritische Rationalismus bisher angenommen hatten (cf. 136). Freuds Erklärungen sind entweder einfach zu banal oder gegen jede Kritik immun. Für Feyerabend ist Einstein selbst das hervorragende Beispiel, daß revolutionäre Wissenschaftler sich bei der Konzeption ihrer Theorien nicht um die gewöhnlichen Standards der Wissenschaftlichkeit gekümmert haben. Einstein sei bereit gewesen, seine Theorie selbst dann aufrechtzuerhalten, wenn ihr Beobachtungen und Experimente widersprachen.[8]

Feyerabends programmatische Schrift *Wider den Methodenzwang* ist vor allem gegen Poppers rationalistische Wissenschaftstheorie gerichtet. Es dürfte aber viel dafür sprechen, daß Einstein eher ein Kronzeuge für Poppers Wissenschaftstheorie als ein Kronzeuge für Feyerabends polemischen Gegenentwurf ist. Ja, man kann nachweisen, daß er die von Popper vertretene Auffassung, daß naturwissenschaftliche Theorien niemals endgültig bestätigt, sondern nur falsifiziert werden können, über ein Jahrzehnt vor Popper mit aller wünschenswerten Klarheit formuliert hatte.[9]

8 P. Feyerabend, *Wider den Methodenzwang*. Frankfurt 1986. 75.
9 Albrecht Fölsing, *Albert Einstein, eine Biographie*. Frankfurt 1995. 541.

Schließlich noch zwei Anmerkungen zur Geschichte des Vernunftbegriffs. Das griechische Wort *nous*, das oft mit Vernunft zu übersetzen ist, muß in manchen Kontexten mit Einsicht wiedergegeben werden. Das heißt, daß in dem griechischen Grundbegriff das spezifische Moment des Verstehens enthalten ist, das wir in dem Begriff der Vernunft nicht mitdenken. Erst W. Dilthey, M. Heidegger und H.G. Gadamer haben dieses Moment systematisch entfaltet.

Der zweite griechische Grundbegriff ist *logos*, er umfaßt die beiden Merkmale des Rationalen und des Sprachlichen, die im Lateinischen dann mit *ratio* und *verbum* übersetzt wurden. Der rationale Aspekt wurde in der Logik und Metaphysik behandelt, der sprachliche Aspekt wurde in den antiken Theorien über die Sprache und in den mittelalterlichen Spekulationen über das *verbum* reflektiert;[10] der Ausgangspunkt für die theologischen Spekulationen waren die Aussagen zu Beginn des Johannesevangeliums über den göttlichen *logos* (*verbum*). Eine umfassende Sprachphilosophie, die philosophische Reflexion und weitgespannte empirische Sprachkenntnisse verbindet, hat erst Wilhelm von Humboldt ausgearbeitet, dessen Beutung Schnädelbach gebührend herausstreicht. Er bringt auch das programmatische Zitat: »Die Sprache ist das bildende Organ des Gedanken [!] ... Die intellectuelle Thätigkeit und die Sprache sind daher Eins und unzertrennlich von einander« (123).[11]

Zu diesem Zitat wäre anzumerken, daß Humboldt nicht behauptet, daß Denken und Sprechen identisch seien, er behauptet vielmehr, daß sie eine Einheit bilden, und wenn er diese Verbindung hier unzertrennlich nennt, so meint er nicht, daß sie auch ununterscheidbar seien. Genau genommen glaubt er vielmehr, daß Denken und Sprechen den gleichen geistigen Ursprung haben. An anderer Stelle spricht er klarer von der »Identität der Gedanken- und Spracheerzeugenden Kraft« im menschlichen Geist.[12] Humboldt wußte sehr wohl, daß es eine Art sprachlosen Verständnisses über alle sprachlichen Hindernisse hinweg geben kann. Er erklärt es aus der einen, gemeinsamen Natur des Menschen. Er sagt, der Mensch verstehe »den Menschen leicht auch da, wo, genau untersucht, die Sprache keine Brücke des Verständnisses darbietet«.[13]

10 Cf. H.G. Gadamer, *Wahrheit und Methode*. Tübingen 1965. 395 ff.

11 Wilhelm von Humboldt, *Über die Verschiedenheiten des menschlichen Sprachbaues*. *Werke* 3, 191. Darmstadt 1969.

12 *Über die Verschiedenheit des menschlichen Sprachbaues und ihren Einfluß auf die geistige Entwicklung des Menschengeschlechts*. *Werke* 3, 477.

13 *Werke* 3, 156.

Daß Kinder denken können, bevor sie sprechen gelernt haben, kann nur bestreiten, wer niemals Kinder kennengelernt hat. Ein typisches Hindernis beim Sprechenlernen besteht darin, daß Kinder Gedanken haben, aber nicht die Worte artikulieren können, um sie auszudrücken. Sie äußern unvollkommen artikulierte Wörter und ärgern sich, wenn man sie nicht versteht. Es ist ganz offensichtlich, daß ihr Denken weiter entwickelt ist als ihre Sprechfähigkeit.

Auch kann jeder bei sich selbst feststellen, daß Denken und Sprechen nicht dasselbe sind, obwohl man Denken meist als inneren Monolog bezeichnen kann, nämlich dann, wenn es sich um ein artikuliertes Denken handelt. Jeder kennt nämlich den Fall, daß er etwas sagen will, aber sofort erkennt, daß ihm dafür die Worte fehlen. Er spricht einen Satz aus und weiß sofort, daß der Satz nicht genau das ausdrückt, was er meint. Wir unterscheiden also zwischen dem Gedanken, den wir im Sinn haben, und dem Gedanken, der sprachlich artikuliert ist.

Der unermeßliche Vorzug der Sprache zeigt sich jedoch darin, daß wir Gedanken nur beurteilen und überprüfen können, wenn sie sprachlich artikuliert sind und eine zeichenhafte Form angenommen haben. Auf diese ideale Situation des sprachlich geformten Gedankens bezieht Humboldt sich, wenn er schreibt, es sei unmöglich, »ohne Sprache zu denken«. Er fügt aber hinzu, daß sich Denken und Sprechen sehr wohl unterscheiden lassen, und er erläutert, daß der Gedanke ohne sprachliche Einkleidung »eine höhere Freiheit und Reinheit« darbiete. Auch verweist er auf die Möglichkeit, daß wir über die Grenzen der Sprache hinausgehen können, indem wir die sprachlichen Ausdrucksmöglichkeiten erweitern, also sprachschöpferisch tätig werden können – wenn wir für neue Gedanken einen neuen Ausdruck suchen.[14] Wären Denken und Sprechen strikt identisch, ließe sich nicht erklären, wie man zu einem Gedanken die passenden Worte suchen kann. Überdies lehren uns die defizienten Modi des gedankenlosen Sprechens und unartikulierten Denkens drastisch genug, daß wir es hier mit zwei verschiedenen Tätigkeiten zu tun haben. Desgleichen ist dies vorausgesetzt, wenn man die Verschiedenheit der einzelnen Sprachen und die Möglichkeit, sie zu erlernen, erklären will.

Diese Differenz hat Manzoni im Auge, wenn er bemerkt, man sollte, »die seit so langer Zeit vorgeschlagene Methode befolgen, zu beobachten, zu hören, zu vergleichen und zu denken, bevor man spricht. / Aber

14 *Über den grammatischen Bau der Chinesischen Sprache*. In: W. v. Humboldt, *Über die Sprache. Ausgewählte Schriften*. Hg. Jürgen Trabant. München 1985. 102.

das Sprechen, diese so einzige Sache, ist dermaßen leichter als alle anderen zusammen, daß auch wir, ich meine, wir Menschen im allgemeinen, ein bißchen zu bedauern sind.«[15]

Es ist nützlich, gelegentlich an Humboldts sorgfältig differenzierende Sprachauffassung zu erinnern, die alle Aspekte des Phänomens zu ihrem Recht kommen läßt, weil heute, hauptsächlich unter dem Einfluß der sprachanalytischen Philosophie, das sprachliche Paradigma in der Philosophie oft überbewertet wird.

Eine grundsätzliche Frage hat Schnädelbach in seinem begriffsgeschichtlichen Abriß nicht angeschnitten: Ob der Glaube an die Vernunft sich vernünftig begründen läßt oder ob wir uns dafür entscheiden müssen, vernünftig zu sein, wie Popper meint. Wer jemals mit Menschen gesprochen hat – und wer hat das nicht –, die vernünftigen Argumenten unzugänglich sind, etwa mit Spökenkiekern, Sektierern und Fundamentalisten aller Art, wird darüber belehrt, daß man sich dafür entscheiden muß, vernünftig zu sein und die logisch-rationalen Normen anzuerkennen, die für alle denkende Menschen gültig sind.

15 Alessandro Manzoni, *Die Verlobten*. Dt. A. Wesselski. Frankfurt 1969. 415.

Zur Diskussion über das Leib-Seele-Problem

(Ansgar Beckermann, *Analytische Einführung in die Philosophie des Geistes.* 3., aktualisierte und erweiterte Auflage, Berlin 2008.)

> *Philosophie ist oft nicht mehr als der Mut, in einen Irrgarten einzutreten. Wer aber dann auch die Eingangspforte vergißt, kann leicht in den Ruf eines selbständigen Denkers kommen.*
>
> K. Kraus

Eine Grundfrage der Philosophie lautet: Was ist der Mensch? Manche Vertreter des Fachs behaupten sogar, dies sei die letztlich entscheidende Frage, die die Philosophie zu beantworten habe. Wie dem auch sei, um diese Frage beantworten zu können, müßte man auch eine Lösung für das Leib-Seele-Problem kennen, das heute gewöhnlich unter dem vornehmer klingenden Titel einer Philosophie des Geistes abgehandelt wird. Dieses Problem ist aber ein weites Feld. Auf der einen Seite stehen die verschiedenen Auffassungen, die in der philosophischen Tradition entwickelt wurden. Auf der anderen Seite ist klar, daß man heute das Leib-Seele-Problem nicht diskutieren kann, ohne die erstaunlichen Forschungsergebnisse der Hirnphysiologie zu berücksichtigen, und da wir Lebewesen sind läßt sich das Problem auch nicht angehen, ohne die Gesichtspunkte der biologischen Evolutionstheorie zu beachten. Schließlich kann man auch nicht die Anschauungen der Alltagspsychologie oder des gemeinen Menschenverstandes außerachtlassen, dem der gewöhnliche Sprachgebrauch folgt. Wir verwenden diese Sprache, wenn wir über Körper und Geist und die entsprechenden Eigenschaften, Befindlichkeiten und Verhaltensformen reden. Alle diese Fragen sind nicht nur von theoretischem Interesse, sie tangieren in höchstem Maß unser Selbstverständnis als Menschen. Es ist ein Unterschied, ob wir uns als Wesen im Sinne eines materialistischen Monismus oder ob wir uns, im Sinne eines psychophysischen Dualismus, als Personen verstehen.

Hier wäre aber einzufügen, daß man die Einstellung des gesunden Menschenverstandes von der Vulgärpsychologie unterscheiden sollte, die nach der Hypothese des eliminativen Materialismus in absehbarer Zukunft von einer naturwissenschaftlich fundierten Psychologie abgelöst werden wird. Dabei wäre zu beachten, daß die sogenannte Alltagspsychologie, besonders in den USA, stark durch psychoanalytische Einflüsse geprägt ist und dies so sehr, daß zum Beispiel ein gut Teil der zeitgenössischen amerikanischen Filme und Romane ungenießbar ist. Daß diese unwissenschaftlichen Ansichten aus der Psychologie ausgeschieden werden sollen, kann man auch dann begrüßen, wenn man kein Anhänger jenes rigiden Materialismus ist. Demgegenüber aber hat sich der gesunde Menschenverstand gerade von den bizarren Lehren der Tiefenpsychologie weitgehend freigehalten. Schließlich gehört es zu dem Begriff des gesunden Menschenverstandes, daß er mißtrauisch, kritisch und lernfähig ist.

Angesichts der unübersichtlichen Problemlage, was das Verhältnis von Leib und Seele, Gehirn und Geist, angeht, ist jeder Versuch willkommen, ein wenig Ordnung in die aktuellen Theorien und Lösungsvorschläge zu bringen, die in feinste Detailfragen auszuufern drohen, wo man gelegentlich kaum noch erkennen kann, was sie mit dem eigentlichen Thema zu tun haben. Bisweilen hat man als Laie den Eindruck, daß ein unglaublicher Scharfsinn aufgewandt wird, um die offensichtliche Tatsache zu widerlegen, daß wir denkende, fühlende, wollende Lebewesen sind, die *wissen*, daß sie denken, fühlen und wollen.

Im folgenden geht es um die *Analytische Einführung in die Philosophie des Geistes* von Ansgar Beckermann. Die Arbeit ist eine Art Lehrbuch mit einem übersichtlichen Aufbau, und es liegt ihm ein Begriff der Philosophie zugrunde, dem man nur zustimmen kann. Beckermann vertritt nämlich die vernünftige Auffassung, daß es »zeitunabhängige philosophische Probleme« gibt, darunter das Leib-Seele-Problem, und philosophische Argumente, die »nicht relativ zu einer bestimmten Zeit, Kultur oder einem philosophischen System« sind (VIII f.). Damit grenzt er sich von der historistischen Philosophie ab, die während der Nachkriegsepoche in Deutschland vorherrschte, aber auch von der interkulturellen Philosophie, die eine der jüngsten Moden des Fachs darstellt.

Überblick

Im ersten Hauptteil behandelt Beckermann die Frage, ob »es eine vom Körper unabhängige, immaterielle Seele« gibt (19). Seinem Ansatz gemäß erörtert er zwei klassische Theorien aus der philosophischen Tradition, Platos sogenannte Beweise für die Unsterblichkeit der Seele und Descartes' Argumente für die vom Körper unabhängige Seele. Auch diskutiert er Swinburnes Auffassung, daß die Seele eine Substanz sei, und die Probleme, die sich aus der Theorie einer Wechselwirkung von Geist und Körper ergeben. Dieser Teil ist am kürzesten ausgefallen, weil die hier behandelten Konzepte in der gegenwärtigen Philosophie nur von wenigen Denkern vertreten werden und Beckermann die Absicht verfolgt, die Hauptströmungen der aktuellen Philosophie des Geistes zu besprechen.

Eine Hauptströmung in dieser Frage ist der Physikalismus, was aber nur ein heute gern gebrauchter Euphemismus für den materialistischen Monismus ist, die Lehre, daß sich alle geistigen, psychischen oder mentalen Phänomene letzten Endes auf physische Gegebenheiten, auf die neuronalen Strukturen und Prozesse des Gehirns zurückführen lassen. Deshalb beschäftigt sich Beckermann im umfangreichen zweiten Teil seiner Arbeit mit den derzeit florierenden Spielarten des Physikalismus.

Er bespricht den semantischen Physikalismus, der annimmt, daß sich mentale Ausdrücke in physikalische Begriffe übertragen lassen – ein Ansatz, den man nach Beckermanns Ansicht als gescheitert betrachten muß. Die Identitätstheorie leidet an der Schwierigkeit, daß sich nicht genau sagen läßt, was hier Identität bedeuten soll.

Der Funktionalismus nimmt an, daß das Wesen mentaler Zustände in der kausalen Rolle besteht, die mit ihnen verbunden ist, er ist eine ontologisch neutrale Theorie des Mentalen. Er wird erst dann zu einer physikalistischen Theorie, wenn man zusätzlich annimmt, daß »alle mentalen Zustände durch physische Zustände realisiert« sind (155). Die bekannteste Variante des Funktionalismus ist das Computermodell des Geistes, doch ist dies nur eine unter mehreren Varianten des Funktionalismus. Gegen dieses Konzept spricht hauptsächlich, daß mentale Zustände Aspekte haben, die sich nicht mit dem Begriff der kausalen Rolle beschreiben lassen.

Donald Davidson vertritt eine Theorie der Token-Identität und des Anomalen Monismus. Er behauptet, daß jedes einzelne mentale Ereignis mit einem einzelnen physischen Ereignis identisch sei; zudem leugnet er, daß es strikte psychologische oder psychophysische Gesetze gebe. Gegen diese Theorie spricht, daß sie die Beziehung zwischen mentalen und physischen Eigenschaften nicht erklären kann, da für Davidson die Eigenschaften nicht real existieren. Er behauptet: Daraus, daß man auf einen Gegenstand ein bestimmtes Prädikat anwenden kann, kann man nicht schließen, daß der Gegenstand die von dem Prädikat beschriebene Eigenschaft wirklich hat (185).

Was unter dem Stichwort Supervenienz abgehandelt wird, kann man sich als einen Versuch denken, die bekannte Auffassung des Parallelismus oder des Epiphänomenalismus im Hinblick auf Geist und Hirn genauer zu beschreiben. Wie ist die Annahme zu verstehen, daß alle mentalen Eigenschaften laut Voraussetzung ein physisches Korrelat haben? Zu einer physikalistischen Theorie wird dieses Konzept nur, wenn man annimmt, daß das Mentale nicht nur aufgrund bestimmter Naturgesetze, sondern »metaphysisch« über das Physische superveniere (217).

Im Anschluß an Charles D. Broad (1925) formuliert Beckermann eine »Theorie der reduktiven Erklärbarkeit«, wonach »alle mentalen Eigenschaften allein unter Bezugnahme auf physische Eigenschaften reduktiv erklärbar« sind (232). Diese Theorie soll als nichtreduktiver Physikalismus verstanden werden, was offensichtlich ein Widerspruch ist. Dennoch soll diese Bezeichnung gerechtfertigt sein. Einerseits gibt es nach diesem Konzept nur physische, aber keine mentalen Eigenschaften. Andererseits impliziert diese Theorie, daß man »bei der Beschreibung und Erklärung der Welt auf mentales Vokabular« nicht verzichten kann, und dies deshalb: »Wenn mentale Eigenschaften *vielfältig* realisiert sind, dann müssen wir mentale Prädikate verwenden, um die Dinge zusammenzufassen, in denen dieselben Eigenschaften realisiert sind.« Nach dieser Theorie sind mentale Prädikate nicht überflüssig, doch bezeichnen diese Prädikate »keine eigenständigen Eigenschaften« (232). Hier sei schon angemerkt, daß diese Überlegung Beckermanns schwer nachvollziehbar ist. Denn was soll es heißen, daß mentale Eigenschaften vielfältig realisiert sind, wenn es keine eigenständigen mentalen Eigenschaften gibt?

In einer Art Resümee dieses Hauptteils seiner Arbeit stellt Beckermann fest, daß der Eigenschafts-Physikalismus nur wahr sein kann, »wenn das Mentale metaphysisch über dem Physischen superveniert«, und daß diese Voraussetzung nur für die Identitätstheorie und die sogenannte Theorie der reduktiven Erklärbarkeit zutrifft (248). Nach Beckermanns Ansicht verdient aber die letztgenannte Theorie den Vorzug, und diese Variante des Eigenschafts-Physikalismus bildet die Grundlage seines dritten Hauptteils: »Physikalismus im Hinblick auf mentale Eigenschaften besagt nicht, daß mentale Eigenschaften mit physischen Eigenschaften identisch sind, er besagt, daß sich alle mentalen Eigenschaften z. B. allein unter Bezug auf die neuronale Struktur von Lebewesen reduktiv erklären lassen, daß sie also nicht im Sinne von C. D.Broad emergent sind.« (269) Dem fügt er noch einen Exkurs über den eliminativen Materialismus an, der »die Existenz des Mentalen« kategorisch bestreitet und für den sich deshalb die Frage überhaupt nicht stellt, ob mentale auf physische Eigenschaften zurückgeführt werden können.

Im dritten und interessantesten Hauptteil seines Lehrbuchs, der aber zugleich am wenigsten strukturiert ist, fragt Beckermann, wie es möglich ist, daß mentale Zustände physisch realisiert sind. Denn dies ist vorausgesetzt, wenn man wie die Physikalisten behauptet, daß mentale Eigenschaften reduktiv erklärt werden können. Dazu referiert Beckermann zwei Antworten: die Repräsentationstheorie des Geistes von Jerry Fodor und den Konnektionismus, der das Computermodell des Geistes verwirft und sich statt dessen an der Struktur neuronaler Netze orientiert. Gegen Fodors Theorie spricht, daß sie zwar beschreiben kann, wie intentionale Zustände realisiert sein können, jedoch nicht erklären kann, wie die mentalen Repräsentationen eigentlich zu ihrem Inhalt kommen (309). Dagegen behauptet der Konnektionismus, daß alle Versuche, die grundlegenden kognitiven Leistungen mittels formaler Prozesse zu erklären, gescheitert sind (328). Der Vergleich der beiden Theorien ergibt, daß sich die Ziele ihrer Erklärung unterscheiden: Die eine Theorie will erklären, wie intentionale Zustände realisiert sein können; die andere Theorie will erklären, worauf die kognitiven Fähigkeiten und das kognitive Verhalten von Menschen und Tieren beruhen (328).

D. Dennetts Theorie intentionaler Systeme ist als Antwort auf das Dilemma konzipiert, daß man Menschen und Tieren gegenüber etwas Wesentliches ausläßt, wenn man zu ihnen nicht eine intentionale Einstellung einnimmt, daß es andererseits aber »weder in der neuronalen noch in der funktionalen Architektur unseres Gehirns Strukturen gibt«, die den Zuständen unserer intentionalen Einstellung entsprechen. Die Antwort lautet, daß es dennoch sinnvoll sei, »an der intentionalen Strategie festzuhalten und intentionale Zustände für in einem gewissen Sinn real zu halten« (347). Früher neigte er zu einer instrumentalistischen Erklärung, wonach es eine nützliche Fiktion sei, intentionale Zustände anzunehmen. Heute spricht er im Hinblick auf solche Zustände von einem schwachen Realismus, indem er sie mit den *abstracta* im Sinne Reichenbachs vergleicht. Dennett nimmt also an, daß nur physische Gegenstände im vollen Sinn des Wortes wirklich sind. Beckermann fragt zu Recht, warum man nicht die normale realistische Deutung intentionaler Zustände vertreten soll, wenn man Handlungen im Unterschied von Körperbewegungen nur in intentionaler Einstellung erklären kann (351).

Eine der wichtigsten Fragen einer Philosophie des Geistes lautet, »wie die Eigenschaft, einen bestimmten Inhalt zu haben, selbst physisch realisiert sein kann« (357). Nichts anderes ist mit dem merkwürdigen Ausdruck der »Naturalisierung« des Inhalts mentaler Repräsentationen gemeint. Dazu gibt es, wie Beckermann referiert, drei Ansätze, die aber alle mehr oder weniger starken Einwänden ausgesetzt sind. Der kausale Ansatz scheint am schlechtesten abzuschneiden, da er eine »asymmetrische Abhängigkeit kausaler Beziehungen« annehmen muß, dieser Begriff aber nicht konsistent zu sein scheint (377). Nach dem informationstheoretischen Ansatz genügt es nicht, den Begriff des Inhalts auf den Begriff der Information zurückzuführen; man muß zudem einen funktionalen Bedeutungsbegriff annehmen, was wiederum zur Folge hat, daß der Begriff der Funktion physikalisch definiert werden muß, und dies ist nur möglich, wenn man einen Lernmechanismus voraussetzt. Der teleologische Ansatz arbeitet mit einem historischen Inhaltsbegriff, der zwar für »Repräsentationen mit biologisch relevanten Inhalten« passend zu sein scheint, nicht jedoch bei abstrakten und theoretischen Inhalten (373).

Bei diesen drei Ansätzen wird vorausgesetzt, daß es »eine Frage der Tatsache ist, welchen Inhalt mentale Repräsentationen haben«. Dagegen nimmt die Interpretationale Semantik an, daß wir es sind, »die diesen Repräsentationen einen Inhalt zuschreiben« (381). Als Modell dient, wie so oft, wiederum der Schachcomputer. Es stellt sich dabei heraus, daß wir den physischen Zuständen eines Systems nur dann bestimmte Inhalte zuschreiben können, wenn man sonst nicht verstehen kann, warum sich das System erfolgreich verhält. Daraus ergibt sich, daß sich eine derartige Semantik ohne die Begriffe des Erfolgs und der Rationalität nicht ausarbeiten läßt (387).

Beckermann stellt anschließend die Erkenntnis, daß die Inhalte mentaler Zustände von Umgebung, Sprachgemeinschaft der Person abhängen, als neue Entdeckung heraus, was kaum überzeugen kann (387); denn daß die Sprache eine soziale Institution ist, ist doch *opinio communis* der philosophischen Tradition. Wie dem aber sei, jene Einsicht läßt die Vermutung begründet erscheinen, daß intentionale Zustände nicht über den physikalischen Eigenschaften einzelner Personen supervenieren (395). Eine weitere Frage lautet: »Unter welchen Bedingungen darf man sagen, daß zwei Personen in demselben intentionalen Zustand sind, denselben Wunsch, dieselbe Überzeugung haben?« (395) Man steht wieder vor der Schwierigkeit, wie sich hier eine Identität von Typen definieren läßt.

Abschließend geht Beckermann kurz auf den ontologischen Status des Selbstbewußtseins ein, um dann die Probleme ausführlicher zu besprechen, die sich für jene Theorien des Geistes, die nur physische Eigenschaften anerkennen, daraus ergeben, daß unsere subjektiven Erlebnisse fraglos eine spezifische Qualität, einen phänomenalen Charakter haben.

Zur Darstellung

Die Art und Weise, wie Beckermann den komplexen Stoff gliedert und präsentiert, kann man in vieler Hinsicht nur vorbildlich nennen. Die Darstellung ist klar und übersichtlich aufgebaut. Die Argumente, die für und wider ein Konzept sprechen, werden meist genau und eindeutig wiedergegeben. Beckermann bemüht sich um sprachliche Sorgfalt bei seinen Formulierungen und um Präzision bei den begrifflichen Explikationen. Er hat jedes Zitat aus dem Englischen überprüft und wenn nötig verbessert. Auch hat er jedes Zitat paraphrasiert, mit eigenen Worten erklärt, wie er das Zitat auffaßt und welche Konsequenzen sich daraus ergeben. Auf diese Weise wird er den drei wesentlichen Aspekten des hermeneutischen Problems gerecht, die man in der Tradition unterschieden hat: der *subtilitas intelligendi*, dem Verstehen, der *subtilitas explicandi*, dem Auslegen, und der *subtilitas applicandi*, dem Anwenden.[1]

So kann man es ihm gar nicht hoch genug anrechnen, daß er entgegen dem vorherrschenden philosophischen Jargon auf den »weniger schönen Terminus ›Referenz‹« verzichtet und statt dessen ›Bezug‹ sagt (102). Nicht weniger erfreulich ist, daß er es unterläßt, von dem substantivierten, großgeschriebenen Ich zu sprechen. Damit schaltet er eine der ärgerlichsten Gründe für Mißverständnisse in der Philosophie des Geistes aus.

Gerade weil er aber auf sprachliche Dinge eine ungewöhnliche Sorgfalt verwendet, fallen die Stellen um so mehr auf, wo er die verbale Genauigkeit vermissen läßt. Einen Anglizismus verwendend, redet er von »linguistischem Wissen«, wo sprachliches Wissen gemeint ist (132 u.ö.). In einem angeführten Beispiel ist das Rechenband nicht »unendlich«, sondern, wie es in einer anderen Formulierung richtig heißt »beidseitig unbegrenzt« (158). *Contradictio in adjecto* heißt nicht »Widerspruch im Adjektiv« (465), sondern Widerspruch im Beigefügten. Griechischstämmige Wörter werden nur gelegentlich etymologisch erklärt. So fehlt z.B. bei »isomorph« die informative Angabe, daß das Wort »gleichförmig« bedeutet; statt dessen wird im Glossar ein algebraischer Sonderfall von Isomorphie angeführt, der nur verständlich ist, wenn man die Wortbedeutung kennt (472). Zu Ontologie schreibt er: »die Lehre vom Sein, wie es früher etwas hochtrabend hieß«, statt einfach mitzuteilen, daß »die Lehre vom Sein« die Übersetzung von On-

1 Hans Georg Gadamer, *Wahrheit und Methode*. Tübingen 1965. 291f.

tologie ist. Und wie erklärt er, was er selbst unter Ontologie versteht? Es gehe um die Frage, »welche Art von Entitäten es gibt und was die charakteristischen Merkmale dieser verschiedenen Arten von Entitäten sind« (1). Im Glossar erfährt man zu Entität: »Etwas, was es gibt, d. h. was auf die eine oder andere Weise existiert« (466). Was »Entität« wörtlich bedeutet, erklärt er nicht, wahrscheinlich, weil er es wieder für zu hochtrabend hält. Desgleichen erfährt man zu Metaphysik nur, daß sie »nicht mehr scharf« von Ontologie unterschieden werde (1). Im weiteren Text verwendet er »metaphysisch« meist im Sinne von Saul Kripke, ohne den Terminus befriedigend zu erläutern.

Es ist historisch richtig, daß Kurt Gödel zum Wiener Kreis gehörte und daß die philosophische Position des Wiener Kreises der logische Positivismus war (482). Doch ist die dadurch nahegelegte Assoziation, Gödel sei ein logischer Positivist gewesen, höchst irreführend, da er in Wirklichkeit ein Platonist war. Daß Beckermann Zustand als Eigenschaft betrachtet, ist eine terminologische Festlegung, die dadurch annehmbar wird, daß er im Text meist von Zuständen und Eigenschaften spricht. Wichtige Ausdrücke wie »Begriff« und »Substanz« erklärt er in Fußnoten statt im Glossar, wie er auch öfter die entscheidenden Argumente, die eigentlich in den Haupttext gehören, in Fußnoten darlegt.

Aus Gründen terminologischer Bequemlichkeit hat er das neue philosophische Kunstwort ›Qualia‹ übernommen, womit die besonderen Eigenschaften subjektiver Erlebnisse gemeint sind. Er merkt an, daß der Singuar ›Quale‹ lautet, erläutert aber nicht, daß *qualis*, *quale* auf deutsch ›wie beschaffen‹ oder ›irgendwie beschaffen‹ heißt (409). Der klassische Beleg dafür ist der von Seneca überlieferte Ausspruch des sterbenden Nero: »Qualis artifex pereo« (Welch großer Künstler geht mit mir unter). Daß Beckermann auch die Fremdwörter ›Supervenienz‹ und ›supervenieren‹ verwendet, ohne den Versuch zu machen, dafür eine deutsche Entsprechung anzugeben, scheint mir eine sachliche Verlegenheit anzuzeigen. Supervenienz läßt sich von einem Epiphänomen, einer funktionslosen und wirkungslosen Begleiterscheinung, kaum unterscheiden.

Es irritiert auch, daß er das Phänomen, daß subjektive Erlebnisse eine besondere Beschaffenheit aufweisen, gewöhnlich durch das Beispiel illustriert, wie Schmerzen sich ›anfühlen‹. Statt diese Metapher, die sich von Tastempfindungen herleitet, zu gebrauchen, wäre es besser zu sagen, daß wir die besondere Beschaffenheit von Schmerzen spüren oder fühlen. Übrigens verwendet auch Wittgestein einmal diese Metapher, wenn er davon spricht, daß sich Wörter einer Sprache in ganz bestimmter Weise ›anfühlen‹, doch fügt er zugleich die entscheidende Frage hinzu: »Was ist der *Ausdruck* dieses Gefühls?« (PhU § 542).[2]

Fragwürdig ist sodann, daß Beckermann den Plural von ›Sinn‹ bildet, wenn damit der semantische Gehalt oder das Synonym für ›Bedeutung‹ gemeint ist, während im normalen Sprachgebrauch der Plural ›Sinne‹ immer nur ›Sinnesorgane‹ bedeutet. Leider verwendet auch der sonst überaus sprachbewußte Wolfgang Künne diese ungewöhnliche Pluralform für den semantischen Begriff des Sinns.[3] Offensichtlich ist diesen Autoren entgangen, daß ein *Singulare tantum* in den Fällen, wo es auf mehrere Dinge bezogen wird, distributiv verwendet wird. Daß man den existentiellen Sinnbegriff, der im Hinblick auf die grammatische Form mit dem semantischen Sinnbegriff übereinstimmt, auf keinen Fall im Plural verwenden kann, hat Hans Blumenberg emphatisch betont: »Es gibt keine Erfahrungen, die den Sinn des Lebens widerlegen können. Gegen den Sinn gibt es nur den Verdacht. Er kommt aus der Übersättigung mit Angeboten von Sinn. Denn von diesem kann es schlechthin den Plural nicht geben; ihn könnte nur gebrauchen, wer von Sinnen wäre. Wer die Intensität einer solchen Erwartung haben konnte wie der Gefangene, läßt sich durch deren Unerfülltheit nicht treffen. Sie ist nur die Ablenkung von einer Linie, der nicht nachzugehen ihn längst zerstört hätte.«[4] Übrigens sieht man hier, daß Blumenberg an die ursprüngliche Bedeutung von ›Sinn‹ denkt, die ›Richtung‹ lautete. Auf diese Bedeutungsnuance macht auch Künne aufmerksam.[5]

Die Verlegenheit, den semantischen Sinnbegriff im Plural zu verwenden, ergab sich im Zusammenhang mit der eigenwilligen Terminologie Freges, der ›Sinn‹ und ›Bedeutung‹ entgegen dem üblichen Sprachgebrauch nicht synonym verwendet. Dazu bemerkt Beckermann: »Im Deutschen hat sich jedoch inzwischen für den Fregeschen Terminus ›Bedeutung‹ der Terminus ›Bezug‹ durchgesetzt« (102). Es mag schon sein, daß im Deutschen Freges ›Bedeutung‹ vielfach mit ›Bezug‹ wiedergegeben wird. Gleichwohl trifft diese Übersetzung nicht Freges Intention; denn er drückt mit ›Bedeutung‹ keine Relation aus, sondern das mit einem Ausdruck »Bezeichnete«.[6]

2 Ludwig Wittgenstein, *Philosophische Untersuchungen*. Frankfurt 1967.
3 W. Künne, *Die Philosophische Logik Gottlob Freges*. Frankfurt 2010. 202, 519.
4 H. Blumenberg, *Der Mann vom Mond. Über Ernst Jünger*. Frankfurt 2007. 67 f.
5 Künne, l.c. 200.
6 Künne, l.c. 203.

Erhebliche Schwierigkeiten sprachlicher Art ergeben sich auch aus den Versuchen, Computern, Rechnern oder Automaten, kognitive Fertigkeiten zuzuschreiben. Beckermann erläutert den Fall, daß ein System mit einem Programm ausgestattet ist, das grammatische und ungrammatische Satzbildungen »unterscheiden« kann. Er sagt, man könne von einem solchen System sagen, »daß es *weiß*«, daß ein bestimmter Satz ungrammatisch sei, und er erklärt, daß »das Wissen um die Ungrammatikalität dieses Satzes prozedural repräsentiert« sei (476). Offensichtlich verwendet Beckermann das Verbum ›wissen‹ im strikten Sinn, was aber wenig überzeugend ist. Richtig ist, daß in einem Grammatikprogramm Regeln, d.h. Funktionen und Prozeduren, eingebaut sind, die festlegen, welche Wortfolgen zulässig sind und welche Wortfolgen mittels einer Fehlermeldung abgelehnt werden. Das Grammatikprogramm und ebenso die Wortschatzprogramme mit ihren Listen zulässiger Wörter ähneln in dieser Hinsicht einem Sieb, das nur Stoffpartikel einer bestimmten Größe passieren können. Wenn wir sagen, das Sieb könne Partikel einer gewissen Größe *unterscheiden*, verwenden wir eine Metapher, um einen komplizierteren technischen Sachverhalt abkürzend zu beschreiben. Das gleiche gilt von der Verwendung der Wörter ›wissen‹ und ›unterscheiden‹ im Falle eines Computers, der ein Textprogramm enthält.

Die gleiche Schwierigkeit ergibt sich dort, wo Beckermann schreibt, ein Schachcomputer sehe eine bestimmte Figurenkonstellation voraus, und dazu meint: »Schon bei einem solchen Gerät kann es also sinnvoll sein, sein Verhalten in intentionaler Einstellung vorauszusagen, obwohl es in seinem Innern keine Zustände gibt, die den angenommenen intentionalen Zuständen entsprechen.« (343) Genau genommen hat Beckermann damit nur erklärt, daß es sinnvoll ist, Metaphern zu gebrauchen, wenn man kurz und bündig beschreiben will, wie ein Schachcomputer funktioniert. Gegen den Gebrauch von Metaphern ist natürlich in wissenschaftlichen und philosophischen Erläuterungen nichts einzuwenden, solange man weiß, daß man Metaphern verwendet, und wenn man weiß, für welche Sachverhalte die Metaphern stehen.

In einem anderen Beispiel geht es darum, daß manche Taschenrechner bei gewissen Divisionsangaben, in denen unendliche Zahlenfolgen vorkommen, keine korrekten Ergebnisse liefern können. 10 geteilt durch 3 und dann multipliziert mit 3 ergibt wiederum 10, während manche Rechner das Ergebnis 9,999999 anzeigen. Die Erklärung besteht darin, daß Rechner einen »endlichen Charakter« haben, physische Systeme mit einer begrenzten Leistung sind, so daß sie bestimmte Rechnungen nicht korrekt ausführen können (340). Das ist gewiß richtig, doch sollte man hinzufügen, daß das angeführte Beispiel schon längst von jedem PC korrekt ausgeführt wird, daß es also Prozeduren gibt, die es erlauben, derartige arithmetische Gesetze in Rechnern anzuwenden. Das weitaus interessantere Problem, daß Menschen in der Lage sind, mit unendlichen Zahlenfolgen zu arbeiten, hat Beckermann nicht erwähnt.

Was fehlt

1. Die empfindlichste Lücke, die dieses Handbuch aufweist, besteht darin, daß es kein Resümee der besprochenen Argumente und Schlußfolgerungen enthält. Beckermann stellt als dürres Fazit lediglich fest, daß man heute die verschiedenen Formen des Physikalismus genauer unterscheiden kann als ehedem. Außerdem erklärt er, daß wir heute die besonderen Merkmale mentaler Zustände besser verstehen, »die es *prima facie* so schwer machen, diese Zustände in ein naturwissenschaftliches Weltbild zu integrieren« (461). Im übrigen überläßt er es dem Leser, für welche Theorie des Leib-Seele-Problems er sich entscheiden möchte. In der Tat besteht das wichtigste Verdienst der Arbeit darin, daß Beckermann die physikalistischen Theorien, die heute diskutiert werden, recht klar und verständlich beschrieben hat. Wenn man den zitierten Halbsatz aber ernst nimmt, so bestätigt meines Erachtens auch ein genaueres Hinsehen, daß es bis heute keine Theorie gibt, die auf physikalistischer Grundlage die Existenz und die Funktion geistiger Phänomene zufriedenstellend erklären kann. Damit aber habe ich Beckermanns Fazit weitaus entschiedener ausgedrückt, als er selbst es tut. Da er selbst auch nicht die Ergebnisse der von ihm referierten Diskussionen zusammenfaßt, werde ich dies hier nicht nachholen. Ich möchte nur auf einige grundsätzliche Punkte hinweisen, die er entweder übersehen oder im unklaren gelassen hat.

Das komplexe Leib-Seele-Thema kann man nach einem Vorschlag Karl Poppers in zwei Problemgruppen einteilen: »das Problem der überaus engen Beziehung zwischen physiologischen Zuständen und gewissen Bewußtseinszuständen; und das ganz andere Problem des Auftauchens des Ichs und dessen Beziehung zu seinem Körper«.[7] Beckermann beschäftigt sich vor allem, in seinem zweiten und dritten Hauptteil, mit dem ersten Problem. Das zweite Problem wird nur im ersten Hauptteil besprochen, wo Platon, Descartes, Swinburne und die Theorie der psychophysischen Wechselwirkung beschrieben werden.

7 K.R. Popper, *Ausgangspunkte*. Hamburg 1994. 278.

Gegen eine solche Themenauswahl wäre an sich natürlich nichts einzuwenden, doch zeigt es sich, daß Beckermann in der Beschränkung auf gewisse Problembereiche entscheidende Fragen ausläßt, die für unseren Begriff des menschlichen Geistes wesentlich sind.

2. Vor allem unterläßt er es, die grundsätzlichen Voraussetzungen des Physikalismus, was ja nichts anderes als eine Spielart der materialistische Metaphysik ist, explizit und kohärent zu beschreiben, obwohl man ohne diese Voraussetzungen den physikalistischen Standpunkt nicht angemessen verstehen kann.

Die philosophische Grundlage des Physikalismus ist das naturwissenschaftliche oder physikalistische Weltbild. Beckermann kommt an verschiedenen Stellen auf diesen zentralen Begriff zu sprechen, ohne ihn jedoch zusammenhängend darzustellen. Er beschreibt zwei Thesen, die für dieses Weltbild wesentlich sind. Die eine These besagt, daß die uns bekannten psychischen Phänomene auf physische Zustände mittels verschiedener Theorien zurückgeführt werden können. Die Identitätstheorie präzisiert diese These in dem Sinne, daß sie behauptet, daß »der Bereich des Physischen kausal geschlossen« sei und daß es keine mentale Verursachung im eigentlichen Sinne gibt (116). Die zweite These wird in dem folgenden Zitat ausgesprochen: »Zu den Grundüberzeugungen jedes Physikalisten gehört, daß zumindest in der physischen Welt alles mit rechten Dingen zugeht. Und genau deshalb muß er [Broad] die Existenz emergenter Eigenschaften bestreiten.« (240) Was soll es heißen, daß in der physischen Welt alles mit rechten Dingen zugeht? Ist damit gemeint, daß es in der physischen Welt nur deterministische Gesetzmäßigkeiten gibt, oder ist gemeint, daß es darin auch statistische Gesetzmäßigkeiten gibt? Beckermann vermeidet in seinem Buch den Begriff des Determinismus, den man hier, im Zusammenhang der reduktiven Erklärbarkeit mentaler Eigenschaften, erwarten würde. Es spricht aber einiges dafür, daß mit jenen Worten gemeint ist, daß die physische Welt als ein deterministisches Universum betrachtet wird. Das ergibt sich daraus, daß Broad selbst klarer von »mechanischer Erklärbarkeit« spricht (219).

Dazu wäre zu sagen, daß die hier beschriebene Art des Physikalismus ein Weltverständnis voraussetzt, das sich an der klassischen Physik orientiert, die deterministisch angelegt ist. Dagegen spricht nicht, daß Beckermann in diesem Zusammenhang von »statistischer Mechanik« redet und sie der »klassischen Thermodynamik« gegenüberstellt, die sonst auch phänomenologische Thermodynamik genannt wird. C.F. von Weizsäcker ist in seiner Terminologie präziser. Er spricht von der »klassischen statistischen Mechanik«, die mit dem Punktmodell der

Atome arbeitet, und stellt dieser klassisch genannten Physik die nichtklassische Physik der Quantentheorie gegenüber, die wesentlich indeterministisch ist.[8] Zutreffend ist aber Beckermanns Erklärung, daß mit dem von ihm beschriebenen physikalistischen Weltbild die Annahme emergenter Eigenschaften unvereinbar ist. Die Folgen, die sich aus dieser These ergeben, nämlich die Schwierigkeit, wie der Physikalismus mit der Evolutionstheorie zu vereinbaren ist, werden in dem Buch aber nicht eigentlich ausgeführt.

In thesenhafter Kürze kann man mit Stegmüller sagen, »daß die probabilistische Natur der Elementarprozesse [d. h. der auf Wahrscheinlichkeit beruhenden Gesetzmäßigkeiten der Quantentheorie] zusammen mit thermodynamischen Gesetzmäßigkeiten die Voraussetzungen für die ›Entwicklung des Lebens‹ schaffen und daß es daher in einem deterministischen Universum vermutlich nicht zur Entstehung des Lebens kommen könnte.«[9] Den Kerngedanken der biologischen Evolution hat Hoimar von Ditfurth in vortrefflicher Form umgangssprachlich folgendermaßen ausgesprochen: »Die Evolution ist, das ist unbestreitbar, eine einzige Kette von unwahrscheinlichen Ereignissen. Dessenungeachtet ist sie trotzdem unaufhörlich weitergelaufen, weil bei jedem ihrer Einzelschritte das Unwahrscheinliche dadurch zur Regel wurde, daß allein der ›zufällig passende Glücksfall‹ überlebte.«[10]

Wenn man sich des evolutionstheoretischen Modells der Erklärung bewußt ist, muß man die folgende Darstellung Beckermanns zumindest irritierend finden. Er behauptet, »daß T [d. h. ein Teilsystem eines Lebewesens S] in S entstanden ist, weil Lebewesen mit dieser Fluchtreaktion überlebensfähiger waren als andere« (369). Genauer müßte es wohl heißen: Zufällig entstanden Lebewesen mit einer bestimmten genetischen Anlage, die ein spezifisches Fluchtverhalten entweder implizierte oder erlernbar machte, und diese Lebewesen hatten in der gegebenen Umwelt bessere Chancen zu überleben. Man kann also keineswegs sagen: »Weil T diese Wirkung hat, ist es im Lauf der Evolution in S entstanden« (370).

Beckermann erwähnt ein Konzept, das die Inhalte mentaler Repräsentationen dadurch plausibel zu machen versucht, daß es diese Inhalte mit biologisch erforderlichen Funktionen verbindet. Dazu erklärt er,

8 Carl Friedrich von Weizsäcker, *Aufbau der Physik*. München 1986. 155, 232.

9 Wolfgang Stegmüller, *Hauptströmungen der Gegenwartsphilosophie* 2, 441. Stuttgart 1975.

10 H. v. Ditfurth, *Der Geist fiel nicht vom Himmel. Die Evolution unseres Bewußtseins*. Hamburg 1976. 36.

daß diese Annahme im Hinblick auf elementare Erfordernisse wie die Richtung, aus der Gefahren drohen oder in der Sexualpartner zu vermuten sind, glaubwürdig ist, da es hierbei um Sachverhalte geht, die für das Überleben wichtig seien. Diese Erklärung lasse sich aber nur sehr schwer auf abstrakte und theoretische Inhalte anwenden (372). Dazu wäre zu sagen, daß der Stellenwert, den das Argument des Überlebens in der Evolutionstheorie hat, nicht angemessen begriffen wird. Denn in der Pflanzen- und Tierwelt gibt es unzählige Phänomene, Formen und Verhaltensweisen, die in unseren Augen schön oder bizarr sind, die aber keine ersichtliche biologische Funktion haben. Man kann nur sagen, daß es diese Phänomene überhaupt gibt, liegt daran, daß sie das Überleben dieser Spezies nicht verhindert haben. Es wäre also nicht richtig zu sagen, es gebe in der Natur nur Formen oder Mutationen, die das Überleben ermöglichen oder fördern würden.

Offensichtlich steckt in Beckermanns Einwand ein unartikulierter Gedanke über kognitive Fähigkeiten, den wiederum Ditfurth deutlich ausgesprochen hat, wenn er daran erinnert: »Unser Gehirn ist von der Evolution nicht dazu entwickelt worden, uns die Welt erkennen zu lassen, sondern allein zu dem Zweck, uns in dieser Welt das Überleben zu ermöglichen. Daß wir es seit einiger Zeit – vielleicht seit einigen Jahrhunderttausenden – auch zur Erkenntnis der Welt benutzen können, ist auf den gleichen Grund zurückzuführen, aus dem man mit einem Computer, der zu ganz anderen Zwecken entwickelt wurde, unter Umständen auch Schach spielen kann. Von einem gewissen Grade der Komplexität an ergeben sich unvorhersehbar – in der Technik wie schon seit jeher in der Evolution – neuartige Freiheitsräume.«[11]

Ein anderer Einwand Beckermanns zielt auf eine der schwächsten Punkte des Physikalismus. In einer Fußnote bemerkt er: »Auch Sinne [gemeint sind semantische Bedeutungen, J.Q.] müssen in ein physikalisches Weltbild integrierbar sein, sonst ist dieses Weltbild zumindest in diesem Punkt unvollständig.« (426) Dem muß man hinzufügen, daß man in einem physikalistischen Weltbild natürlich auch sollte erklären können, wie wissenschaftliche Theorien und damit abstrakte Gegenstände, also der Gegenstandsbereich, der mit Popper Welt 3 genannt wird, auf der Grundlage der physikalistischen Auffassung zu verstehen sind. Beckermann berührt dieses entscheidende Problem gelegentlich am Rande, ohne seine Bedeutung gebührend herauszustellen. Für Popper ist die Frage, wie wir den Bereich physischer Gegenstände und den Bereich abstrakter Theorien aufeinander beziehen können, ein zentra-

11 Ditfurth, 293.

les Argument, das für die These der psychophysischen Wechselwirkung spricht.

3. Eine weitere Sache, die man in dem Buch vermißt, ist eine Übersicht darüber, was in den verschiedenen Ansichten der hier diskutierten Philosophie des Geistes unter Kausalität verstanden wird. Man vermißt eine grundsätzliche und zusammenfassende Erörterung dieses Problems, eine systematische Erläuterung des Begriffs der Kausalität. Gewiß ist der Begriff der Kausalität ein zentraler Begriff sowohl der Philosophie als auch der Physik und er ist mit außerordentlichen Schwierigkeiten verbunden, mit Problemen, die man als naturwissenschaftlicher Laie nicht einmal ahnen kann. Wer hat als Laie schon davon gehört, daß es in der klassischen Physik Paradoxien der Kausalität gibt, die bisher ungeklärt sind?[12] Und wer kann abschätzen, welche Folgen diese theoretischen Schwierigkeiten für unseren alltäglichen Gebrauch der Begriffe von Ursache und Wirkung haben?

Immerhin hat Beckermann einige Einzelfragen zufriedenstellend geklärt. So hat er, um ein wichtiges Beispiel zu nennen, einige Analysen beschrieben, die mit dem verbreiteten philosophischen, von Hume herrührenden Vorurteil aufräumen, daß nur Ereignisse als Ursachen bezeichnet werden können (93). Andere Punkte sind jedoch unklar geblieben. Um nur einen Punkt herauszugreifen: in der Darstellung des Funktionalismus werden die mentalen Zustände als funktionale Zustände beschrieben und funktional werden die Zustände deshalb genannt, weil sie allein durch ihre kausale Rolle bestimmt seien. Es heißt hier gewöhnlich, daß sie eine kausale Rolle innehaben (142).

›Rolle‹ ist ein Ausdruck aus dem Metaphernfeld des Theaters, wo Schauspieler verschiedene Rolle spielen. Davon wurde dann die redensartliche Verallgemeinerung abgeleitet: ›Das spielt keine Rolle‹. Wir wollen mit diesen Worten sagen, daß in einer gegebenen Situation der von uns gemeinte Umstand kein bestimmender Faktor ist, d.h. keine Wirkung ausübt oder keine kausale Funktion hat. Wenn man also von einer kausalen Rolle spricht, verwendet man das Beiwort nur in einem explikativen, verdeutlichenden Sinn, und da sich der metaphorische Gebrauch der ›Rolle‹ durch den Begriff der Funktion erklären läßt, fragt man sich, warum jene Metapher in diesem Zusammenhang überhaupt nötig ist. Daß bei der Erörterung des Funktionalismus immer wieder stereotyp diese Metapher verwendet wird, verweist darauf, daß das funktionalistische Konzept offenbar theoretische Schwächen hat. Denn

12 Weizsäcker, 234 f., 243 f.

mit Metaphern kann man Sachverhalte anschaulich machen, aber nicht erklären.

4. Es kennzeichnet dieses Buch, daß darin als Grundlage mehr oder weniger bewußt der Ansatz des philosophischen Empirismus gewählt wurde. Es wird darin im allgemeinen nach den charakteristischen Merkmalen mentaler Zustände oder geistiger Erlebnisse wie Denken, Fühlen, Wollen gefragt. Daß geistige Erlebnisse aber Erlebnisse eines Subjekts sind, wird im empiristischen Ansatz vernachlässigt oder geleugnet. In dieser Fragestellung wird auch unterschlagen, daß wir Wörter wie ›denken‹, ›fühlen‹, ›wollen‹ zunächst nur als Prädikate kennen, die Menschen zugeschrieben werden, als Prädikate, die von menschlichen Subjekten oder Personen ausgesagt werden.

Diese und ähnliche Prädikate wie ›verstehen‹, ›wissen‹ etc. sind »subjektive« Prädikate. Wenn man sie »objektiv« verwenden will, d.h. auf Tiere oder technische Gegenstände anwenden will, muß man dies eigens begründen und rechtfertigen. In dieser Hinsicht verfährt Weizsäcker methodologisch vorbildlich, wenn er schreibt: »Verstehen von Zeichen ist zunächst eine Bewußtseinsleistung; in diesem engen Sinne gibt es Semantik nur für Menschen.« Dann erläutert er, was es bedeutet, wenn man den Informationsbegriff auf Organismen anwendet (l.c. 200). Beckermann wählt genau das umgekehrte Verfahren. Er bezichtigt diejenigen, die den uns vertrauten Begriffsgebrauch wählen und Denken für eine spezifisch menschliche Leistung halten, des »Spezieismus«, weil er nicht ausschließen will, daß auch Tiere, Marsmenschen und Roboter mentale Wesen sind (180). Dies aber wäre erst zu beweisen, denn daß es Bewußtsein gibt, wissen wir sicher nur von uns. Wenn dies der Grundannahme Descartes' nahekommt, dann heißt dies nur, daß die Voraussetzung, die Descartes hier macht, richtig war. Beckermann dreht, die physikalistischen Konzepte erörternd, die Beweislast um, was den Regeln einer rationalen Argumentation widerspricht, und dies hat zur Folge, daß er alle Mühe hat, den subjektiven Faktor, die spezifische Subjektivität geistiger Erlebnisse angemessen zu beschreiben.

5. So wundert es nicht, daß der Begriff des Selbstbewußtseins nur im Register vorkommt, während im Text nur von Selbstkenntnis die Rede ist. Was Selbstkenntnis sei, beschreibt er folgendermaßen: »Bewußtsein in diesem Sinne besteht im Wesentlichen darin, daß man über intentionale Zustände verfügt, die sich auf die eigenen Zustände beziehen« (407). Mit dem »man« ist hier nichts anderes gemeint als das Subjekt, das weiß, daß es weiß. Daß in dieser Beschreibung das Problem der

Iteration verborgen ist, bleibt unerwähnt. Wer eine genauere Analyse des Selbstbewußtseins kennen lernen will, muß zu dem Standardwerk Tugendhats greifen. Zur Frage, ob man geistige Fähigkeiten wie Informationen mitzuteilen u.ä. physischen Systemen zuschreiben kann, referiert Beckermann: »Es gibt zumindest keine grundsätzlichen Schwierigkeiten dabei zu verstehen, wie rein physische Systeme über diese Fähigkeiten verfügen und damit in einem gewissen Sinn bewußt sein können«. Fraglich sei aber, ob jene Systeme auch die spezifischen Erlebnisqualitäten haben könnten (435). Die Crux steckt hier in der Formulierung »in einem gewissen Sinn«. Dieser Sinn, der die Differenz von der üblichen Bedeutung subjektiver Erlebnisse bezeichnet, müßte erläutert werden, wenn er nicht rein metaphorisch verstanden werden soll. In eigenem Namen sprechend, räumt Beckermann immerhin ein, daß Personen »eine gewisse Form von privilegiertem Zugang« zu ihren eigenen mentalen Erlebnissen haben (406), obwohl er in der Einleitung in diesem Punkt nicht so entschieden war. Das Problem der Subjektivität ist wiederum in der Formulierung »eine gewisse Form« berührt, aber keineswegs expliziert.

6. Es ist plausibel, daß Beckermann in einem Buch über das Leib-Seele Problem auch die Argumente überprüft, die Wittgenstein gegen die Möglichkeit einer privaten Sprache vorbringt, die nur für die je eigenen Bewußtseinszustände gelten soll. Allerdings scheint er dem weit verbreiteten Mißverständnis erlegen zu sein, daß Wittgenstein eine behavioristische Auffassung vertrete und annehme, die Bedeutung der Empfindungswörter bestehe in Verhaltensdispositionen. Er unterstellt Wittgenstein nämlich die Annahme, »daß sich mentale Ausdrücke nicht auf private Empfindungen beziehen« (3), oder anders gesagt: »Empfindungswörter können keine *privaten* Zustände bezeichnen« (74). Er schreibt Wittgenstein die These zu: »Mentale Ausdrücke können sich *nicht* auf *private innere Phänomene* beziehen, von denen nur die jeweilige Person selbst wissen kann, ob sie vorliegen oder nicht« (75).

In dieser Form ist die These sicher unhaltbar. Wittgenstein bestreitet keineswegs, daß sich Empfindungswörter auf private Bewußtseinszustände beziehen, er leugnet auch nicht, daß nur die jeweilige Person wissen kann, ob sie eine bestimmte Empfindung hat, ob sie zum Beispiel Schmerzen hat; denn sonst könnte man nicht zwischen wirklichem Schmerz und vorgetäuschtem Schmerz unterscheiden (PhU § 310f.). Er bestreitet vielmehr, daß man »die Grammatik des Ausdrucks der Empfindung nach dem Muster von ›Gegenstand und Bezeichnung‹« konstruieren könne (PhU § 293). In den Worten Tugendhats bedeutet dies: »Der fundamentale Fehler der Privatsprachentheorie war also, daß sie die [Bewußtseinszustände] zu eigenen, innerlich beobachtbaren Gegenständen hypostasierte.« Richtig sei vielmehr, »daß wir *empfindend* – und dabei Empfindungswörter assoziierend – die *Gegenstände* charakterisieren, seien es Gegenstände, die wir empfindend wahrnehmen, oder die eigene empfindende Person.«[13]

Wenn Tugendhat zu dem Ergebnis kommt, daß es Wittgenstein gelungen sei, »sich in gleicher Weise von der introspektiven *und* der behavioristischen Konzeption abzusetzen, die beide die [ich-Sätze über Bewußtseinszustände] als Beobachtungssätze auffassen« (l.c. 124),[14] dann verwendet er den Begriff der Introspektion in einem engen Sinn; er versteht darunter einen visuellen Akt, in dem wir das eigene Bewußtsein beobachten oder wahrnehmen. Wittgenstein selbst aber hat die Methode der Introspektion im weiteren Sinn nicht grundsätzlich abgelehnt. Er kritisiert mit guten Gründen die Art, wie William James durch Introspektion die Bedeutung des Wortes ›Selbst‹ glaubt erfassen zu können (PhU § 413). Doch räumt er ein, daß es Fälle gibt, wo man einen mentalen Vorgang sinnvoll einen »Vorgang der Introspektion« nennen kann, z.B. »das Wachrufen von Erinnerungen« (PhU § 587) In dieser Hinsicht unterscheidet sich seine Auffassung nicht von der Erklärung, die Popper von der richtig angewendeten Introspektion und ihrer nachgewiesenen Leistungsfähigkeit gibt. Popper verweist auf das Hauptprinzip der Würzburger Schule der Psychologie: die ergiebige Art der Introspektion besteht darin, daß man sich unmittelbar *nach* inneren Erlebnissen an diese inneren Zustände erinnert und sie zu beschreiben versucht.[15]

7. Eine Folge des angeblich neutralen empiristischen Standpunkts in der Frage des Subjekts geistiger Erlebnisse ist die fatale Vorliebe dieser Philosophen für Beispiele aus dem Vorstellungsschatz der Science-Fiction. Der Begründer dieser unrühmlichen Tradition war wohl H. Putnam mit seinem schauerlichen Modell eines Menschen, dessen Körper auf das Gehirn reduziert ist, das mit technischen Mitteln am Leben erhalten wird. Man kann sich nur wundern, daß dieses völlig unglaubwürdige

13 Ernst Tugendhat, *Selbstbewußtsein und Selbstbestimmung*. Frankfurt 1979. 113.

14 Cf. zu Wittgensteins Ablehnung des Behaviorismus auch: Joachim Schulte, *Wittgenstein. Eine Einführung*. Stuttgart 2006. 202f.

15 Karl R. Popper/John C. Eccles, *Das Ich und sein Gehirn*. Dt. W. Hochkeppel. München 1989. 142.

Beispiel Philosophenkreise, die sich allerdings vom Standpunkt des gesunden Menschenverstandes weit entfernt haben, überhaupt beeindrucken konnte. Ein Mensch in diesem elenden Zustand, der sich seiner Lage bewußt wäre, würde doch höchstwahrscheinlich verrückt werden, d.h. den Verstand verlieren und den Geist aufgeben – womit dann der Absicht, das menschliche Denken zu illustrieren, die Grundlage entzogen wäre.

Auch Beckermann bewegt sich in dieser Tradition und stellt einen Vergleich an, der jenem Beispiel ziemlich ähnlich ist. Er beschreibt eine medizinische Maßnahme, »in der Wissenschaftler das Gehirn eines Menschen, um es zu schützen, aus seinem Schädel entfernen und dann dafür sorgen, daß es auf elektronischem Wege so mit den afferenten und efferenten Nerven in seinem Körper verbunden wird, daß es von den Sinnesorganen genau dieselben Impulse empfängt und daß es die Muskeln des Körpers genauso steuern kann wie vorher« (168). Auch hier kann man sich über den erschreckenden Mangel an Einfühlungsvermögen und Menschenkenntnis nur wundern. Der Autor fragt nicht einmal, was ein Mensch, der laut Voraussetzung sich seiner extremen Lage bewußt ist, dabei empfinden würde. Der Patient würde doch in eine tödliche Panik geraten, das Experiment ließe sich also nur durchführen, wenn der Patient in tiefste Narkose versetzt wäre; damit aber könnte das Ziel des Expriments nicht erreicht werden. Man sieht an diesen Beispielen, daß ein Gedankenexperiment zum Problem des Geistes nur dann überzeugen kann, wenn es nicht die wesentlichen Eigenschaften des beschriebenen Gegenstandes, d.h. eines denkenden und fühlenden Wesens, außer acht läßt.

8. Auf den letzten Seiten des Buches wird im Anschluß an Dennett eines der verblüffendsten Ergebnisse der Hirnforschung erwähnt, ohne daß freilich die philosophischen Konsequenzen aus dieser empirischen Erkenntnis gezogen würden. Nach der Annahme des sogenannten »Cartesischen Theaters« sieht das Schema des Wahrnehmungsprozesses so aus: Die Sinnesorgane liefern Signale an verschiedene Hirnpartien, wo diese Signale verarbeitet werden. Es müßte dann eine zentrale Verrechnungsstelle im Gehirn geben, die die Ergebnisse jener Verarbeitungsprozesse zu dem »vollständigen Wahrnehmungseindruck« formt, der uns schließlich bewußt wird. Die Forschung hat aber festgestellt, daß es eine derartige neuronale Zentrale nicht gibt: »Statt dessen gibt es eine Vielzahl von Verarbeitungszentren, die zwar ständig miteinander kommunizieren, deren Aktionen jedoch nicht von einem einheitlichen Zentrum überwacht und gesteuert werden.« (457)

Ich sehe von der Frage ab, ob das hier beschriebene Modell des Cartesischen Theaters die Ansicht Descartes' richtig wiedergibt. Statt dessen sei darauf verwiesen, daß der empirische Befund, daß es im Hirn keine oberste neuronale Steuerungsinstanz gibt, ein wichtiges Argument der Vertreter einer Interaktionstheorie ist, anzunehmen, daß dem Bewußtsein oder dem menschliche Geist eine entscheidende Steuerungsfunktion zukommt. Popper sagt allgemein, daß in höheren Organismus verschiedene biologisch notwendige Kontrollsysteme zu beobachten seien, und diesen Kontrollsystemen fügt er das »mentale oder psychische System« hinzu.[16] Eccles entfaltet den Gedanken zu einem Grundpfeiler seiner Theorie der leib-seelischen Wechselwirkung. Er stützt sich auf die unbestreitbare Erkenntnis, daß unsere Erlebnisse, die »Erfahrungen des selbstbewußten Geistes«, gewöhnlich »einen einheitlichen Charakter« haben. Dann erwähnt er die Tatsache, daß bisher keine neurophysiologische Erklärung dafür beigebracht werden konnte, »wie eine Vielheit von Hirnereignissen synthetisiert wird, so daß sich eine einheitliche bewußte Erfahrung von globalem oder Gestaltcharakter ergibt«. Seine Kernthese lautet nun: »Die erlebte Einheit ergibt sich nicht aus einer neurophysiologischen Synthese, sondern aus dem vorgeschlagenen integrierenden Charakter des selbstbewußten Geistes.« (l.c. 435 f.) Mit anderen Worten, die Einheitlichkeit unserer seelischen Erlebnisse beruht auf der Integrationsleistung des menschlichen Geistes. Popper nimmt diesen Gedanken auf und verweist darauf, daß jeder Mensch sich der Einheit des Ich bewußt sei und sich als *eine* Person erlebe: »Aber es scheint keinen bestimmten Teil des Gehirns zu geben, der diesem einen Ich entspricht; es scheint im Gegenteil so, daß das gesamte Gehirn hochaktiv sein muß, um mit dem Bewußtsein verbunden zu bleiben – eine Zusammenarbeit von unvorstellbarer Komplexität.« (l.c. 156)

Dazu wäre noch anzumerken, daß dort, wo Beckermann die wesentlichen Merkmale mentaler Eigenschaften bespricht, das entscheidende Merkmal der Einheitlichkeit der Erlebnisse überhaupt nicht erwähnt wird. Da er sehr wenig über das Subjekt der Erlebnisse aussagt, sagt er auch nichts über den entscheidenden, von Popper hervorgehobenen Punkt, daß das Ich als individuelle Einheit erfahren wird, was heißen soll, daß ich mich als eine individuelle Einheit erfahre.

9. Schließlich sei noch ein Punkt erwähnt, der kaum befriedigend expliziert, geschweige dann erklärt wird. In dem Buch wird verschiedentlich die Frage diskutiert, wie Schmerzerlebnisse mit neuronalen Ereignissen

16 Popper/Eccles, *Das Ich und sein Gehirn* 105.

zusammenhängen. Dabei wird immer angenommen, daß es sich um körperliche Schmerzen handelt, nämlich um seelische Reaktionen auf Körperverletzungen. Die Fragen, die für die medizinische Praxis der Narkose so wichtig ist, ob ein Mensch auch in bewußtlosem Zustand Schmerzen empfinden kann oder ob die gelegentlich dabei beobachteten Abwehrreaktionen nur körperliche Reaktionen sind, werden nicht einmal *en passant* berührt. Wichtiger ist jedoch, daß das Phänomen der seelischen Schmerzen, nämlich jener Schmerzen, die auf psychische oder moralische Verletzungen zurückgehen, völlig ignoriert wird. Und doch können solche Schmerzen, Trauer beim Tod geliebter Menschen, große Enttäuschungen infolge von Beleidigungen oder dem Verrat eines Freundes, Ehrverletzungen, so groß sein, daß sie körperliche Schmerzen überlagern. Daß es überhaupt diese Art von Schmerzen gibt, stellt aber offensichtlich für den Physikalisten ein Problem dar, das er erklären können müßte, wenn er seine Theorie aufrechterhalten will. Andererseits wäre auch Eccles, der in diesem Punkt skeptisch ist, geneigt, höheren Tieren eine (niedere) Form des Bewußtseins zuzuschreiben, wenn sie unbezweifelbar ein Verhalten zeigten, das sich nur als Trauer über den Verlust eines nahen Artgenossen deuten ließe (l.c. 523).

Zum Begriff der Substanz

1. Beckermann hat sich nicht mit Poppers Hypothese der leib-seelischen Wechselwirkung auseinandergesetzt, sondern seinen Namen nur einmal erwähnt; darauf werde ich noch zurückkommen. Hätte er sich mit Poppers Theorie auseinandergesetzt, so hätte er darin eine Antwort auf einige Einwände finden können, die er gegen den Interaktionismus vorbringt.

Er formuliert drei Einwände, die mehr oder weniger plausibel sind. Sein erster Einwand bezieht sich darauf, daß in den bekannten Konzepten einer Wechselwirkung von Geist und Hirn angenommen wird, daß der Einfluß des Geistes auf das Hirn so gering ist, daß er empirisch nicht gemessen werden kann. Das verallgemeinert er zu der Behauptung: »Neurobiologische Untersuchungen haben bisher nirgends einen Anhaltspunkt für das Wirken nichtphysiologischer Ursachen ergeben« (51). Dazu wäre zu sagen: der Geist übt auf bestimmte Hirnpartien nur deshalb eine so schwache Kraft aus, weil dies für seine Zwecke offenbar genügt. Das gleiche läßt sich auf den Einwand antworten, daß der Geist nur auf bestimmte Segmente des Hirns wirkt. Zu dem zitierten Gegenargument läßt sich bemerken, daß seine Aussagekraft sehr begrenzt ist. Beckermann ignoriert die zahllosen Beispiele aus der alltäglichen Erfahrung, wo man die Grenzen der körperlichen Leistungsfähigkeit willentlich, d.h. durch die Kraft des Geistes, erweitern kann. Außerdem, stimmt es denn wirklich, daß neurobiologische Forschungen für das Wirken geistiger Ursachen keine Anhaltspunke gefunden haben? An anderer Stelle beruft Beckermann sich auf das oft zitierte Experiment von Benjamin Libet, das seinen Einwand illustrieren kann; er fügt aber fairerweise hinzu, daß das Experiment auch anders aufgefaßt werden kann. Er erwähnt aber nicht, daß Eccles sich auf dasselbe Experiment beruft, um sein Konzept der Wechselwirkung zu belegen.

Und schließlich, die neurologische Forschung, insofern sie sich im Rahmen des physikalistischen Determinismus bewegt, ist weit davon entfernt, die typischsten geistigen Phänomen erklären zu können, die Grundlagen einer Verantwortungsethik, die Hervorbringung von Kunstwerken, wissenschaftlicher Theorien, eben jenen Gegenstandsbereich, den Popper Welt 3 genannt hat. Er und seinesgleichen haben die Hypothese der psycho-physischen Wechselwirkung nur deshalb entwikkelt, weil sich die charakteristischen geistigen Phänomene anders nicht erklären lassen. Dabei sollte man beachten, daß Popper keineswegs beansprucht, die Phänomene wissenschaftlich erklären zu können: »Wir kommen nicht einmal mit mutmaßlichen Erklärungen sehr weit« (l.c. 220). Was er behauptet, sind philosophische Vermutungen, die erst zu wissenschaftlichen Hypothesen ausgearbeitet werden müßten.

Der zweite Einwand besagt, daß selbst unmeßbar geringe kausale Wirkungen des Geistes gegen den ersten Hauptsatz der Thermodynamik, die Gesetze von der Erhaltung der Energie und des Impulses, verstoßen. Immerhin verweist Beckermann in einer Fußnote darauf, daß Eccles eine mögliche quantentheoretische Lösung dieses Problems aufgezeigt habe (52). Dies ist übrigens die einzige Stelle des Buches, wo die nichtklassische, quantentheoretische Physik erwähnt wird. Auf diesen Einwand läßt sich zunächst erwidern, daß die überaus schwierige Frage der Meßbarkeit in physikalischen und neurologischen Experimenten zumindest in Ansätzen expliziert werden müßte, um den Einwand überhaupt formulieren zu können. Popper führt das Beispiel elektrischer Instrumente an, deren Relais so fein eingestellt werden können, daß sie auf die Brownsche Molekularbewegung reagieren: »Ungefähr auf dieser Stufe erreichen wir nun eine Situation, in der das Erste Gesetz der Thermodynamik nicht länger überprüft werden kann; und es gibt somit keinen wirklichen Grund zu sagen, daß es verletzt worden ist.« (l.c. 664; cf. 639) Erst recht würden keine Probleme entstehen, wenn dieses Gesetz nur statistisch gelten sollte. Als Beispiel dafür, wie man sich das

Gesetz der Erhaltung des Impulses, d.h. der Bewegungsgröße, die die Richtung der Bewegung angibt, vorstellen kann, nimmt er den Fall eines Schiffes, das von innen gesteuert werden kann und zwar mittels überaus schwacher Kräfte »wie drahtlose Signale« (l.c. 225).

Das dritte und schwerste Problem, das von der Theorie der Wechselwirkung zu lösen wäre, ist laut Beckermann die Frage, wie man sich den kausalen Zusammenhang zwischen Geist und Hirn zu denken hat. Er gliedert das Problem in drei Einwände, von denen er selbst aber nur zwei für stichhaltig hält. Der erste Einwand setzt bei einer Frage an, die zu einem Dilemma führt: »Entweder ein Großteil unseres Gehirns ist ›überflüssige Maschinerie‹, da in ihm Probleme gelöst werden, deren Erledigung eigentlich in die ›Kompetenz‹ des Geistes fällt, oder der Geist hat wenig oder gar nichts mehr zu tun, da alles oder zumindest das meiste schon vom Gehirn erledigt wird« (54). Abgesehen davon, daß nicht ganz klar wird, was Beckermann unter der Kompetenz des Geistes versteht, kann man einfach auf die Erläuterungen Eccles hinweisen. Sie gipfeln in einem Satz, der jenem Einwand den Boden entzieht: »Auf den höheren Ebenen des Zentralnervensystems ist neuronale Sparsamkeit ein Mythos. Die Operation des Gehirns kann nur in Begriffen *neuronaler Verschwendung* bei der Errichtung von Myriaden räumlich-zeitlicher Muster verstanden werden.« (l.c. 435) Da Beckermann behauptet, daß bei der Wahrnehmung »ein Großteil der Informationsverarbeitung im Gehirn« stattfindet, kann man ergänzend an den allgemeinen Grundsatz der Informationstheorie erinnern, wonach »man von der Information eines gegebenen Systems nur sinnvoll reden kann, wenn man die Existenz einer viel größeren Menge weiterer Information voraussetzt«.[17]

Der zweite Einwand des genannten Problems, den er für wichtig hält, bezieht sich auf die Frage, welcher Art die Verursachung ist, die man bei der Wechselwirkung von Geist und Gehirn annehmen muß (55). Als Paradigma für eine kausale Beziehung wählt er einen elektromagnetischen Effekt und kommt dann zu dem Ergebnis, daß kein analoges Modell für die kausale Beziehung zwischen einem individuellen Gehirn und dem ihm zugeordneten Geist bekannt ist. Doch ist dieses Ergebnis alles andere als überraschend, weil Beckermann sich in seinem Verständnis der Kausalität an physikalistischen Voraussetzungen orientiert. Denn hier gilt die schlichte Feststellung Weizsäckers, der zu dem Denkmuster Descartes', wonach die materielle Substanz der Substanz des Bewußtseins gegenübergestellt wird, knapp bemerkt: »Weder für eine Wechsel-

17 Weizsäcker, 574.

wirkung noch für eine Identität beider Substanzen hat die neuzeitliche Naturwissenschaft ein Modell.« (l.c. 570) Man sieht an diesem Punkt wiederum, wie wichtig es gewesen wäre, wenigstens eine systematische Skizze der Kausaltheorie zu beschreiben.

2. An einer einzigen Stelle kommt Beckermann auf Popper zu sprechen: »Eigenschafts-Dualisten – wie etwa Karl Popper – müssen nicht zugleich Substanz-Dualisten sein, d. h. sie können durchaus die Auffassung teilen, daß es in der Welt nur physische Dinge gibt und daß bestimmte Organismen die Träger mentaler Eigenschaften sind.« In einer Fußnote heißt es dazu, daß Popper ausdrücklich gegen die Ansicht protestiert habe, ein Substanz-Dualist zu sein (7). In dieser Behauptung ist mehreres unzutreffend. Popper behauptet keineswegs, daß es in der Welt nur physische Dinge gibt. Er behauptet vielmehr, daß es neben dem Universum der physischen Dinge (Welt 1) noch einen Gegenstandsbereich psychischer Dinge (Welt 2) und einen Bereich abstrakter Gegenstände (Welt 3) gibt und daß diese drei Gegenstandsbereiche die menschliche Welt bilden. Was aber versteht er unter Substanz und warum lehnt er den Substanz-Begriff ab?

In der aristotelisch-thomistischen Tradition, auf die Popper gar nicht gut zu sprechen ist, kann *substantia* zweierlei bedeuten: *essentia* (Wesen) und *suppositum* (das Zugrundeliegende oder das Beharrende).[18] Bei der Substanz als das Zugrundeliegende kann man wiederum zwei Bedeutungsaspekte unterscheiden: Substanz als das, was für sich besteht wie z. B. individuelle Dinge, die chemischen Elemente, und Substanz als das, was den Akzidentien zugrunde liegt, d. h. Substanz als Bezugspunkt oder Träger von Eigenschaften. In diesem Sinne verwendet Beckermann den Substanzbegriff, wenn er Substanz- und Eigenschaftsdualisten unterscheidet (6).

Wenn dagegen Popper überhaupt von Substanz spricht, verwendet er den Begriff im Sinne von *essentia*, Wesen. Die Theorie, wonach die Erkenntnis eines Dinges in der Erkenntnis seines Wesens besteht, nennt er methodologischen Essentialismus, und diese Einstellung lehnt er aus wissenschaftstheoretischen Gründen deshalb entschieden ab, weil ihr Ziel Letzterklärungen sind, die durch die Erkenntnis oder das intuitive Begreifen der Wesenheiten erlangt werden sollen.[19] Auch Descartes kritisiert Popper hauptsächlich deswegen, weil er nach seiner Ansicht ein Essentialist ist. Im einzelnen notiert er, daß Descartes unter Substanz

18 Thomas von Aquin, *Summa theologica* I, 30, 1; I, 29, 1.
19 Popper, *Die offene Gesellschaft und ihre Feinde* 2, 15 ff. Tübingen 1992.

zunächst ein Ding versteht, »das in seiner Existenz von nichts anderem abhängt«, und er fügt hinzu, daß Descartes »mit Wesen, Essenz die eigentlichen oder unveränderlichen Eigenschaften einer Substanz« meine (Popper/Eccles 226; 221).

Weil Popper unter Substanz gewöhnlich das Wesen oder die Essenz eines Gegenstandes versteht, gerät er in eine sprachliche oder begriffliche Verlegenheit, wenn er seine Theorie der Wechselwirkung von Geist und Hirn verständlich machen will: »Die Sterilität der ›essentialistischen‹ Theorie der Substanz hängt mit ihrem Anthropomorphismus zusammen; denn Substanzen gewinnen [...] ihre Plausibilität aus dem Erlebnis des mit sich selbst identischen, aber sich verändernden und sich entfaltenden Ich. Aber wenn wir es auch begrüßen, daß die Aristotelische Substanz aus der *Physik* verschwunden ist, so kann es, wie F.A. von Hayek bemerkt, gar nicht so schlimm sein, über den *Menschen* anthropomorphisch zu denken. So gibt es wohl keinen philosophischen oder *apriorischen* Grund, warum die Aristotelische Substanz – die Psyche – aus der Psychologie verschwinden soll.«[20] Von dieser Auffassung ist Popper auch in seinem Buch über das *Ich und sein Gehirn* nicht abgerückt. Vielmehr kann man seine Darlegungen in dieser Arbeit als den Versuch auffassen, jene Auffassung im einzelnen zu erläutern.

Er kommt auf die Bemerkung zurück, daß es in Bezug auf den Menschen der Einwand des Anthropomorphismus nicht gebe, und hält es für zulässig, »an die quasi-essentialistische (oder quasi-substantielle) Natur des Ich« zu glauben: »Der springende Punkt dabei ist, daß die Idee eines Wesens tatsächlich aus unserer Idee, unserer Vorstellung des Ich (oder der Seele, des Bewußtseins oder des Geistes) übernommen ist; wir machen die Erfahrung, daß es ein Verantwortung tragendes, kontrollierendes Zentrum unseres Ich, unserer Person gibt.« Er fügt aber hinzu, daß wir seines Erachtens »eher psychophysische Prozesse als Substanzen« seien (l.c. 140). An anderer Stelle erklärt er, daß er auch das Bewußtsein als einen Prozeß auffaßt, und was die nach dem Wesen eines Gegenstandes suchenden Was-ist-Fragen angeht, so meint er, statt nach dem Wesen sei es fruchtbarer, nach der Struktur eines Gegenstandes zu fragen (l.c. 219f.). Meiner Ansicht nach sieht man an dieser Argumentation aber, daß man in einem umgangssprachlichen Sinne weder in der Philosophie noch in der Wissenschaft auf Was-ist-Fragen, die er für verfehlt hält, verzichten kann. Denn hier muß man sofort die Fragen stellen, was laut Popper eine Struktur oder ein Prozeß ist. Doch

20 Karl Popper, Die Eigenart von philosophischen Problemen (1952). In: *Vermutungen und Widerlegungen*. Tübingen 2000. 118.

ist ihm die Theorie einer endgültigen intuitiven Wesenserkenntnis derart verdächtig, daß er auch schlichte Fragen nach dem Wesen einer Sache, die keinerlei geistige Wesensschau implizieren, nicht zulassen will.

Was sind nun nach seiner Auffassung die wesentlichen Eigenschaften des menschlichen Geistes? Die spezifische Eigenschaft des Ich ist Aktivität, und Popper beschreibt sie in superlativischen Begriffen und Metaphern: »Das Ich ist fast immer aktiv. Die Aktivität des Ich ist, wie ich meine, die einzige echte Aktivität, die wir kennen. Das aktive, psychophysische Ich ist der aktive Programmierer des Gehirns (das der Computer ist), es ist der Ausführende, dessen Instrument das Gehirn ist. Die Seele ist, wie Platon sagte, der Steuermann.« (l.c. 156f.) Und weil nach seiner Theorie das menschliche Bewußtsein in der Lage ist, abstrakte Gegenstände zu begreifen und die Erkenntnis von Dingen der Welt 3 ein aktiver Vorgang ist, vermutet er, »daß das Ich der einzige aktive Handelnde im Universum ist: der einzige Handelnde, auf den der Ausdruck Tätigsein richtig paßt« (l.c. 635).

Popper hat seine Auffassung in diesem Punkt mit den Worten zusammengefaßt, daß er zwar nicht »an eine psychische Substanz« glaube, »die unabhängig vom Körper existiert«, er räumt aber ein, »daß die Rede von einem substantiellen Ich keineswegs eine schlechte Metapher ist, vor allem wenn wir beachten, daß ›Substanzen‹ anscheinend durch Prozesse zu ersetzen oder zu erklären sind [...]. Wir erleben uns durchaus als ein ›Wesen‹. [...] Auch wenn man den Essentialismus ablehnt, kann man das Ich doch noch als ein ›Quasi-Wesen‹ beschreiben, als etwas, das für die Einheit und Kontinuität der verantwortlichen Person wesentlich ist.« (l.c. 186) Dabei wird nicht recht klar, inwiefern das Bewußtsein als Prozeß zu verstehen ist (l.c. 220). Er beschreibt den menschlichen Geist auch als ein »Beziehungsgefüge«. Doch hält er diesen Begriff für unbefriedigend, weil er dem »wesentlich aktiven und integrativen Charakter des Ich« nicht gerecht werde (l.c. 187). Nebenbei bemerkt, will ich nicht der Frage nachgehen, inwiefern Poppers Begriff des aktiven Geistes mit dem Begriff des *intellectus agens* in der von ihm verachteten philosophischen Tradition zu vergleichen wäre.

Nach diesen ausführlichen Zitaten dürfte jedenfalls klar geworden sein, daß nach Popper der menschliche Geist ein vom Gehirn zu unterscheidender, sich der Leistung des Gehirns bedienender, selbständiger Akteur ist. Wenn man also unter Substanz nicht das Wesen versteht, sondern den Träger von Eigenschaften, dann wäre Popper nach der Terminologie Beckermanns als Substanzdualist zu bezeichnen.

Ein Nachteil der Arbeit Poppers ist, daß er zu dem Begriff des Prozesses nur Andeutungen gemacht hat. Weitaus irritierender und kaum zu rechtfertigen ist jedoch, daß er die sprachliche Unsitte übernommen hat, von einem großgeschriebenen Ich zu sprechen. Dieser Gebrauch des substantivierten Pronomens der ersten Person Singular ergibt Formulierungen, die man gelegentlich nur als absurd bezeichnen kann. Dazu nur zwei Belege: Wenn man liest, daß »wir unser Ich auf verschiedene Arten erleben können« (618), muß man den Satz erst mühsam umformulieren, um überhaupt verstehen zu können, was gemeint ist. Das gleiche gilt von dem Satz: »das wache Bewußtsein des Ich geht sozusagen Hand in Hand mit der Vorstellung, daß ich – mein Ich – sterben werde« (529). Popper hat gelegentlich die von ihm kritisierte umständliche Terminologie anderer Philosophen in einfaches Deutsch übersetzt. Wenn man diese Methode auf ihn selbst anwendet, dann lautet das letzte Zitat auf deutsch: Wenn ich bei Bewußtsein bin, weiß ich oder kann ich wissen, daß ich sterben werde.

3. In einem Überblick über die aktuelle Philosophie des Geistes sollte das Konzept C.F. von Weizsäckers, das den Status des Bewußtseins mit quantentheoretischen Begriffen beschreibt, wenigstens erwähnt werden, wenn einem physikalischen Laien auch die Kompetenz fehlt, es sachgerecht darzustellen oder gar zu beurteilen. Dabei kann mich auch der Gedanke nicht trösten, daß es selbst Physiker geben soll, die die Quantentheorie nicht »wirklich, d.h. aussprechbar«, verstanden haben, und die neopositivistische Wissenschaftstheorie sich völlig unfähig gezeigt habe, »die Gedankengänge von Bohr und Heisenberg auch nur korrekt darzustellen, geschweige denn, sie in ihrem Gewicht zu sehen oder gar zu interpretieren« (l.c. 550). Jedoch ist das, was Weizsäcker über die Geschichte des Substanzbegriffs und seine Deutung in der nichtklassischen Physik ausführt, auch für einen physikalischen Laien einigermaßen verständlich.

Was in der Diskussion über das Leib-Seele-Problem als Physikalismus bezeichnet wird, ist in der Regel eine Auffassung, die die theoretischen Grundsätze der klassischen Physik voraussetzt. Der entscheidende Punkt ist in unserem Zusammenhang, daß in der klassischen Physik Aussagen über Sachverhalte gemacht werden, von denen man annimmt, daß sie an sich bestehen, »völlig unabhängig davon, ob sie beobachtet werden«. In der quantentheoretischen Physik gewinnt die Rolle des Beobachters aber eine systematische Bedeutung. Während in der klassischen Physik erkenntnistheoretisch strikt zwischen dem physikalischen Objekt und dem Beobachter unterschieden wird, ist in der Quantentheorie »die strenge Trennung zwischen dem Objekt und dem Beobachter aufgehoben« (l.c. 527). Die Formulierung hört sich überspitzt an, doch ist damit nur gemeint, daß es in dieser Theorie nötig ist, den erkenntnistheoretischen Status des menschlichen Subjekts, das die Meßergebnisse registriert und auslegt, zu berücksichtigen. Mit anderen Worten: »Die erkenntnistheoretische Einbeziehung des Beobachters« ist deshalb nötig, weil ohne sie »die Quantentheorie uninterpretierbar wäre« (l.c. 535).

Ich werde mich hüten, diese Kernthese der Quantentheorie näher zu beschreiben; doch möchte ich auf ein populäres Mißverständnis dieser Theorie bzw. von Heisenbergs These der Unbestimmtheitsrelation hinweisen. Falsch wäre die folgende positivistische Deutung der Theorie: »Zustände mit gleichzeitig scharf bestimmtem Ort und Impuls können nicht beobachtet werden, also existieren sie nicht«. Dagegen gilt: »Nur die logische Umkehrung ist richtig: ›Diese Zustände existieren gemäß der Theorie nicht, also können sie auch nicht beobachtet werden.‹« (l.c. 502). Ein ähnliches populäres Mißverständnis taucht auch in der speziellen Relativitätstheorie bei der Frage auf, ob die Gleichzeitigkeit von Ereignissen gemessen werden kann. Hier wird als wahr vorausgesetzt, daß das, was gemessen werden kann, existiert: »Die falsche Fassung benutzt die logisch nicht folgende Umkehrung ›was nicht gemessen werden kann, existiert nicht‹. Die richtige Fassung bestätigt nur die korrekte Kontraposition: ›Was nicht existiert, kann auch nicht gemessen werden‹.« (l.c. 264)

In seiner »Quantentheorie des Subjekts« geht Weizsäcker nun über die allgemein anerkannte These, daß der Beobachter in der Quantentheorie erkenntnistheoretisch berücksichtigt werden muß, hinaus und versucht nachzuweisen, daß es prinzipiell möglich ist, den Beobachter auch gegenständlich mit den Begriffen der Quantentheorie zu beschreiben. Man muß sich vollständig klar machen, was Weizsäcker hier behauptet und was er nicht behauptet. Sein Ansatz ist der Einstellung der Physikalisten, von denen bisher die Rede war, diametral entgegengesetzt. Diese behaupten, weil das menschliche Gehirn in physikalischen Begriffen beschrieben werden kann, müßten auch die Seele oder seelische Vorgänge physikalisch beschrieben oder reduktiv erklärt werden können. Weizsäcker behauptet aber nicht, weil die Quantentheorie auf den menschlichen Körper anwendbar sei, müsse sie auch für das Bewußtsein gelten. Er erklärt vielmehr: »Gerade umgekehrt haben wir gesagt, soweit in der Selbstkenntnis des Bewußtseins entscheidbare Alternativen existieren, müßten diese der abstrakten Quantentheorie als der Theorie *aller* formal möglichen Alternativen unterliegen.« (l.c. 581)

Wie ist das zu verstehen? Zunächst muß man sehen, daß die abstrakte Quantentheorie auf einer höheren Reflexionsstufe angesiedelt ist als die verschiedenen, auf bestimmte Gegenstandsbereiche bezogenen Theorien der klassischen Physik. Das Grundgerüst der abstrakten Quantentheorie besteht in Weizsäckers Rekonstruktion aus zwei Postulaten, die vorausgesetzt werden, und vier Thesen, die im Verlauf der Rekonstruktion begründet werden sollen. In unserem Zusammenhang ist vor allem das erste Postulat wichtig, das die »Existenz trennbarer, empirisch entscheidbarer *Alternativen*« annimmt. Das Postulat dient dazu, den quantentheoretischen Begriff eines Objekts, das beobachtet werden kann, zu bestimmen: »es formuliert eine Bedingung, ohne welche die Begriffe der Quantentheorie unanwendbar wären«. Außerdem formuliert es eine allgemeine Bedingung der Möglichkeit der Erfahrung: »Wir können uns schwer vorstellen, wie wissenschaftliche Erfahrung ohne trennbare, empirisch entscheidbare Alternativen überhaupt möglich sein sollte« (l.c. 331). Das zweite Postulat, das für die Quantentheorie konstitutiv ist, ist das Postulat des Indeterminismus.

Was heißt es nun, den Beobachter eines physikalischen Meßvorgangs selbst im Sinne der Quantentheorie gegenständlich zu beschreiben? Nun, man muß einen zweiten Beobachter einführen, der den ersten Beobachter bei der Meßtätigkeit beobachtet, die diesem zu neuem Wissen über ein Faktum verhilft. Dieser Vorgang läßt sich aber nur als Gedankenexperiment darstellen, da uns das Wissen fehlt, den Zusammenhang im einzelnen zu beschreiben. Es zeigt sich dann, daß der zweite Beobachter für den Gedankengang überflüssig ist, da man statt seiner den ersten Beobachter sich selbst beobachten lassen kann, und Weizsäcker sieht kein Problem darin zuzugestehen, daß der Beobachter sich selbst besser kennt als der zweite Beobachter. Für Weizsäcker ist überhaupt keine Frage, daß wir einen privilegierten Zugang zu unserem Bewußtsein haben und daß das Bewußtsein das ist, was wir durch ›Introspektion‹ wahrnehmen. Er macht auch klar, daß das, »was sich über mich selbst weiß, ›objektiv‹ im Sinne der Faktizität« ist (l.c. 537f.).

Es stellt sich schließlich heraus, daß es konsistent ist anzunehmen, daß der sich selbst beobachtende Beobachter sowohl die Rolle des Wissenden als auch die Rolle des Gewußten spielen kann. Das heißt, es spricht nichts dagegen, das philosophische Problem der Selbstwahrnehmung quantentheoretisch zu beschreiben oder, allgemein gesagt, das Bewußtsein oder die seelischen Vorgänge im Sinne der Quantentheorie zu deuten. Ein wichtiges Ergebnis dieser Deutung ist, daß die seelischen Vorgänge dieselbe Zeitstruktur haben wie die »Objekte, die wir materiell nennen« (l.c. 538). Das Ergebnis ist insofern bedeutend, als nach Weizsäckers Rekonstruktion der Physik die Zeitstruktur mit den Modi der Gegenwart, Vergangenheit und Zukunft die Grundlage aller Erfahrung, und wie sich zeigt, auch der seelischen Erfahrung ist. Die Zeitstruktur betreffend, heißt es: »Sie ist für uns so wenig ›subjektiv‹, daß sie uns umgekehrt erst gestattet, den Unterschied von Subjekt und Objekt und damit einen sinnvollen Begriff von Subjektivität zu formulieren« (l.c. 556f.).

Eine andere Folgerung des Gedankenexperiments besagt, daß man den Körper des Beobachters als das auffassen kann, was dieser »von sich selbst im Raume wahrnehmen kann«, und sein Bewußtsein als das, was er »von sich durch ›Introspektion‹ wahrnimmt«. Den menschlichen Körper und das menschliche Bewußtsein könnte man demnach »als verschiedene Aspekte einer und derselben Realität« ansehen (l.c. 537). Dies soll nichts anderes heißen, als daß Körper und Seele selbst keine Substanzen sind, denn ›Realität‹ ist nur ein anderer Ausdruck für Substanz (l.c. 581).

Es ist nicht überflüssig, ausdrücklich zu betonen, daß Weizsäcker sich der Grenzen seiner Erklärung wohl bewußt ist. Er behauptet nur, »daß die Quantentheorie auch für unsere Kenntnis des Bewußtsein gilt, soweit diese auf entscheidbare Alternativen reduzierbar ist«, und ihm ist bewußt, daß der Begriff der entscheidbaren Alternative, auf dem sein Aufbau der Physik gegründet ist, »eine außerordentliche Vereinfachung der tatsächlichen Erkenntnisleistung des Menschen« ist (l.c. 592). Er weiß, daß sein Bewußtseinsbegriff eine »szientistische Stilisierung« ist (l.c. 582) und daß das menschliche Bewußtsein weit mehr Phänomene umfaßt, als die von ihm gewählte Beschreibungsmethode erfassen kann. Um eine letzte Einschränkung zu machen: Er weiß schließlich, daß wir damit rechnen müssen, daß mit jeder logischen oder physikalischen Analyse ein Wissensverlust verbunden sein könnte, und er räumt sogar ein, daß es ein Wissen jenseits von Physik und Quantentheorie geben kann, das Wissen der Metaphysik (l.c. 593).

Allerdings behauptet er auch, daß die Philosophie heute die Folgerungen nicht ignorieren kann, die sich aus der Quantentheorie für das Verständnis des Substanzbegriffs ergeben. Er sieht in der Geschichte der neuzeitlichen Physik eine durchgehende Linie, die sich als die »Suche nach einem präzisen Verständnis der materiellen Substanz« beschreiben läßt (l.c. 571). In der Tradition verstand man unter dem Begriff der Substanz das Zugrundeliegende und Unwandelbare in den sich verändernden Dingen. In diesem Sinne faßte man die Materie, die Atome, die Elementarteilchen und die Energie als Substanzen auf; als weitere Entitäten kamen Raum und Zeit hinzu, wobei Entität nur eine abstraktere Art von Substanz ist. Die Quantentheorie zeigte nun, daß weder die Atome noch die Elementarteilchen Substanzen sein können, daß vielmehr die

Information das Zugrundeliegende oder die Substanz sein müsse. Was damit gemeint ist, illustriert er am Beispiel der genetischen Information einer tierischen Spezies, die weitergegeben wird und erhalten bleibt, während die einzelnen Lebewesen untergehen. Auf die Frage, was Information hier bedeutet, lassen sich zwei Antworten geben, je nach dem ob man eine physikalische oder eine biologische Analyse vornimmt. Die physikalische Untersuchung ergibt, daß Information das mikrophysikalische Zugrundeliegende ist, und die biologische Analyse, die den Begriff des lebenden Organismus voraussetzt, besagt, daß Information das in der Spezies Beharrende ist. Damit hat man aber zwei Bedeutungen unterschieden, die im traditionellen Begriff der Substanz ungetrennt waren: das Zugrundeliegende und das Beharrende (l.c. 574 f.).

In der Quantentheorie nimmt die Information »den systematischen Ort einer Maßzahl der Substanz« ein und sie wird als »Maß einer Menge an Form« aufgefaßt (l.c. 580). Wenn aber die Form in dieser Weise als Substanz begriffen wird, stellt sich die Frage, ob die abstrakte Quantentheorie nicht der platonischen Eidos-Philosophie gleicht, denn Eidos oder Idee ist ein anderer Name für Form oder Gestalt. Weizsäckers Antwort lautet, daß die Rekonstruktion der abstrakten Quantentheorie in bestimmter Hinsicht der Eidos-Philosophie gleicht und in anderer Hinsicht letztlich der platonischen Auffassung widerspricht.

Die Quantentheorie gleicht insofern der Eidos-Philosophie, als sie die Form als den »gemeinsamen Grund« von Materie und Bewußtsein auffaßt (l.c. 581). Die Form ist deshalb der Grund der Materie, weil empirisch entscheidbare Alternativen angenommen werden müssen, um den Begriff des Objekts überhaupt rekonstruieren zu können, und die Form ist der Grund des Bewußtseins, weil die Selbstkenntnis mit Hilfe entscheidbarer Alternativen beschrieben werden kann. Übrigens hat Weizsäcker keine Bedenken, ohne Vorbehalt allgemein von der »Erkenntnisförmigkeit des Lebens« in einem nichtanalogischen, also strikten Sinne zu sprechen (l.c. 583).

Die abstrakte Quantentheorie unterscheidet sich aber letztlich in dem wesentlichen Punkt von der platonischen Auffassung, daß in ihr die Zeit als das Zugrundeliegende angenommen wird, während Platons Ideen oder abstrakte Gegenstände gerade durch ihren nichtzeitlichen Status, ihre Unwandelbarkeit, ausgezeichnet sind. Denn die Quantentheorie wird »als allgemeine Theorie probabilistischer Prognosen für empirisch entscheidbare Alternativen charakterisiert« (l.c. 589) und der Begriff der Wahrscheinlichkeit wird auf der Grundlage einer zeitlichen Logik gedeutet.

Ich weiß, daß diese Skizze der Überlegungen Weizsäckers sehr lückenhaft ist und viele unbeantwortete Fragen enthält; doch sollte sich gezeigt haben, daß man heute nicht gut den Substanzbegriff verwenden und von Physikalismus reden kann, wenn man nicht zur Kenntnis nimmt, was die nichtklassische Physik zu diesen Problemen zu sagen hat.

Interkulturelle Philosophie: Dialog oder Polylog?

polylógos, 1) viel redend, geschwätzig: Platon, Legg. I, 641e. – 2) mit verändertem Tone, *polýlogos*, wovon viel gesprochen wird od. werden muß, Dionys. Areop.
W. Pape

Die interkulturelle Philosophie hat sich erst vor rund zwanzig Jahre im Zuge der Globalisierung gebildet, als die weltweite Kommunikation auch die akademische Philosophie erfaßte und sie veranlaßte, über die aktuelle Situation nachzudenken. Globalisierung besagt in diesem Zusammenhang, daß man in der Ausbreitung der technisch-wissenschaftlichen Zivilisation eine Tendenz zur Vereinheitlichung der Kulturen beobachten kann. Eine Kardinalfrage, die die interkulturelle Philosophie zu beantworten versucht, ist nun, ob und inwiefern man diese Tendenz zur Einheitskultur als einen Prozeß der Vermischung von Kulturen zu verstehen hat und welche Bedeutung den nichtwestlichen Kulturen in diesem Prozeß zukommt.[1]

Im *Wörterbuch der philosophischen Begriffe* (1998) fehlt noch ein Stichwort über die interkulturelle Philosophie. Sie ist eine junge Richtung der Philosophie, was den Verdacht erregt, daß es sich um eine akademische Modeerscheinung handeln könnte. Der Verdacht wird noch dadurch verstärkt, daß sie von einigen ihrer Vertretern zur postmodernen Philosophie gerechnet wird, die tatsächlich eine Modeerscheinung war, die heute kaum noch ernst genommen wird; außerdem wird sie vom Dekonstruktionismus hergeleitet, was ihrem Ansehen auch nicht gerade förderlich ist.[2] Was die Nähe zum Dekonstruktionismus angeht, so besteht die Vermutung, daß die interkulturelle Philosophie die Frage der Wahrheit, das Wesensmerkmal der Philosophie, ebenso vernachlässigt, wie dies die Wortführer der Dekonstruktion getan haben, die sich für den rhetorischen Aspekt der Philosophie interessierten und den Gattungsunterschied zwischen Philosophie und Literatur einebneten.[3]

Die Vernachlässigung der Wahrheitsfrage ist nach meiner Ansicht der neuralgische Punkt der interkulturellen Philosophie. Doch kann

1 Cf. Heinz Kimmerle, *Interkulturelle Philosophie zur Einführung*. Hamburg 2002. 9.

2 Kimmerle 11; 66.

3 Cf. Jürgen Habermas, *Der philosophische Diskurs der Moderne*. Frankfurt 1985. 219f.

man feststellen, daß die Vertreter dieser Strömung keineswegs in allen Fragen einer Meinung sind. Sie eint das Interesse an einem Dialog mit philosophischen Schulen anderer Kulturen und sie haben einige Fragen aufgeworfen, die der Beachtung wert sind.

Franz Martin Wimmer erklärt: »Nicht alle Menschen philosophieren. Nicht alle formulieren und dokumentieren explizit ihre Gedanken.«[4] Offensichtlich verwendet Wimmer hier einen engen Begriff von Philosophie, der nur die gleichnamige akademische Tätigkeit als Philosophie gelten läßt. Wie nicht nur Popper immer wieder betont hat, gibt es gute Gründe anzunehmen, daß alle Menschen philosophieren, indem sie über sich und ihre Situation in der Welt nachdenken. Und einer der bedeutendsten Berufsphilosophen der Geschichte, Kant, hat ebenfalls aus guten Gründen anerkannt, daß es neben der Schulphilosophie eine Weltphilosophie gibt, und er hat in seinem System immer versucht, die allgemeinen geistigen Interessen der Menschen zu berücksichtigen.

Wenn Wimmer den engen Begriff der Philosophie mit dem Vergleich rechtfertigt, daß auch nicht alle Menschen Wissenschaft treiben, muß man ihm entgegenhalten, daß dies zwar für die Wissenschaft zutreffen mag, nicht jedoch für das Philosophieren. Vielmehr dient das Denken von jedermann – der gesunde Menschenverstand – nicht selten als Maßstab, um Fehlentwicklungen der akademischen Philosophie zu kritisieren. So etwa bei Wittgenstein: »Manche Philosophen (oder wie man sie nennen soll) leiden an dem, was man ›loss of problems‹, ›Problemverlust‹ nennen kann. Es scheint ihnen dann alles ganz einfach, und es scheinen keine tiefen Probleme mehr zu existieren, die Welt wird weit und flach und verliert an Tiefe; und was sie schreiben, wird unendlich seicht und trivial.«[5] Ähnlich dachte auch Jürgen Habermas, als er schrieb: »Schwer abzuweisen ist das Empfinden, daß die zum akademischen Fach zurückgebildete Philosophie gar keine mehr ist.« Er vermißt in ihren Aussagen »die Kraft, im Leben zu orientieren«.[6] Übrigens können wir auch in der Logik die Intuition des Alltagsverstandes nicht ganz außer acht zu lassen.

Der Begriff der Philosophie, den man wählt, ist deshalb wichtig, weil mit dieser Wahl vorentschieden ist, welche Phänomene einer fremden Kultur in dem Diskurs der interkulturellen Philosophie berücksichtigt werden. Das wird bei Heinz Kimmerle deutlich, der in dieser Hinsicht mit Kant und Popper übereinstimmt und der Auffassung ist, »daß das

4 Franz Martin Wimmer, *Interkulturelle Philosophie*. Wien 2004. 25.

5 *Zettel. Werkausgabe* 8, 380. Frankfurt 1994.

6 Jürgen Habermas, *Wahrheit und Rechtfertigung*. Frankfurt 1999. 324.

Philosophieren – wie das Hervorbringen von Kunst – ein eigenständiges, in jeder menschlichen Kultur auf spezifische Weise, freilich nicht notwendig unter dem Begriff ›Philosophie‹ (oder im Vergleichsfall ›Kunst‹) anzutreffendes Attribut des Menschseins ist.«[7] Kimmerle betont deshalb den allgemeinmenschlichen Charakter des Philosophierens, weil ihm daran gelegen ist, daß in der interkulturellen Philosophie auch die Weisheitslehren der mündlichen Traditionen Afrikas als originales Philosophieren anerkannt und berücksichtigt werden. Er vermutet, daß in der mündlichen oder lebendigen Tradition Afrikas ein spezifischer »Rationalitätstyp« verkörpert sei, den es herauszuarbeiten gelte (l.c. 124).

Die gleiche Absicht leitet ihn, wenn er sagt, was Philosophie bedeutet. Er versteht darunter »jede Deutung der Welt und des menschlichen Lebens, die mit dem Anspruch auf rationale Begründbarkeit unternommen wird.« Und er ergänzt: »Rationale Begründbarkeit steht dabei nicht in erster Linie und vor allem nicht ausschließlich für logische Konsistenz oder argumentative Richtigkeit – diese gehören vielmehr auf selbstverständliche Weise dazu –, sondern für einen Denkzusammenhang, der sich in jeder Hinsicht nur der eigenen Mittel des Denkens bedient.« Auch macht er darauf aufmerksam, daß der Philosophierende sich der Grenzen seiner Einstellung bewußt sein und wissen sollte, daß er oft genug auf Aporien des Denkens stößt (l.c. 54).

Hier sei auf folgendes hingewiesen. Wenn Kimmerle von der rationalen Begründbarkeit einer Weltauffassung spricht, setzt er als selbstverständlich voraus, daß darin logische Konsistenz und argumentative Richtigkeit eingeschlossen seien. Mit logischer Konsistenz ist wohl gemeint, daß der Satz vom Widerspruch anerkannt wird. Weniger klar ist, was argumentative Richtigkeit bedeuten soll. Es kann heißen, daß die Regeln des logischen Schließens anerkannt werden, es kann aber auch bedeuten, daß damit die Idee der Wahrheit gemeint ist. Das Ziel der Philosophie wäre also, eine in sich schlüssige und wahre Deutung der Welt zu geben. Offen bleibt aber, welche Theorie der Wahrheit gemeint ist: eine Konsistenztheorie der Wahrheit, eine Konsenstheorie oder die Korrespondenztheorie der Wahrheit, die im übrigen dem Begriff des Alltagsverstandes entspricht.

Problematisch ist ferner, daß er den Vergleich der Philosophie mit der Kunst überspannt. Gewiß behauptet er nicht, daß philosophische Systeme ästhetische Gebilde seien und wie diese nach ihrer künstlerischen Qualität zu beurteilen seien. Er will mit dem Vergleich vielmehr sagen, »daß es in Kunst und Philosophie im Hinblick auf das eigentlich

7 Kimmerle, 52f.

Künstlerische bzw. eigentlich Philosophische keine Geschichte und jedenfalls keinen Fortschritt gibt« (l.c. 21). Kimmerle räumt natürlich ein, daß man, was die technischen Mitteln des Philosophierens angeht wie Schriftlichkeit, Buchdruck, Diskussionsverfahren, durchaus von Fortschritt reden kann. Doch vernachlässigt er die spezifisch philosophischen Methoden wie etwa den unbestreitbaren Fortschritt, den die moderne Logik gebracht hat, und die damit verbundenen Begriffsklärungen der logischen Semantik, zudem den Einfluß, den die Theorien der modernen Naturwissenschaft auf die Philosophie ausgeübt haben. Freilich muß man zugestehen, daß seine Auffassung einen rationalen Kern hat.

Seine Auffassung erinnert an die Erklärung Peter Strawsons, der schreibt, daß es nach der langen Geschichte der Metaphysik unwahrscheinlich sei, »daß in der deskriptiven Metaphysik irgendwelche neuen Wahrheiten zu entdecken wären«. Strawson betont aber gerade einen Punkt, der keineswegs nebensächlich ist, nämlich den Umstand, daß »die kritische und analytische Sprache der Philosophie sich fortwährend« ändere. »Kein Philosoph versteht seine Vorläufer, solange er nicht ihre Gedanken in seinen eigenen zeitgebundenen Begriffen neu gedacht hat; und es ist bezeichnend für die allergrößten Philosophen, wie Kant und Aristoteles, daß sich bei ihnen mehr als bei irgendwelchen anderen diese Mühe des Neu-Denkens lohnt.«[8]

Wenn Kimmerle darauf besteht, daß die Aufgabe der Philosophie von den technischen Mitteln des Philosophierens nicht berührt werde und daß es zwischen den historischen Systemen der Philosophie im wesentlichen keinen Rangunterschied gebe, hat er natürlich das Projekt der interkulturellen Philosophie im Auge. Er schreibt: »Die kulturellen Unterschiede betreffen nicht das eigentlich Philosophische, das in den höchst unterschiedlichen kulturellen Zusammenhängen dasselbe ist und für Philosophen aus anderen Kulturen als Philosophie erkennbar ist.« (l.c. 131) Die wesentliche Aufgabe einer Philosophie sieht er darin, daß sie über die geistigen Grundlagen einer Kultur reflektiert, um mitzuhelfen, die unvermeidlichen Krisen und Konflikte in der jeweiligen Gesellschaft zu bewältigen: »Eine Kulturgemeinschaft, die in der einen oder anderen Weise mit sich selbst in Konflikt gerät, muß sich und wird sich ihrer eigenen Grundlagen, der Bedingungen ihres Bestehens und Fortbestehens inmitten anderer Kulturen und der Natur vergewissern«.[9]

8 Peter Frederick Strawson, *Einzelding und logisches Subjekt (Individuals). Ein Beitrag zur deskriptiven Metaphysik*. Dt. F. Scholz. Stuttgart 1972. 11.
9 L.c. 129.

Daran schließt er die Überlegung an, daß wir die Krisen einer globalisierten Welt wahrscheinlich nur bewältigen können, wenn wir die philosophischen Auffassungen fremder Kulturen berücksichtigen. Die Aufgabe der interkulturellen Philosophie besteht also im Dialog mit den Philosophien der außereuropäischen Kulturen.

Andere Autoren sprechen hier allerdings lieber von »Polylog«, und es gibt sogar eine Zeitschrift für interkulturelles Philosophieren, die diesen Titel trägt. Wimmer begründet die Wortwahl damit, daß *dia* im Griechischen »auf ein Verhältnis zwischen Zweien verweist«.[10] Er unterstellt also, daß Dialog ein Gespräch sei, an dem nur zwei Partner teilnehmen; tatsächlich ist Dialog aber ein Gespräch, an dem mindestens zwei Partner teilnehmen. Das Wort kann zwar als »Zwiegespräch« übersetzt werden, doch ist seine allgemeine Bedeutung ein Gespräch zwischen mindestens zwei Teilnehmern. Die beste, etymologisch angemessenste Übersetzung von »Dialog« ist deshalb, wie man in Papes Wörterbuch nachlesen kann: Unterredung.

Statt dessen wählt Wimmer, um den Dialog zwischen Kulturen zu bezeichnen, das Wort »Polylog«, obwohl er weiß, daß *polylogía* im Griechischen Geschwätzigkeit bedeutet. Nun steht es natürlich jedem Sprecher frei, ein Wort umzudeuten, doch hat er nicht die Macht, den allgemeinen Sprachgebrauch zu ändern. So hat z.B. Habermas versucht, das Wort »Richtigkeit« im Sinne von »Geltung einer praktischen Norm« umzudeuten, obwohl Richtigkeit gewöhnlich als Synonym für Wahrheit gebraucht wird – er hatte mit seinem Umdeutungsversuch keinen Erfolg. Wer also weiß, daß *polylogía* Geschwätzigkeit bedeutet, wird über den Umdeutungsversuch dieses Wortes durch einige Philosophieprofessoren oder Literaturwissenschaftler nur den Kopf schütteln können. Eine derartige Sprachmanipulation ist nicht nur ungeschickt und unfreiwillig komisch, sie verrät auch eine grobe Unachtsamkeit gegenüber einer fremden Sprachkultur. Nach den Regeln des allgemeinen Sprachgebrauchs heißt Polylog auf deutsch Geschwätz. Wie kann man diese Bedeutung durch eine Neudefinition denn ändern wollen?

Was das Konzept des vernünftigen Dialogs angeht, so haben Popper, Gadamer und Tugendhat dazu längst das Nötige gesagt. Die Einstellung der Philosophie ist dialogisch, insofern sie aus der Perspektive der ersten und zweiten Person argumentiert. Sie unterzieht sowohl die eigene kulturelle Überlieferung wie die Tradition außereuropäischer Kulturen einer kritischen Prüfung. Sie orientiert sich an der Idee der Wahrheitssuche, behauptet aber nicht, allein im Besitz der Wahrheit zu sein. Um

10 Wimmer, 67.

mit Popper zu reden, ist es eine vernünftige Einstellung, »die bereit ist, kritische Argumente zur Kenntnis zu nehmen und von der Erfahrung zu lernen.« Es ist »eine Einstellung, die zugibt, daß ›*ich mich irren kann, daß du recht haben kannst und daß wir zusammen vielleicht der Wahrheit auf die Spur kommen werden*‹.« Er bezeichnet sie als »die Einstellung der Vernunft« und vergleicht sie mit der wissenschaftlichen Einstellung, »dem Glauben, daß wir bei der Suche nach der Wahrheit zusammenarbeiten müssen und daß wir mit Hilfe von Argumenten im Laufe der Zeit so etwas wie Objektivität erreichen können.«[11] Nicht vergessen sollte man die Einsicht, daß »die meisten wissenschaftlichen Ergebnisse den Charakter von Hypothesen haben«, die besser begründet oder revidiert werden können. Daraus folgt aber nicht, daß die Wahrheit relativ sei: »Wenn eine Behauptung wahr ist, so ist sie für immer wahr.«[12] Es ist eine Position, die die Argumente der Gegenseite ernst nimmt. Sie leitet die Auffassung des Opponenten nicht von seinem sozialen oder kulturellen Standort her, sondern untersucht, ob seine Argumente gültig sind.[13] Es geht um ein sachbezogenes, an der Wahrheit orientiertes Argumentieren und dies entspricht dem Begriff des hermeneutischen Verstehens, wonach es in einem rationalen Dialog darum geht, sich in der Sache zu verständigen.

Von diesem Konzept des philosophischen Dialogs unterscheidet sich die Vorstellung eines Dialogs, wie er von einigen Vertretern der interkulturellen Philosophie beschrieben wird, in einigen Punkten. Wichtig ist aber zunächst die Feststellung Kimmerles, daß sich Dialogfähigkeit und Standfestigkeit keineswegs ausschließen müssen.[14] Vielmehr wird es nur dann zu einem sinnvollen und fruchtbaren Gedankenaustausch kommen, wenn die Partner prononcierte, gehaltvolle Auffassungen von der Sache haben, die zur Debatte steht.

Kimmerle nennt vier Merkmale, die bei einem fruchtbaren Dialog gegeben sein müssen: »1. Die Dialogpartner sind dem Rang nach gleich, ihre Auffassungen dem Inhalt nach verschieden. 2. Dialoge sind durch Offenheit im Hinblick auf das zu erreichende Ergebnis gekennzeichnet. 3. Die Mittel und Wege, die zum Verständnis führen, sind nicht nur diskursiv-sprachlicher Art. 4. Dialogen liegt die Erwartung zugrunde, daß der Andere mir etwas zu sagen hat, das ich mir auf keine Weise, etwa durch meine Teilhabe an der allgemeinen menschlichen Vernunft, auch selbst hätte sagen können.« (l.c. 80f.)

11 Karl R. Popper, *Die offene Gesellschaft* 2, 263. Tübingen 1992.
12 L.c. 258.
13 L.c. 294.
14 Kimmerle, 33.

Man sieht, daß diese Grundsätze sich im wesentlichen mit der skizzierten Einstellung des vernünftigen Argumentierens vereinbaren lassen. Das erste Merkmal entspricht ungefähr dem, was Habermas einen herrschaftsfreien Diskurs genannt hat. Problematisch ist jedoch das dritte Merkmal, das der Situation des mündlichen Dialogs gerecht werden soll, wo rhetorische Kunstgriffe und gestisches Verhalten eine Rolle spielen können. Man kann verstehen, daß Kimmerle diesen Punkt besonders betont, weil er an der Rehabilitierung mündlicher Traditionen des philosophischen Denkens interessiert ist. Man kann durchaus zugeben, daß auch nicht-sprachliche Aspekte der Verständigung wichtig sind – sie können aber nur dann entscheidend sein, wenn sie sich sprachlich artikulieren lassen. Und für mündliche Traditionen gilt natürlich, daß man sich mit ihnen nur dann allgemein auseinandersetzen kann, wenn sie schriftlich dokumentiert sind.

Daß in der rationalen Argumentation auch rhetorische Momente mitspielen, ist unbestreitbar und sogar unerläßlich. So sind Übersichtlichkeit, Eleganz oder Klarheit einer philosophischen Darlegung zweifellos rhetorische Prädikate und wir erwarten mit Recht, daß philosophische oder wissenschaftliche Texte diese Merkmale aufweisen, weil sie nämlich die Überprüfung und Kritik dieser Texte wesentlich erleichtern. Sie sind also nicht bloß rhetorischer Schmuck.

Das vierte Merkmal des Dialogbegriffs bei Kimmerle ist von entscheidender Bedeutung. Es besagt, daß ich voraussetze, daß der Gesprächspartner mir etwas zu sagen hat, was ich auf andere Weise nicht erfahren kann. Diesen Punkt hat besonders Gadamer immer betont, um den Vorzug der klassischen Bildung zu rechtfertigen. Wir lesen Platon, weil wir glauben, daß er uns noch etwas zu sagen hat. Wir hoffen, bei ihm Einsichten zu finden, die wir auf keine andere Weise erlangen können. Mit diesem Grundsatz wird der interkulturellen Philosophie aber eine enorme Beweislast aufgebürdet. Sie muß nämlich nachweisen, daß es unerläßlich ist, sich mit der Philosophie fremder Kulturen zu beschäftigen, weil sie Einsichten enthält, die in der vielgestaltigen, kaum überschaubaren Geschichte der westlichen Philosophie nicht zu finden sind. Es könnte sich aber auch herausstellen, daß zwischen Strömungen der westlichen Philosophie und Denkweisen anderer Kulturen überraschende Analogien bestehen, und man könnte darin einen Beleg für die Einheit der menschlichen Vernunft quer durch alle Kulturen sehen.

Zu diesem Ergebnis kam Karl Jaspers, der in diesem Zusammenhang immer als Vorbild interkulturellen Philosophierens *avant la lettre* genannt wird. Zu seiner Beschäftigung mit der frühen Philosophie Chinas schreibt er: »Die Menschheit stammt aus *einer* Wurzel. Dort in

China gab es reinste, unbefangenste Humanität. Dann kam Ende des 3. Jahrhunderts Tsin Shi Huang Ti, der Hitler Chinas (wenn das nicht eine allzu große Beleidigung für jenen doch immerhin großen Chinesen wäre.) [...] Und damals zunächst Ende mit den schöpferischen großen Denkern. Es gab noch schulmäßige Gelehrte für Staatszwecke und Skeptiker.«[15] Womit Jaspers wohl auch andeuten will, daß unsere eigene Situation heute ähnlich aussieht: es gibt nur noch Philosophieprofessoren und Skeptiker.

Ein anderes Beispiel, wie man außereuropäisches Denken für die Philosophie fruchtbar machen kann, ist die Deutung, die Ernst Tugendhat von der Mystik gibt. Er diskutiert Anschauungen der christlichen, der buddhistischen Mystik und des Taoismus, um »die anthropologische Wurzel des Mystischen verständlich zu machen«.[16] Diese Vergleiche gewinnen aber ihre Bedeutung nur dadurch, daß Tugendhat eine philosophische Theorie entwickelt, nämlich eine sprachanalytisch konzipierte Anthropologie, die den asiatischen Denkansätzen erst Aussagekraft verleiht. Hier liegt ein sprechender Beweis für Kimmerles These vor, daß ein Dialog nur dann fruchtbar ist, wenn die Gesprächspartner über eine eigene artikulierte Auffassung zur Sache verfügen. Übrigens verzichtet Tugendhat darauf, von interkultureller Philosophie zu sprechen.

Weniger überzeugend sind andere interkulturelle Vergleiche, weil darin die fraglichen Analogien nicht genau und ausführlich genug beschrieben werden. So möchte etwa K.T. Fann die therapeutische Methode des Philosophierens bei Wittgenstein mit dem Ausspruch eines Zen-Meisters erläutern. Es ist ein Spruch, der auf den unbefangenen Leser recht banal wirkt. Da Fann darauf verzichtet, die eigentliche Bedeutung des Ausspruchs herauszuarbeiten, bleibt sein Vergleich nichtssagend.[17] Nicht viel überzeugender fallen die Versuche des in Deutschland lehrenden indischen Philosophen Ram Adhar Mall aus, Wittgensteins Auffassung der Mystik mit dem Hinweis auf verwandte Lehren indischer Mystiker zu erklären.[18] Das liegt zum einen daran, daß er von

15 Hannah Arendt, Karl Jaspers, *Briefwechsel 1926–1969*. München 2001. 125. Brief vom 16.5.1947.

16 E. Tugendhat, Über Mystik. In: *Anthropologie statt Metaphysik*. München 2007. 178. Cf. E. Tugenhat, *Egozentrizität und Mystik. Eine anthropologische Studie*. München 2003.

17 K.T. Fann, *Die Philosophie Ludwig Wittgensteins*. Dt. G. Shaw. München 1971. 99.

18 Ram Adhar Mall, *Ludwig Wittgensteins Philosophie interkulturell gelesen*. Nordhausen 2005. 72ff.

Wittgensteins originellen Gedanken zum Thema keine annehmbare Interpretation gibt, und zum anderen daran, daß er die Ideen der zum Vergleich herangezogenen Denker zu wenig erläutert, als daß sie uns etwas sagen könnten. So bleibt der Eindruck, daß er etwas Befremdliches durch etwas aufklären will, was noch befremdlicher ist.

Fragwürdig ist auch, was Mall zum Projekt der interkulturellen Philosophie ausführt. Er fordert nämlich von einem Philosophiekonzept dieser Art: »Auch Gegenargumenten gesteht es die Eigenschaft zu, Argument zu sein, mögen diese auch konträr oder gar kontradiktorisch zu unseren eigenen sein.« (l.c. 24) Selbstverständlich sind Argumente, die unseren Behauptungen widersprechen, auch Argumente. Wenn sich jedoch herausstellt, daß unsere Behauptungen wahr sind, dann sind die Gegenargumente falsch – mit der Folge, daß sie in dem Diskurs nicht mehr gültig sind. Wenn er jedoch meint, daß widerlegte Argumente weiterhin als gültig anerkannt werden sollen, zerstört er die logische Konsistenz der philosophischen Auseinandersetzung und damit den rationalen Dialog selbst.

Weiterhin behauptet er: »Kein bestimmtes Argumentationsmuster darf sich in den absoluten Stand setzen, weil ein solcher Schritt einer ›intellektuellen Provinzialisierung‹ gleichkäme.« (l.c. 27) Hier läßt sich fragen, ob mehr als nur politisch korrekte Stichworte vorliegen. Jedenfalls kann man einer Philosophie, die sich selbst einer rationalen Kritik aussetzt, nicht vorwerfen, sie erhebe einen Absolutheitsanspruch. Wenn Mall aber meint, auch ein Argumentationsmuster, das auf dem Satz vom Widerspruch gründet, sei zu verwerfen, weil dieser Grundsatz absolute Geltung beansprucht, entzieht er wiederum dem philosophischen Diskurs die rationale Grundlage. Schließlich wäre zu fragen, ob man in intellektueller Hinsicht provinziell ist, wenn man die elementaren Grundlagen der klassischen Logik als allgemeingültig für jede philosophische Diskussion voraussetzt.

Ein ähnlicher Vorwurf scheint aus einer Überlegung Kimmerles zu folgen. Er referiert eine Studie, die als Gegenentwurf zu dem von manchen Ethnologen vertretenen Kulturrelativismus die These vertritt, daß es so etwas wie kulturelle Universalien geben müsse, die es ermöglichen, daß wir fremde Kulturen verstehen können. Als kulturelle Universalien seien »die drei höchsten Gesetze des Denkens und des Verhaltens« zu betrachten, »nämlich das logische Prinzip des verbotenen Widerspruchs, das wissenschaftstheoretisch grundlegende der Induktion und das ethische des kategorischen Imperativs.« Dagegen wendet Kimmerle nun ein: »Alle drei verraten jedoch bereits durch ihre Herkunft aus der westlichen philosophischen Tradition ihre kulturelle Bestimmtheit.«[19]

Man sieht sofort, daß Kimmerle den mehrfach erwähnten, aus der Historismusdiskussion bekannten Denkfehler begeht, daß er eine Behauptung nach ihrer sozialen, historischen oder kulturellen Herkunft beurteilt, statt sich auf die Sache einzulassen und zu fragen, ob die Behauptung wahr und begründet ist. Zur wissenschaftstheoretischen Theorie der Induktion wäre zu sagen, daß sie nicht deshalb zu verwerfen ist, weil sie aus dem westlichen Denken stammt, sondern weil sie der Logik der wissenschaftlichen Forschung, wie sie vor allem Popper entwickelt hat, nicht entspricht. Man geht nicht induktiv vor, man sammelt nicht Daten, um sie zu verallgemeinern und eine Theorie aufzustellen; sondern man geht hypothetisch-deduktiv vor, indem man aufgrund einer Hypothese oder einer bestimmten Erwartung Beobachtungen macht und dann nachprüft, ob die empirischen Tatsachen der Theorie entsprechen oder sie widerlegen. Die ganze Prozedur kommt natürlich nur in Gang, weil man auf ein Problem gestoßen ist, das man lösen will. Daß der kategorische Imperativ ein allgemeingültiges Gesetz des Verhaltens sei, müßte erst mal überzeugend begründet werden. Seit Schopenhauer gibt es berechtigte Zweifel daran, daß dies Kant gelungen ist.

Kimmerles Gedankengang will auch nicht recht zu seinem eigenen Begriff der Philosophie passen, bei dem logische Konsistenz als selbstverständlich vorausgesetzt wird. Und es paßt auch nicht recht zu seiner Kritik an der These eines britischen Kulturanthropologen, der eine Variante der These von der prälogischen Mentalität zu vertreten scheint. Dieser behauptet nämlich, das Denken der Afrikaner sei deshalb »nicht fähig, eine eigene Philosophie zu entwickeln, weil ihr Denken sich nicht eigne, Erkenntnistheorie und Logik, besonders formale Logik hervorzubringen«. Diesen Vorwurf entkräftet Kimmerle mit einem empirischen Argument, indem er auf einen afrikanischen Denker verweist, der »eine eigene symbolische Darstellung der logischen Struktur seiner Argumente entwickelt« habe.[20] Wir erinnern uns, daß Bühler und Quine die Lehre der prälogischen Denkweise mit prinzipiellen Argumenten widerlegt haben.

Es scheint ein Nachteil einiger interkulturell engagierten Philosophen zu sein, daß sie die logisch-semantischen Grundlagen ihres Unterfangens vernachlässigen. So fügt Wimmer seinem Begriff der interkulturellen Philosophie folgendes Postulat hinzu: »Halte keine philosophische These für gut begründet, an deren Zustandekommen nur Menschen einer einzigen kulturellen Tradition beteiligt waren.« Oder: »Suche wo

19 Kimmerle, 39.
20 L.c. 116.

immer möglich nach transkulturellen ›Überlappungen‹ von philosophischen Begriffen, da es wahrscheinlich ist, daß gut begründete Thesen in mehr als nur einer kulturellen Tradition entwickelt worden sind.«[21] Auf den ersten Blick ist dieses Postulat keineswegs einleuchtend. Es kann durchaus sein, daß ein einzelner Denker zu philosophischen Erkenntnissen kommt, die allgemeingültig sind, obwohl sie bisher in keiner anderen Kultur erlangt wurden. Man muß gegen seine Überlegung einwenden, daß sie einen Konsensbegriff der Wahrheit zu implizieren scheint, als sei die Wahrheit einer Behauptung eine Frage der Zustimmung möglichst vieler Menschen.

Ein unbestreitbares Verdienst dieser Denkrichtung ist jedoch, daß sie unseren Blick für die rassistischen Vorurteile schärfen kann, denen selbst die größten Philosophen erlegen sind. Das prominenteste und immer wieder genannte Beispiel ist Kant, der sich sehr abfällig über die Afrikaner geäußert hat, übrigens auch über die Juden.[22] Nun ist bei der Kritik dieser Vorurteile nicht so sehr entscheidend, daß Kant über die Afrikaner schlecht unterrichtet war, sondern daß seine rassistischen und antisemitischen Vorurteile der von ihm aufgestellten universalistischen Theorie der menschlichen Vernunft und der Ethik eklatant widersprechen. Wir haben hier den gar nicht so seltenen Fall vor uns, daß ein Philosoph seinem eigenen Ideal nicht gerecht wird, was aber nicht gegen das Ideal, sondern nur gegen ihn selbst spricht. Und schließlich sollte man sich an die Wahrheit des japanischen Sprichworts erinnern: »Ideale sind wie Sterne. Man kann sie nicht erreichen, aber man kann sich an ihnen orientieren.«

Zum Schluß sei noch erwähnt, daß in den Diskussionen der interkulturellen Philosophie die Methode der objektiven Beobachtung der Ethnologie gelegentlich unzulässig kritisiert wird, so als sei die dialogische Einstellung die einzig richtige gegenüber fremden Kulturen.[23] Dazu wäre zu sagen, daß die Ethnologie als empirische Wissenschaft auf die Idee der objektiven Forschung festgelegt ist. Ethnologie und dialogische Philosophie sind, wie wiederum Tugendhat betont hat, keine sich ausschließenden Gegensätze, sondern verschiedene, sich ergänzende Einstellungen gegenüber fremden Kulturen und innerhalb der eigenen Kultur. Selbstverständlich ist nicht das geringste dagegen einzuwenden, daß auch unsere eigene Kultur und unsere eigene Gesellschaft mit den

21 Wimmer, 51.
22 Kimmerle, 58f.; cf. zu Kants antisemitischem Ressentiment: Theodor W. Adorno, *Negative Dialektik*. Frankfurt 1966. 290.
23 Kimmerle, 79.

Methoden der empirischen Wissenschaft beschrieben und erforscht werden. Alles andere liefe auf eine Selbstüberschätzung der Philosophie hinaus; gelegentlich hat man aber behauptet, daß eben dies eine Berufskrankheit des Standes sei.

Namenregister

Adorno, Th. W. 7, 30 f., 39, 49, 68 f., 170, 172 f., 194, 242
Albert, H. 135
Améry, J. 45
Arendt, H. 23, 34 f., 44 f., 62, 239
Aristoteles 40, 55, 78 f., 124, 144, 175 f., 193, 235
Asserate, A. W. 89
Augustinus, A. 62, 119, 155
Austin, J. L. 176

Bach, J. S. 63
Bailey, G. 88 f.
Beckermann, A. 200 ff.
Benjamin, W. 35, 68 f., 170, 173
Benn, G. 24
Bieri, P. 168
Birnbacher, D. 140
Bloch, E. 68
Blücher, H. 45, 62, 179
Blumenberg, H. 68, 208
Bohr, N. 174, 226
Bonhoeffer, D. 52
Bosch, P. 23, 175
Brandt, W. 45 f.
Brecht, B. 16
Broad, Ch. D. 203, 211
Bühler, K. 94, 137, 151 f., 160, 173, 176, 241
Bultmann, R. 74
Burckhardt, J. 79

Canetti, E. 62
Carnap, R. 47, 182
Chenu, M. D. 79
Chesterton, G. K. 173
Christiansen, B. 24
Cioran, E. 121
Conrad, J. 34
Culler, J. 168

Dahrendorf, R. 46
Danto, A. C. 98, 170
Davidson, D. 202
Dennett, D. 204, 218
Derrida, J. 13 f., 38, 41 f., 169
Descartes, R. 71, 176, 189, 201, 210, 215, 219, 222 f.
Dilthey, W. 133, 197
Ditfurth, H. v. 58, 138, 212 f.
Döblin, A. 119, 148, 153, 173, 186
Dostojewski, F. 90, 94 f., 97
Duerr, H. P. 145
Duns Scotus 171
Durckheim, E. 146

Eccles, J. 219 ff., 224
Eco, U. 186
Eichendorff, J. 38
Einstein, A. 57, 82 f., 129, 148, 151, 174, 179, 195 f.
Eliade, M. 66, 119 f., 125, 162
Evans-Prichard, F. E. 144

Fann, K. T. 239
Feuerbach, L. 196
Feyerabend, P. 136, 141 ff., 146, 163, 196
Fichte, J. G. 192
Flaubert, G. 16
Fölsing, A. 57, 196
Fodor, J. 204
Foucault, M. 15 ff., 29
Frank, M. 19
Frazer, J. G. 136 ff.
Frege, G. 83, 94, 168, 176, 178, 180, 183, 208
Frenzel, I. 24

Friedenthal, R. 154
Freud, S. 19, 66, 119 f., 196
Friedell, E. 24, 79, 149, 187
Friedrich, H. 69
Fuhrmann, M. 168, 171

Gadamer, H.G. 51, 64, 133 f., 145, 168, 170, 179, 186, 197, 206, 236, 238
Galilei, G. 142 f.
Gebauer, G. 156, 159
Geertz, C. 131 ff., 156 ff.
Genette, G. 186
Gethmann-Siefert, A. 36
Gilson, É. 119, 173
Gödel, K. 207
Goethe, J.W. 7, 43, 55, 58 f., 139, 154, 169, 179
Gombrich, E.H. 61, 168
Greene, G. 179
Groos, H. 52

Habermas, J. 14 f., 31 f., 37, 84, 86, 89, 95, 105 ff., 169, 192, 232 f., 236, 238
Haecker, Th. 44, 52, 70 f., 117, 172
Händel, G.F. 62
Hamburger, K. 153, 186
Hartmann, N. 170
Haydn, J. 62
Hayek, F.A.v. 126
Hegel, G.W.F. 12, 31, 67, 77 f., 80, 168, 187, 190, 196
Heidegger, M. 7, 13, 15, 22 f., 29 ff., 42, 44, 51, 53, 69, 115 f., 134 f., 177, 182, 197
Heisenberg, W. 174, 226 f.
Henze, H.W. 43
Hoerster, N. 140
Hoffmeister, J. 78
Horkheimer, M. 53, 69 ff., 87, 90, 94, 100, 103, 111
Horaz 183
Humboldt, W. 159 ff., 164, 168, 197 f.
Hume, D. 214
Husserl, E. 83

Iser, W. 171, 186

Jakobson, R. 176
Jaspers, K. 7, 23, 33, 36 f., 51, 238
Jean Paul 11, 17
Jung, C.G. 120
Jünger, E. 23, 33, 65, 88, 208
Jünger, F.G. 88

Kafka, F. 16
Kampits, P. 98
Kant, I. 41 f., 49, 71, 82, 91 f., 96, 100, 103, 106, 110, 112, 122 f., 125, 157, 182, 189 f., 192 f., 195, 233, 235, 241 f.
Keßler, H. 151
Keynes, J.M. 68
Kierkegaard, S. 44, 51, 69, 80 f., 138, 171
Kimmerle, H. 232 ff.
Kippenberg, H.G. 60
Klemperer, V. 56 f.
Kluxen, W. 103
Knopf, J. 16
Kracauer, S. 53 ff., 84, 113
Kraus, K. 7, 15, 32, 99, 200
Krause, Fr. 172
Krech, V. 60
Kreiner, A. 77
Künne, W. 8, 23, 94, 168, 173, 177, 179 ff., 193, 208
Kuhn, Th.S. 114, 142, 196
Kutschera, F.v. 153, 155, 159 ff., 168, 188

Lang, B. 60
Lasso, O. de 63

Lausberg, H. 11
Leenhardt, M. 148
Lessing, G.E. 167
Lévi-Strauss, C. 8
Lévy-Bruhl, L. 121, 146 ff.
Libet, B. 221
Löwith, K. 34, 39, 55 f., 99, 170
Lukács, G. 38, 54, 79
Luther, M. 191

Mackie, J.L. 82, 93 f.
Malinowski, B. 121, 125 f., 131 f., 162
Mall, R.A. 239 f.
Malraux, A. 86
Man, P. de 20, 27
Mann, Th. 24 f., 43, 53, 171
Manzoni, A. 198
Marcuse, L. 194
Martens, E. 122, 180
Marx, K. 67 f., 84, 90, 196
May, K. 25
Merseburger, P. 45 f.
Minder, R. 30, 32
Molière, J.B. 154
Monk, R. 46, 68, 139
Monteverdi, C. 63
Morgenstern, Ch. 24

Nabokov, V. 76
Nagel, Th. 44, 53, 76 f., 81 ff.
Neurath, O. 47
Newton, I. 195
Nietzsche, F. 7, 13, 15, 20 ff., 37 f., 40, 47, 79, 82, 86, 116, 168
Nizan, P. 68
Nossack, H.E. 84

Origenes 175
Ovid, N. 174

Palestrina, G. 63
Pape, W. 38, 232, 236
Patzig, G. 155
Paulus, Apostel 191
Peirce, C.S. 83
Pesch, H.O. 79
Planck, M. 174
Platon 19, 34 f., 94, 119, 124, 155, 179, 180, 189, 201, 225, 230 f., 238
Plotin 119
Polgar, A. 187
Popper, K. 8, 11 f., 19, 40 f., 48, 50, 58, 73, 76, 83 f., 87, 117, 123, 126 f., 130, 135, 145, 153 f., 156, 170 f., 174, 176, 178, 180, 182 f., 196, 199, 210, 213, 217, 219 ff., 233, 237, 241
Proust, M. 16 f., 63 f.
Putnam, H. 141, 217

Quack, J. 134, 148
Quine, W.V.O. 23, 47 f., 94, 149 ff., 160 f., 167 f., 171, 174 f., 180, 182 f., 241

Radecki, S. v. 23, 26, 53
Rahner, K. 67, 74
Reichenbach, H. 204
Reiners, L. 12, 17, 29
Ricœur, P. 186
Rorty, R. 28
Russell, B. 23, 46, 57 f., 82, 178 f., 188, 191, 195

Safranski, R. 116
Sartre, J.P. 16, 68, 90, 95 ff., 100, 177
Schiller, F. 154
Schischkoff, G. 182
Schimmang, J. 16
Schmidt, Alfred 69
Schmidt, Arno 25 f., 50, 62, 168

Schnädelbach, H. 52, 122, 161, 176, 180, 188 ff.
Schloemann, J. 146
Schlotter, E. 62
Schönberg, A. 63
Scholem, G. 68 f., 170
Scholl-Latour, P. 86
Schopenhauer, A. 11, 26, 31, 39, 49, 63, 89 ff., 101 ff., 106, 116, 175, 190 f., 194, 241
Schrödinger, E. 174
Schulte, J. 11, 139 f., 174 f., 217
Searle, J. 11, 176, 186
Simmel, G. 60
Sorge, R. 170
Spengler, O. 18, 86, 139, 145
Spinoza, B. 193 f.
Spitzer, L. 133
Stagl, J. 125 f.
Stegmüller, W. 42, 48, 93, 150, 171, 212
Steiner, G. 20, 31 f., 62
Strawinsky, I. 63
Strawson, P. 235
Stroh, W. 168
Swinburne, R. 201, 210
Szalay, M. 130 f.

Theunissen, M. 171
Thomä, D. 28 f.
Thomas v. Aquin 73, 78 ff., 103, 173, 176, 181, 223
Troelsch, E. 60
Tucholsky, K. 148
Tugendhat, E. 28, 33, 38, 43 f., 82, 86, 90, 95, 99 ff., 110 f., 113, 117, 122 ff., 128 f., 134 f., 155, 157, 168, 176 f., 179, 196, 216 f., 236, 239, 242

Vollrath, E. 36

Weber, M. 51, 53 ff., 64 f., 84, 103, 115, 176
Weiss, P. 63
Weizsäcker, C.F. 55, 174, 211 f., 214 f., 222, 226 ff.
Widmark, R. 50
Wieland, Ch.M. 195
Wimmer, F.M. 233 ff.
Wittgenstein, L. 11 f., 33, 46, 48, 66, 68, 135 ff., 154 ff., 163, 168, 174 f., 178, 196, 208, 216 f., 233, 239 f.
Wittfogel, K.A. 170
Whorf, B.L. 153 f., 159 f.

Zurbaran, F. 62